工程经济学

（第4版）

主　编　杜　葵

参　编　蒲荣昆　李林萍

　　　　龙达乾　王勇强

重庆大学出版社

内 容 简 介

本书系统地介绍了工程经济分析的基本概念、基本理论和方法以及这些概念、理论和方法在工程项目经济评价,建筑产品生产,房地产综合开发等方面的应用。

本书主要供土木工程专业本科教学使用,也可作为土木工程专科及其他理工科学生的教学参考书;同时也是工程及经济管理实践领域读者的有益参考书籍。

图书在版编目(CIP)数据

工程经济学/杜葵主编. - -4 版. - -重庆:重庆
大学出版社,2021.8
高等学校土木工程本科教材
ISBN 978-7-5624-2370-6

Ⅰ.①工… Ⅱ.①杜… Ⅲ.①工程经济学—高等学校
—教材 Ⅳ.①F062.4

中国版本图书馆 CIP 数据核字(2021)第 153704 号

工程经济学

(第 4 版)

主 编 杜 葵

参 编 蒲荣昆 李林萍

龙达乾 王勇强

责任编辑:彭 宁 版式设计:彭 宁
责任校对:万清菊 责任印制:张 策

*

重庆大学出版社出版发行
出版人:饶帮华
社址:重庆市沙坪坝区大学城西路 21 号
邮编:401331
电话:(023) 88617190 88617185(中小学)
传真:(023) 88617186 88617166
网址:http://www.cqup.com.cn
邮箱:fxk@ cqup.com.cn(营销中心)
全国新华书店经销
重庆市国丰印务有限责任公司印刷

*

开本:787mm×1092mm 1/16 印张:15.5 字数:387 千
2019 年 1 月第 4 版 2021 年 8 月第 20 次印刷
印数:49 023—52 022
ISBN 978-7-5624-2370-6 定价:42.00 元

土木工程专业本科系列教材
编审委员会

前　言

　　市场经济条件下,工程技术与经济具有紧密的联系,作为现代工程技术人员,在精通工程技术的同时,还必须具有经济头脑。长期以来,高等教育中工程技术教育与经济管理教育相分离,学工程技术的学生不懂经济,不懂得什么是市场,什么是竞争,什么是成本以及如何使产品做到价廉物美。他们走上工程技术岗位之后,在设计产品和制定工艺方案时不知道考虑如何降低成本,增加利润,使产品缺乏竞争力,这是不能适应社会主义市场经济需要的。学一点工程经济学,建立必要的经济意识,掌握经济分析和经济决策的方法和技能,培养解决实际工程经济问题的能力,对于理工科大学生和工程技术人员来说是十分必要的,这也是社会主义市场经济对新一代工程师提出的要求。

　　本书以揭示工程技术与经济效果的内在联系为基本出发点,以工程项目的技术与经济分析、价值工程、多目标综合评价为基本内容,阐述了工程经济学相对完整的学科体系;并结合工程项目在相关章节附有案例分析,以增强本书的实用性。

　　全书由杜葵主编,具体编写分工为:第1章、第3章、第5章、第6章和第9章由杜葵编写,第2章由蒲荣昆编写,4.1、4.2节和第8章由李林萍编写,第7章由龙达乾编写,4.3、4.4节由王勇强编写。

　　由于作者水平所限,书中难免有些疏漏不妥之处,敬请广大读者和同仁提出宝贵意见,以便使之不断完善。

编　者

2000 年 10 月

目　　录

第1章 绪 论

1.1 工程经济学的研究对象及内容

1.1.1 工程与经济的基本概念

(1) 工程(Engineering)

工程不同于科学,工程也不同于技术。

科学是人类探索自然和社会现象并取得认识的过程和结果。这里的"过程"是指研究和探索的活动,即认识过程;"结果"是研究和探索得出的科学的理论体系,即理论化的知识。科学本质上属于认识世界的范畴。

技术是人类活动的技能和人类在改造世界的过程中采用的方法、手段。它本质上属于改造世界。

工程是人们综合应用科学的理论和技术的手段去改造客观世界的具体实践活动,以及它所取得的实际成果。在长期的生产和生活实践中,人们根据数学、物理学、化学、生物学等自然科学和经济地理等社会科学的理论,并应用各种技术的手段,去研究、开发、设计、制造产品或解决工艺和使用等方面的问题,逐渐形成了门类繁多的专业工程,如机械工程、土木工程、航空航天工程等。

(2) 经济(Economy)

经济一词在我国古代有"经邦济世"、"经国济民"之意义,是治理国家、拯救庶民的意思。与现代所用的"经济"含义不同,"经济"一词在西方语言中,原意指家庭管理。希腊科学家亚里士多德定义"经济"为谋生手段的意思。19世纪后半叶,日本学者借用古汉语中的"经济"一词,将英文 Economy 译成汉字"经济",以后一直沿用。人们对经济的理解多种多样,概括起来一般有以下4种含义:①生产关系、经济制度、经济基础;②国民经济的总称及其各个部门,如工业经济、农业经济;③社会的物质生产和再生产过程,如经济效益、经济规模;④节约、节省的意思,如经济实惠、经济小吃。①、②两层含义属于宏观经济的范畴,③、④两层含义属于微观经济的范畴。本书涉及的经济概念既有宏观含义又有微观含义,但更多的是指微观方面。

任何工程项目(投资项目)都伴随着对资源(材料、能量、信息)的消耗,经历研究、开发、设计、建造、运行、维护、销售、管理之中的某些过程。这种实践活动必将产生经济效果、社会效果以及对生态、环境产生影响。如何以最少的耗费达到较优的经济效果是工程技术人员被赋予的历史使命,也是工程经济分析的最终目的。

1.1.2　工程经济学的研究对象及内容

工程经济学(Engineering Economics)是工程与经济的交叉学科,是以工程技术为主体,以技术-经济系统为核心,研究工程技术领域的经济问题和经济规律,研究工程技术进步与经济增长之间的相互关系的科学。它不研究工程技术原理与应用本身,也不研究影响经济效果的各种因素,而是研究各种工程技术方案的经济效果。

工程经济学的实质是寻求工程技术与经济效果的内在联系,揭示二者协调发展的内在规律,促进工程技术的先进性与经济的合理性的统一。工程经济学的对象是各种工程项目(或投资项目),而这些项目可以是已建项目、新建项目、扩建项目、技术引进项目、技术改造项目等。工程经济学的核心是工程项目的经济性分析。它的研究对象可概括为以下3个方面:

第一,工程经济学是研究工程技术实践的经济效果,寻求提高经济效果的途径与方法的科学。

第二,工程经济学是研究工程技术和经济的辩证关系,探讨工程技术与经济相互促进、协调发展途径的科学。技术和经济是人类社会发展不可缺少的两个方面,其关系极为密切。一方面,发展经济必须依靠一定的技术手段,技术的进步永远是推动经济发展的强大动力;另一方面,技术总是在一定的经济条件下产生和发展的。

第三,工程经济学是研究如何通过技术创新推动技术进步,进而获得经济增长的科学。

工程经济学主要研究内容包括资金的时间价值理论、经济效果评价的基本原理和方法、不确定性分析、工程项目的经济评价、综合评价、价值工程、市场调查与预测方法以及工程经济的基本理论和方法在建筑产品生产、房地产综合开发中的应用等。

1.2　学习工程经济学的必要性

工程技术和经济是紧密联系着的,作为一名现代的工程技术人员,不仅需要精通本专业的技术,同时必须具有经济头脑。强调这一点,对于我国的理工科高等院校学生尤为重要。这是因为,长期以来,在我国的高等教育中,工程技术教育与经济管理教育是相互分离的,学工程技术专业的学生不学经济,这样就造就出大量只懂技术,不懂经济的工科毕业生。他们走上工程技术岗位之后,由于缺少经济知识,没有经济头脑,所以不关心与自己所从事的工作的有关的经济问题,在设计产品和制定工艺时不考虑如何降低成本,增加利润,或者不会进行必要的经济分析。因而不能完全适应社会主义现代化建设的需要。

我们的工程技术人员应当知道,尽管产品是由工人在生产过程中制造出来的,但是产品的技术先进程度和制造费用高低在很大程度上是由工程技术人员在设计产品和选择工艺过程中早已决定的。如果工程技术人员在设计产品,选择工艺时不考虑市场需要,不考虑生产成本,产品就没有竞争能力。在社会主义市场经济环境中,工程技术人员所设计的产品要作为商品到市场上进行竞争,如果产品没有竞争能力,无人购买,就不能实现其价值和使用价值,生产这种产品的企业也就无法生存和发展。要提高产品的竞争能力,就必须在产品设计与制造的全过程中既注意提高其性质和质量,又注意降低生产成本,做到"物美价廉"。一个理工科大学生,如果不学习必要的经济知识,就不能在未来的工作中正确处理技术与经济的关系,就难以使自己的工作真正有益于社会。

一名理工科大学生走向工作岗位后,最终的发展方向可能有 3 个:管理人员、专业技术人员或学者。从国内外的实际情况看,工程师们存在着担任企业高层领导职务的广泛可能性。已有越来越多的工程师成为公司的负责人,或关键部门的领导人,或决策者最亲近的参谋人员。所以,工程师们必须克服单纯技术观点,学习经济知识,掌握进行经济分析和经济决策的本领。

经济分析是为经济决策服务的。决策是一个过程,它包括提出问题,制定目标,拟定方案,分析评价,最后从若干个备选的方案中选出最佳或比较理想的方案。在经济工作中和技术工作中做到决策科学化,是时代提出的要求。要达到这一要求,未来的工程师或管理者必须做到:

第一,正确了解国家的经济、技术发展战略和有关政策

国家的发展战略和有关政策是牵动全局,影响长远的东西。其中国民经济发展战略是在各项具体工作中确定决策目标的依据。没有明确的目标,拟定方案就是盲目的,分析评价就没有正确的标准,也就谈不上决策的科学化。我国经济工作中的许多失误都可归纳为缺乏统一的明确的决策目标。国家的各项经济、技术政策是为实现发展战略服务的,是在具体工作中进行各项决策时所要考虑的重要的外部条件。例如,产业政策反映了国家从国民经济整体发展的角度对重要资源在各产业部门间配置与流动的总体布局。技术政策表明了国家对技术发展方向与发展重点的总体要求。只有在各项经济技术工作中都严格执行国家的产业政策和技术政策,才能保证整个国民经济的健康发展。国家的各项税收政策、金融政策、物价政策、外资、外贸、外汇政策等等也都会对具体的经济技术决策产生实际的影响。所以,正确了解国家的发展战略和有关政策是实现决策科学化的重要前提。

第二,要会作预测工作

在复杂的经济和技术工作中,单靠对本部门、本企业所处环境的某种感觉或直觉来进行决策,越来越变得不管用了,而且还会导致很多失误。因此,对经济和技术的未来发展情况做出准确的预测,无疑就能为我们作出正确的决策提供依据,减少或避免发生决策失误,少犯错误。所以,对任何决策来说,预测都是一个关键问题。所谓预测就是对与决策问题有关的各种内部外部情况所进行的预计,是对尚未发生的或目前还不明确的事物所进行的事先估计或推测,是对事物发展将要导致的结果进行探讨和研究。科学的预测是决策科学化的一个重要组成部分,是科学化决策的一项重要工具。

第三,要学会拟定多种替代方案并从中选择最优方案

事物的好与坏、优与劣,都是就相互比较而言的。所以,在决策过程中只有拟定一定数目的具有一定质量的备选方案,进行对比选择,才能保证决策的科学性。如果只搞一个方案,没有任何替代方案可资比较选择,这样作出决策是很危险的。

在当代的经济技术条件下,要解决一个问题,总是可以根据不同的经验,从不同的角度构思出多种途径和方法的。在构思出多种方案之后,还要进一步确定各个方案的细节,估计各个方案的执行结果。这就要求将预计到的各个方案影响决策目标的全部后果,毫无遗漏地揭示出来,客观地加以描述。这里自然应该既考虑直接后果,又考虑间接后果,既考虑有形后果,又考虑无形后果,既考虑有利方面,又考虑不利方面,通过综合比较从中选出最好的方案。不应该先入为主,对某个方案有主观的偏爱,更不应该为了争取上级批准某个方案,而夸大一面掩盖一面,使项目的可行性变成上级的"可批性",使严肃的技术经济分析流于形式。

第四,要善于把定性分析和定量分析结合起来

以定性分析为主的传统的决策方法,是一种在占有一定资料的基础上,根据决策人员的经验、直觉、学识、洞察力和逻辑推理能力来进行决策的方法。这种决策方法具有主观性,属于经验型决策。

50 年代以后,随着应用数学和计算机的发展,在经济决策中引入了更多的定量分析方法。由于定量分析方法的引入,使得决策不再仅以感觉为基础,而是以定量分析为基础,使决策更具有科学化的色彩。这是因为,定量计算不仅能使与决策问题有关的因素的研究更加精确化和深刻化,而且定量计算还有利于发现研究对象的实质和规律。特别是对决策中不确定性因素和风险问题,通过定量分析,可以做出相对准确的判断,便于决策者选择。因此可以说,定量分析使决策的质量更上了一层楼。

当然,采用以定量分析为主的决策方法并不排斥定性分析,甚至可以说,定性分析还是少不了的。这是因为经济问题十分复杂,变化很多,有的指标还根本无法用数量表示,因此还必须作定性分析。正确的做法应该是把定量分析和定性分析结合起来,同时加强调查研究,提高定性分析的客观性,减少主观成分。

综上所述,学一点工程经济学,树立经济观点,建立经济意识,掌握经济分析和经济决策的方法与技能,提高解决实际的技术经济问题的能力,对于理工科大学生和工程技术人员来说是十分必要的,这是社会主义现代化建设对新一代工程师提出的要求。本书将在这方面为读者提出一定的帮助。

练 习 题

1. 如何理解工程、经济、工程经济学的概念?
2. 工程经济学的实质、对象、内容是什么?
3. 理工科大学生为什么要学习工程经济学?

第2章　现金流量的构成及资金的等值计算

2.1　现金流量的构成

2.1.1　现金流量及现金流量图

(1)现金流量(Cash Flow)

生产建设项目一般要经历建设期、生产期(包括投产期和正常生产期)两大阶段。我们根据项目经济评价的需要在项目整个寿命期内确定合理的经济寿命期作为计算期。拟建项目在整个计算期内各个时点上实际所发生的现金流入和现金流出,称为项目的现金流量,同一时点上的现金流入与现金流出之差,称为净现金流量。现金流量一般以计息期(年、季、月等)为时间量的单位,用现金流量图或现金流量表来表示。现金流量表的内容在后面有关内容中介绍,这里先介绍现金流量图。

(2)现金流量图(Cash Flow Diagram)

现金流量图是描述建设项目在整个计算期内各时点上的现金流入和现金流出序列的图形。现金流量图包括三大要素:大小、流向、时间点。其中大小表示资金数额,流向指项目的资金性质(即流入或流出),时间点指现金流入或流出所发生的时间。现金流量图的一般形式如图2.1所示。

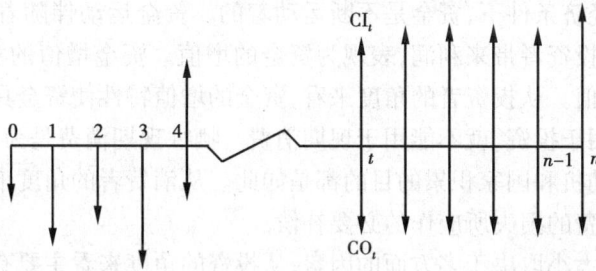

图2.1　现金流量图

在图2.1中,横轴称为时间轴,表示一个从0开始到n的时间序列,每一个刻度表示一个计息期,比如说按年计息,则时间轴上的刻度单位就为年。在时间轴上0代表时间序列的起始点,从1到n分别代表各计息期的终点。除0和n以外,每个数字都有两个含义,如2,它既代表第二个计息期的终点(结束),又代表第三个计息期的始点(开始)。各时点上垂直于横轴的有向竖线用来描述现金流量。箭头向上表示现金流入(CI:Cash Income),此时现金流量为正值,箭头向下表示现金流出(CO:Cash Output),此时现金流量为负值,第t年的现金流入记为

CI_t，现金流出记为 CO_t，箭线的长度与流入和流出的金额成正比，金额越大，其相应的箭线的长度就越长。需要特别指出的是，现金流量的位置确定问题，如在第三年发生了一笔资金的流入或流出，因而形成了相应的现金流量，那么这笔现金流量应该标在时间轴上的哪一个时点上呢？是标在年初 2 上呢，还是标在年末 3 上呢，需要为此做一下规定或说明。对这个问题一般有两种处理方法，一种方法是工程经济分析中常用的，其规定是建设期的投资标在年（期）初，生产期的流入和流出均标在年末；另一种方法是在项目财务评价中常用的，时点标注遵循期末习惯假设，无论现金的流入还是流出均标示在年（期）末。本书工程项目经济评价一章中采用期末习惯假设，其余相关部分采用第一种处理方法。

2.2 资金的等值计算

2.2.1 资金时间价值概念

任何建设项目的建设与运行，任何技术方案的实施，都有一个时间上的延续过程。对于投资者来说，资金的投入与收益的获取往往构成一个时间上有先有后的现金流量序列。要客观地评价一个建设项目或技术方案的经济效果，不仅要考虑现金流出与现金流入的数额，还必须考虑每笔现金流量发生的时间。

在不同的时间付出或得到的同样数额的资金在价值上是不等的。也就是说，资金的价值会随时间发生变化。今天可以用来投资的一笔资金，即使不考虑通货膨胀因素，也比将来可获得的同样数额的资金更有价值。因为当前可用的资金能够立即用来投资并带来收益，而将来可取得的资金则无法用于当前投资，也无法获取相应的收益。不同时间发生的等额资金在价值上的差别称为资金的时间价值。

对于资金的时间价值，可以从两个方面理解。

首先，资金随着时间的推移，其价值会增加，这种现象叫资金增值。资金是属于商品经济范畴的概念，在商品经济条件下，资金是不断运动着的。资金运动伴随着生产与交换的进行，生产与交换活动会给投资者带来利润，表现为资金的增值。资金增值的实质是劳动者在生产过程中创造了剩余价值。从投资者的角度来看，资金的增值特性使资金具有时间价值。

其次，资金一旦用于投资，就不能用于现期消费。牺牲现期消费是为了能在将来得到更多的消费，个人储蓄的动机和国家积累的目的都是如此。从消费者的角度来看，资金的时间价值体现为对放弃现期消费的损失所应作的必要补偿。

资金时间价值的大小取决于多方面的因素，从投资的角度来看主要有：

①投资收益率，即单位投资所能取得的收益。

②通货膨胀因素，即对因风险的存在可能带来的损失所应作的补偿。

③风险因素，即对因货币贬值造成的损失所应作的补偿。

在工程经济分析中，资金的利息和资金的利润是具体体现资金时间价值的两个方面，是衡量资金时间价值的绝对尺度，利率和投资收益率是衡量资金时间价值的相对尺度。事实上利率也是一种投资收益率，可认为是较稳定的风险较小的投资收益率。资金时间价值的计算方法与利息的计算方法相同。

2.2.2 利息与利率

(1)利息和利率

利息是指占用资金所付的代价(或放弃使用资金所得的补偿)。如果将一笔资金存入银行,这笔资金就称为本金。经过一段时间之后,储户可在本金之外再得到一笔利息,这一过程可表示为:

$$F_n = P + I_n \tag{2.1}$$

式中:F_n——本利和;

P——本金;

I_n——利息。

下标 n 表示计算利息的周期数。计息周期是指计算利息的时间单位,如"年"、"月"等。

利息通常根据利率来计算。利率是在一个计息周期内所得的利息额与借贷金额(即本金)之比,一般以百分数表示。i 表示利率,其表达式为:

$$i = \frac{I_1}{P} \times 100\% \tag{2.2}$$

式中:I_1 为一个计算周期的利息。

上式表明,利率是单位本金经过一个计算周期后的增值额。

(2)单利和复利

利息的计算有单利计息和复利计息之分。

单利计息指仅用本金计算利息,利息不再生利息。单利计息时的利息计算式为:

$$I_n = P \cdot n \cdot i \tag{2.3}$$

n 个计息周期后的本利和为:

$$F_n = P(1 + i \cdot n) \tag{2.4}$$

我国国库券的利息就是以单利计算的,计息周期为"年"。

复利计息时,是用本金和前期累计利息总额之和进行计息,即除最初的本金要计算利息外,每一计息周期的利息都要并入本金,再生利息。复利计算的本利和公式为:

$$F_n = P(1 + i)^n \tag{2.5}$$

式(2.5)的推导如下:

计息周期 n	本 利 和 F_n
1	$F_1 = P(1 + i)$
2	$F_2 = P(1 + i) + P(1 + i) \cdot i = P(1 + i)^2$
3	$F_3 = P(1 + i)^2 + P(1 + i)^2 \cdot i = P(1 + i)^3$
$\vdots$	$\vdots$
n	$F_n = P(1 + i)^{n-1} + P(1 + i)^{n-1} \cdot i = P(1 + i)^n$

商业银行的贷款是按复利计息的。

复利计息比较符合资金在社会再生产过程中运动的实际状况,在技术经济分析中,一般采用复利计息。

复利计息有间断复利和连续复利之分。如果计息周期为一定的时间区间(如年、季、月),并按复利计算,称为间断复利;如果计息周期无限缩短,则称为连续复利。从理论上讲,资金是在不停地运动着的,每时每刻都通过生产和流通在增值,但是在实际商业活动中,计息周期不可能无限缩短,因而都采用较为简单的间断复利计息。

(3)名义利率和实际利率

在技术经济分析中,复利计算通常以年为计息周期。但在实际经济活动中,计息周期有年、季、月、周、日等多种。这样就出现了不同计息周期的利率换算问题。

假如按月计算利息,且其月利率为1%,通常称为"年利率12%,每月计息一次"。这个年利率12%称为"名义利率"。也就是说,名义利率等于每一计息周期的利率与每年的计息周期数的乘积。若按单利计息,名义利率与实际利率是一致的。但是,按复利计算,上述"年利率12%,每月计息一次"的实际利率则不等于名义利率。

例如本金1 000元,年利率12%,若每年计息一次,一年后本利和为:

$$F = 1\,000 \times (1 + 0.12) \text{元} = 1\,120 \text{元}$$

按年利率12%,每月计息一次,一年后本利和为:

$$F = 1\,000 \times (1 + 0.12/12)^{12} \text{元} = 1\,126.8 \text{元}$$

实际年利率 i 为:

$$i = \frac{1\,126.8 - 1\,000}{1\,000} \times 100\% = 12.68\%$$

这个"12.68%"就是实际利率。

设名义利率为 r,一年中计息次数为 m,则一个计息周期的利率应为 r/m,一年后本利和为:

$$F = P(1 + r/m)^m$$

利息为

$$I = F - P = P(1 + r/m)^m - P$$

按利率定义得实际利率 i 为:

$$i = \frac{P(1 + r/m)^m - P}{P} = (1 + r/m)^m - 1$$

所以,名义利率与实际利率的换算公式为:

$$i = (1 + r/m)^m - 1 \qquad (2.6)$$

当 $m = 1$ 时,名义利率等于实际利率;当 $m > 1$ 时,实际利率大于名义利率。当 $m \to \infty$ 时,即按连续复利计算时,i 与 r 的关系为:

$$i = \lim_{m \to \infty} [(1 + r/m)^m - 1] =$$
$$\lim_{m \to \infty} [(1 + r/m)^{m/r}]^r - 1 = e^r - 1 \qquad (2.7)$$

在上例中,若按连续复利计算,实际利率为:

$$i = e^{0.12} - 1 = 1.127\,5 - 1 = 12.75\%$$

表2.1 给出了当名义利率为12%时,对应于不同计息周期的年实际利率计算结果。

表2.1　不同计息周期情况下的实际利率的计算比较

计息周期	一年内计息周期数(m)	年名义利率(r)/%	各期利率(r/m)/%	年实际利率(i)/%
年	1		12.000	12.000
半年	2		6.000	12.360
季	4	12.0	3.000	12.551
月	12	(已知)	1.000	12.683
周	52		0.230 8	12.736
日	365		0.032 88	12.748
连续	∞		—	12.750

2.2.3　资金的等值计算

在工程经济分析中,为了正确地评价投资项目的经济效果,必须对项目的整个计算期内不同时间点上所发生的全部资金收入和支出进行计算和分析,即要比较发生在不同时间点上各种资金的真实价值。由于资金存在时间价值,这样在不同时间点上发生的现金流量其数值不能直接相加减,为了达到对投资项目的现金流量进行计算和分析的目的,需将一个(一系列)时间点发生的资金转换成另一个(一系列)时间点的等值的资金额,然后再来进行计算和分析,这样的一个转换过程就称为资金的等值计算。

(1)有关资金等值计算的几个基本概念

在资金等值计算中,常涉及到以下几个基本概念:

①现值(P)。表示资金发生在某一特定时间序列始点上的价值。在资金等值计算中,将一个(一系列)时点上的资金"从后往前"折算到某个时点上都是求其现值,通常情况下是折算到0时点上。求现值的过程称为折现(或贴现),折现计算是工程经济分析时经常采用的一种基本方法。

②终值(F)。表示资金发生在某一特定时间序列终点上的价值。在资金等值计算中,将一个(一系列)时点上的资金"从前往后"折算到某个时点上都是求其终值,通常情况下是折算到n时点上,求资金的终值就是求其本利和。

③年金(A)。是指各年等额收入或支付的金额,通常以等额序列表示,即在某一特定时间序列期内,每隔相同时间收支的等额款项。

④时值(W)。一笔(或一系列)资金在某时点上的值,称为资金在该时点上的时值。

⑤等值。是指在考虑时间因素条件下,不同时点发生的绝对值不等的资金具有相同的价值。等值资金在任何时点上的时值必然相等。在资金时间价值计算中,等值是一个十分重要的概念,资金时间价值计算的核心就是进行等值计算。

为了便于掌握等值这一重要概念,下面以借款、还本利息的例子来进一步说明。

例2.1 某人现在借款1 000元,在五年内以年利率6%还清全部本金和利息,则有如表2.2中的4种偿付方案。

第1方案:在五年中每年年底仅偿付利息60元,最后第五年末在付息同时将本金一并归还。

第2方案：在五年中对本金、利息均不作任何偿还，只在最后一年年末将本利一次付清。

表 2.2 4 种典型的等值形式　　　　　　　　　　　　　　　　　金额单位:元

偿还方案	年数(1)	年初所欠金额(2)	年利息额(3)=(2)×6%	年终所欠金额(4)=(2)+(3)	偿还本金(5)	年终付款总额(6)=(3)+(5)
1	1	1 000	60	1 060	0	60
	2	1 000	60	1 060	0	60
	3	1 000	60	1 060	0	60
	4	1 000	60	1 060	0	60
	5	1 000	60	1 060	1 000	1 060
	Σ		300			1 300
2	1	1 000	60	1 060	0	0
	2	1 060	63.6	1 123.6	0	0
	3	1 123.6	67.4	1 191.0	0	0
	4	1 191.0	71.5	1 262.5	0	0
	5	1 262.5	75.7	1 338.2	1 000	1 338.2
	Σ		338.3			1 338.2
3	1	1 000	60	1 060	200	260
	2	800	48	848	200	248
	3	600	36	636	200	236
	4	400	24	424	200	224
	5	200	12	212	200	212
	Σ		180			1 180
4	1	1 000	60	1 060	177.4	237.4
	2	822.6	49.4	872	188.0	237.4
	3	634.6	38.1	672.7	199.3	237.4
	4	435.3	26.1	461.4	211.3	237.4
	5	224.0	13.4	237.4	224.0	237.4
	Σ		187			1 187

第3方案：将所借本金作分期均匀摊还，每年年末偿还本金 200 元，同时偿还到期利息。由于所欠本金逐年递减，故利息也随之递减，至第五年末全部还清。

第4方案：也将本金作分期摊还，每年偿付的本金额不等，但每年偿还的本金加利息总额却相等，即所谓等额的分付。

— 10 —

从上面的例子可以看出，如果年利率为6%不变，上述4种不同偿还方案与原来的1 000元本金是等值的。从贷款人立场来看，今后以4种方案中任何一种都可以抵偿他现在所贷出的1 000元，因此现在他愿意提供1 000元贷款。从借款人立场来看，他如果同意今后4种方案中任何一种来偿付借款，他今天就可以得到这1 000元的使用权。

（2）资金等值计算公式

如前所述，资金等值计算公式和复利计算公式的形式是相同的。现将主要计算公式介绍如下。

1）一次支付类型

一次支付又称整付，是指所分析系统的现金流量，无论是流入还是流出，均在一个时点上一次发生。其典型现金流量图如图2.2所示。

对于所考虑的系统来说，如果在考虑资金时间价值的条件下，现金流入恰恰能补偿现金流出，则F与P就是等值的。

一次支付的等值计算公式有两个：

① 一次支付终值公式

$$F = P(1 + i)^n \qquad (2.8)$$

图2.2　一次支付现金流量图

上式与复利计算的本利和公式（2.5）是一样的。但在等值计算中，一般称P为现值；F为终值；i为折现率；n为时间周期数。此公式表示在折现率为i，周期数为n的条件下，终值F和现值P之间的等值关系。系数$(1 + i)^n$称为一次支付终值系数，也可用符号$(F/P, i, n)$表示。其中，斜线右边字母表示已知的数据与参数，左边表示欲求的等值现金流量。

例2.2　某企业为开发新产品，向银行借款100万元，年利率为10%，借期5年，问5年后一次归还银行的本利和是多少？

解　5年后归还银行的本利和应与现在的借款金额等值，折现率就是银行利率。由式（2.8）可得出：

$$F = P(1 + i)^n = 100 \times (1 + 0.1)^5 万元 =$$
$$100 \times 1.611 万元 = 161.1 万元$$

也可以查复利系数表（见本书附录），当折现率为10%时，$n = 5$的一次支付终值系数$(F/P, 10\%, 5)$为1.611。故

$$F = P(F/P, i, n) = 100(F/P, 10\%, 5) =$$
$$100 \times 1.611 万元 = 161.1 万元$$

② 一次支付现值公式

这是已知终值F求现值P的等值公式，是一次支付终值公式的逆运算。由式（2.8）可直接导出：

$$P = F\left[\frac{1}{(1 + i)^n}\right] \qquad (2.9)$$

符号意义同前。系数$\dfrac{1}{(1 + i)^n}$称为一次支付现值系数，亦可记为$(P/F, i, n)$。它和一次支付终值系数$(1 + i)^n$互为倒数。

例2.3　如果银行利率为12%，假定按复利计算，为在5年后获得10 000元款项，现在应

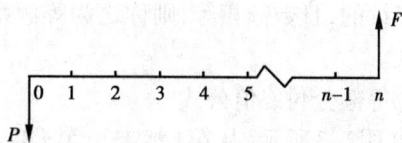

存入银行多少?

解 由式(2.9)可得出

$$P = F(1 + i)^{-n} = 10\,000 \times (1 + 0.12)^{-5} 元 =$$
$$10\,000 \times 0.567\,4 元 = 5\,674 元$$

或 先查表求出一次支付现值系数,再作计算:

$$P = F(P/F, i, n) = 10\,000(P/F, 12\%, 5) =$$
$$10\,000 \times 0.567\,4 元 = 5\,674 元$$

2)等额分付类型

等额分付是多次支付形式中的一种。多次支付是指现金流入和流出在多个时点上发生,而不是集中在某个时点上。现金流数额的大小可以是不等的,也可以是相等的。当现金流序列是连续的,且数额相等,则称之为等额系列现金流。下面介绍等额系列现金流的4个等值计算公式。

①等额分付终值公式

如图2.3所示,从第1年末至第 n 年末有一等额的现金流序列,每年的金额为 A,称为等额年值。如果在考虑资金时间价值的条件下, n 年内系统的总现金流出等于总现金流入,则第 n 年末的现金流入 F 应与等额现金流出序列等值。 F 相当于等额年值序列的终值。

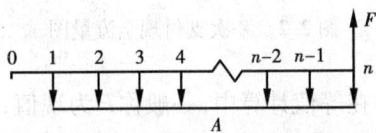

图2.3 等额序列现金流之一

若已知每年的等额年值 A,欲求终值 F,依据图2.3,可把等额序列视为 n 个一次支付的组合,利用一次支付终值公式推导出等额分付终值公式:

$$F = A + A(1 + i) + A(1 + i)^2 + \cdots + A(1 + i)^{n-2} + A(1 + i)^{n-1} =$$
$$A[1 + (1 + i) + (1 + i)^2 + \cdots + (1 + i)^{n-2} + (1 + i)^{n-1}]$$

利用等比级数求和公式,得:

$$F = A\left[\frac{(1 + i)^n - 1}{i}\right] \tag{2.10}$$

式(2.10)即为等额分付终值公式。 $\frac{(1 + i)^{n-1}}{i}$ 称为等额分付终值系数,亦可记为 $(F/A, i, n)$。

例2.4 某公司为设立退休基金,每年年末存入银行2万元,若存款利率为10%,按复利计息,第5年末基金总额为多少?

解 由式(2.10)可得出:

$$F = A\left[\frac{(1 + i)^n - 1}{i}\right] = 2 \times \left[\frac{(1 + 0.1)^5 - 1}{0.1}\right] 万元 =$$
$$2 \times 6.105 万元 = 12.21 万元$$

②等额分付偿债基金公式

等额分付偿债基金公式是等额分付终值公式的逆运算。即已知终值 F,求与之等价值的等额年值 A。由式(2.10)可直接导出:

$$A = F\left[\frac{i}{(1 + i)^n - 1}\right] \tag{2.11}$$

— 12 —

式中系数 $\dfrac{i}{(1+i)^n-1}$ 称为等额分付偿债基金系数,也可以用符号记为 $(A/F,i,n)$ 。

利用式(2.10)和式(2.11)进行等值计算时,必须注意的一点是,这两个公式适用于图2.3所示的现金流量图。如果现金流量图是图2.4的形式,则不能直接套用式(2.10)、式(2.11),必须进行一定的变换。

例 2.5 某厂欲积累一笔福利基金,用于3年后建造职工俱乐部。此项投资总额为200万元,银行利率12%,问每年末至少要存款多少?

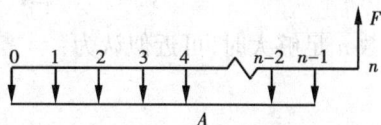

图 2.4 等额序列现金流之二

解 由式(2.11)可得出:

$$A = F\left[\frac{i}{(1+i)^n-1}\right] =$$

$$200\left[\frac{0.12}{(1+0.12)^3-1}\right] 万元 =$$

$$200 \times 0.296\ 35\ 万元 =$$

$$59.27\ 万元$$

例 2.6 某学生在大学四年学习期间,每年年初从银行借款 2 000 元用以支付学费,若按年利率6%计复利,第四年末一次归还全部本息需要多少钱?

解 本例不能直接套用式(2.10),由于每年的借款发生在年初,需要先将其折算成年末的等价金额。

$$F = 2\ 000 \times (1 + 0.06) \times \left[\frac{(1+0.06)^4-1}{0.06}\right] 元 =$$

$$2\ 000 \times 1.06 \times 4.375\ 元 =$$

$$9\ 275\ 元$$

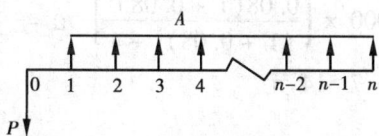

图 2.5 等额序列现金流之三

③等额分付现值公式

等额分付现值公式推导时所依据的现金流量图见图2.5。如果在考虑资金时间价值的条件下,n 年内系统的总现金流出等于总现金流入,则第0年末的现金流出 P 应与从第1年到第 n 年的等额现金流入序列等值,P 就相当于等额年值序列的现值。

将式(2.10)两边各乘以 $\dfrac{1}{(1+i)^n}$,可得到:

$$P = A\left[\frac{(1+i)^n-1}{i(1+i)^n}\right] \tag{2.12}$$

上式即为等额分付现值公式。$\dfrac{(1+i)^n-1}{i(1+i)^n}$ 称为等额分付现值系数,也可记为 $(P/A,i,n)$ 。

式(2.12)表示在折现率 i 时,n 个等额年值 A 与期初现值 P 的等价关系,适用于已知 A 求 P 的情况。

例 2.7 如果某工程1年建成并投产,寿命10年,每年净收益为2万元,按10%的折现率计算,恰好能够在寿命期内把期初投资全部收回。问该工程期初所投入的资金为多少?

解 由式(2.12) 可得出:

$$P = A\left[\frac{(1+i)^n - 1}{i(1+i)^n}\right] = 2 \times \left[\frac{(1+0.1)^{10} - 1}{0.1 \times (1+0.1)^{10}}\right] \text{万元} =$$

$$2 \times 6.1445 \text{万元} = 12.289 \text{万元}$$

由于

$$\lim_{n \to \infty} \frac{(1+i)^n - 1}{i(1+i)^n} = \frac{1}{i}$$

当周期数 n 足够大时,可近似认为:

$$P = \frac{A}{i}$$

④等额分付资本回收公式

等额分付资本回收公式是等额分付现值公式的逆运算,即已知现值,求与之等价的等额年值 A。由式(2.12) 可直接导出:

$$A = P\left[\frac{i(1+i)^n}{(1+i)^n - 1}\right] \tag{2.13}$$

式中 $\frac{i(1+i)^n}{(1+i)^n - 1}$ 称为等额分付资本回收系数,亦可记为 $(A/P,i,n)$。这是一个重要的系数,对工业项目进行技术经济分析时,它表示在考虑资金时间价值的条件下,对应于工业项目的单位投资,在项目寿命期内每年至少应该回收的金额。如果对应于单位投资的实际回收金额小于这个值,在项目的寿命期内就不可能将全部投资收回。

资本回收系数与偿债基金系数之间存在如下关系:

$$(A/P,i,n) = (A/F,i,n) + i$$

例2.8 一套运输设备价值 30 000 元,希望在 5 年内等额收回全部投资,若折现率为 8% ,问每年至少应回收多少?

解 由式(2.13) 可得出:

$$A = P\left[\frac{i(1+i)^n}{(1+i)^n - 1}\right] = 30\,000 \times \left[\frac{0.08(1+0.08)^5}{(1+0.08)^5 - 1}\right] \text{元} =$$

$$30\,000 \times 0.25046 \text{元} = 7\,514 \text{元}$$

为了便于理解,将以上 6 个公式汇总于表 2.3。

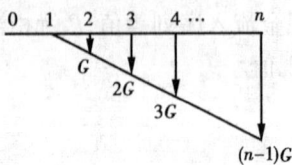

图 2.6　等差序列现金流

3) 等差序列现金流的等值计算

等差序列现金流量如图 2.6 所示。

等差序列现金流量的通用公式为:

$$A_t = (t-1)G$$
$$t = 1,2,\cdots,n \tag{2.14}$$

式中:G—— 等差额;

t—— 时点。

等差序列现金流 n 年末的终值为:

$$F = \sum_{i=1}^{n} A_t (1+i)^{n-t}$$

F 也可以看成是 $n-1$ 个等额序列现金流的终值之和,这些等额序列现金流的年值均为 G,年数分别为 $1,2,\cdots,n-1$。即

— 14 —

表 2.3　6 个常用资金等值公式

类　　别		已知	求解	公　式	系数名称及符号	现金流量图
一次支付	终值公式	现值 P	终值 F	$F = P(1+i)^n$	一次支付终值系数 $(F/P,i,n)$	
	现值公式	终值 F	现值 P	$P = \dfrac{F}{(1+i)^n}$	一次支付现值系数 $(P/F,i,n)$	
等额分付	终值公式	年值 A	终值 F	$F = A \cdot \dfrac{(1+i)^n - 1}{i}$	等额分付终值系数 $(F/A,i,n)$	
	偿债基金公式	终值 F	年值 A	$A = F \cdot \dfrac{i}{(1+i)^n - 1}$	等额分付偿债基金系数 $(A/F,i,n)$	
	现值公式	年值 A	现值 P	$P = A \cdot \dfrac{(1+i)^n - 1}{i(1+i)^n}$	等额分付现值系数 $(P/A,i,n)$	
	资本回收公式	现值 P	年值 A	$A = P \cdot \dfrac{i(1+i)^n}{(1+i)^n - 1}$	等额分付资本回收系数 $(A/P,i,n)$	

$$F = \sum_{j=1}^{n-1} G \cdot \frac{(1+i)^j - 1}{i} =$$

$$G\left[\frac{(1+i) - 1}{i} + \frac{(1+i)^2 - 1}{i} + \cdots + \frac{(1+i)^{n-1} - 1}{i} \right] =$$

$$\frac{G}{i}\left[(1+i) + (1+i)^2 + \cdots + (1+i)^{n-1} - (n-1) \right] =$$

$$\frac{G}{i}\left[1 + (1+i) + (1+i)^2 + \cdots + (1+i)^{n-1} \right] - \frac{n \cdot G}{i}$$

故
$$F = \frac{G}{i}\left[\frac{(1+i)^n - 1}{i} \right] - \frac{n \cdot G}{i} \tag{2.15}$$

上式两端乘以系数 $(1+i)^{-n}$,则可得等差序列现值公式为

$$F\left[\frac{1}{(1+i)^n} \right] = \frac{G}{i}\left[\frac{(1+i)^n - 1}{i} - n \right] \cdot \frac{1}{(1+i)^n}$$

即
$$P = G\left[\frac{1}{i^2} - \frac{(1+in)}{i^2(1+i)^n} \right]$$

或
$$P = G\left[\frac{(1+i)^n - in - 1}{i^2(1+i)^n} \right] \tag{2.16}$$

式中 $\dfrac{(1+i)^n - in - 1}{i^2(1+i)^n}$ 称为等差序列现值系数,可记作 $(P/G,i,n)$。

等差序列现金流与等额序列现金流之间存在以下关系:

$$A = P(A/P,i,n) =$$

$$G(P/G,i,n)(A/P,i,n) =$$

$$G\left\{ \frac{(1+i)^n - in - 1}{i\left[(1+i)^n - 1 \right]} \right\} \tag{2.17}$$

式中 $\dfrac{(1+i)^n - in - 1}{i\left[(1+i)^n - 1\right]}$ 称为等差序列年值系数,可记作 $(A/G,i,n)$。

例 2.9 某公司发行的股票目前市场价值每股 120 元,年股息 10 元,预计每股年股息每年增加 2 元,若希望达到 16% 的投资收益率,目前投资购进该公司股标是否合算?

解 股票可看做是寿命期 $n = \infty$ 的永久性财产,由

$$(P/A,i,\infty) = \frac{1}{i},$$

$$(P/G,i,\infty) = \frac{1}{i^2},$$

可得: $P = 10(P/A,i,\infty) + 2(P/G,i,\infty) =$

$$10 \times \frac{1}{0.16} + 2 \times \frac{1}{0.16^2} \ 元 = 140.625 \ 元$$

现在购进该公司股票是合算的。

4)等比序列现金流的等值计算

等比序列现金流量如图 2.7 所示。

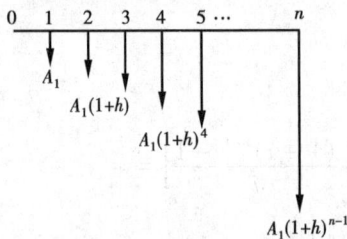

图 2.7　等比序列现金流

等比序列现金流的通用公式为:

$$A_t = A_1(1+h)^{t-1}$$
$$t = 1,2,\cdots,n \qquad (2.18)$$

式中:A_1——定值;

h——等比系数。

因此,等比序列现金流的现值为:

$$P = \sum_{t=1}^{n} A_1(1+h)^{t-1}(1+i)^{-t} = \frac{A_1}{1+h}\sum_{t=1}^{n}\left(\frac{1+h}{1+i}\right)^t$$

利用等比级数求和公式可得:

$$P = \begin{cases} A_1\left[\dfrac{1-(1+h)^n(1+i)^{-n}}{i-h}\right] & i \neq h \\[3mm] \dfrac{nA_1}{1+i} & i = h \end{cases} \qquad (2.19)$$

例 2.10 若租用某仓库,目前年租金为 23 000 元,预计租金水平在今后 10 年内每年将上涨 5%。若将该仓库买下来,需一次支付 20 万元,但 10 年后估计仍可以 20 万元的价格售出。按折现率 15% 计算,是租合算,还是买合算?

解 若租用该仓库,10 年内全部租金的现值为:

$$P_1 = 23\,000\left[\frac{1-(1+0.05)^{10}(1+0.15)^{-10}}{0.15-0.05}\right] \ 元 =$$

$$137\,393 \ 元$$

若购买该仓库,全部费用的现值为:

$$P_2 = (200\,000 - 200\,000(1+0.15)^{-10}) \ 元 =$$

$$150\,563 \ 元$$

显然租用该仓库费用更少,租合算。

1. 简述现金流量、净现金流量、现金流量图的概念。

2. 企业第一、二、三年分别投资 1 000 万元,800 万元,500 万元;第三、四年分别收益 20 万元,40 万元,经营费用为 30 万元。以后各年平均收益 550 万元,经营费用均为 100 万元,寿命期 12 年,期末残值 200 万元。画该项目的现金流量图。

3. 现金流量图如下:

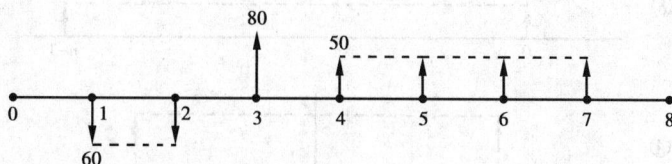

求现值、终值及第 3 年末的等值资金 $(i = 10\%)$。

4. 已知某项目的现金流量表如下(单位:万元):

t	0	1	2	3	4	5	6
投资	600	400					
销售收入			80	200	400	400	400
经营费用			40	70	70	70	70

画现金流量图,并求各点处的净现金流量。设 i 等于 8%,求此项目的现值。

5. 已知资金平衡的现金流量图如下:

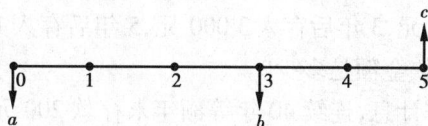

(1)已知 a,b,求 c;

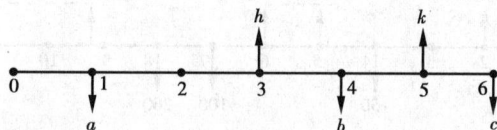

(2)已知 a,c,h,k,求 b。

(以上设复利率 i 已知)

6. 已知实线数值,求虚线数值(利率为 i):

7. 连续 4 年年初存款 200 元,求 10 年末的终值。(设 i 为 8%)

8. 现在存款 X 元,问多少年后本利和是原存款的 2 倍。(设 i 为 10%)

(1)现存款 X 元,存款期 10 年,并希望 10 年后存款金额达到原来的 4 倍,问存款利率 i 为多少?

(2)证明:

① $(P/F,i,n) = (P/A,i,n)(A/F,i,n)$

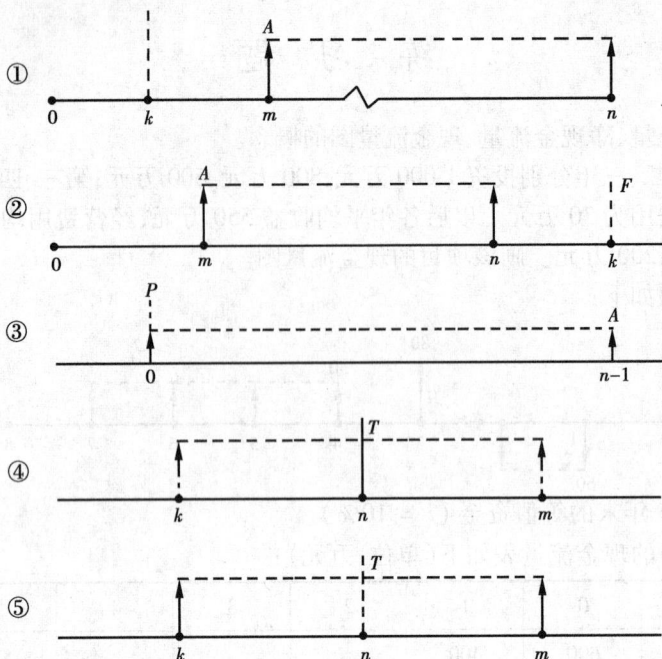

①

②

③

④

⑤

②$(A/P,i,n) - i = (A/F,i,n)$

③$(F/P,i,n) \times (A/F,i,n) = (A/P,i,n)$

10. 连续 8 年每年年末支付一笔款项,第一年 20 000 万元,以后各年每年递增 2 500 元,问全部支付款项的现值、年值、终值分别为多少?

11. 年利率为 10%,按季计息,问半年实际利率、年实际利率各为多少?

12. 年实际利率为 14%,每年计息 2、4、12 次,问年名义利率各为多少?

13. 某人现在存入 1 000 元,3 年后存入 3 000 元,5 年后存入 15 000 元,年利率为 12%,半年计息一次,问 10 年后的存款金额是多少?

14. 年利率为 12%,按季计息,连续 40 年等额年末存款 200 元,求 40 年末的终值。

15. 年利率为 12%,按半年计息,现金流量图如下:

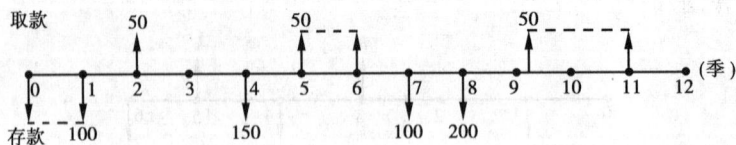

求终值 F。

16. 年名义利率为 12%,连续计息(连续复利),现存款 2 万元,问 10 年后的本利和为多少?

17. 年名义利率为 14%,连续计息,每年末存款 300 元,连续存 8 年,求终值 F。

18. 在连续计息下,已知每期名义利率 r 和期数 n。试推导$(F/A,r,n)$、$(P/A,r,n)$、$(A/P,r,n)$、$(A/F,r,n)$ 相应问题的等值换算公式。

19. 第一年连续存入一笔现金 $\overline{P}$,总量为 200 元,年名义利率为 $r = 14\%$,求 4 年末终值 F 和年度等值 A。

20. 每年连续现金流量 $\bar{A}$ 为 400 元, 连续存 10 年, 求终值 $\bar{F}$ 和现值 $\bar{P}$。年名义利率为 8%, 连续计息。

21. 某企业拟向银行借款 1 500 万元, 5 年后一次还清。甲银行贷款年利率 17%, 按年计息; 乙银行贷款年利率 16%, 按月计息。问企业向哪家银行贷款较为经济?

22. 如果某人想从明年开始的 10 年中, 每年年末从银行提取 600 元, 若按 10% 利率计年复利, 此人现在必须存入银行多少钱?

23. 某人每年年初存入银行 500 元钱, 连续 8 年, 若银行按 8% 利率计年复利, 此人第 8 年年年末可从银行提取多少钱?

24. 某企业年初从银行借款 1 200 万元, 并商定从第二年开始每年年末偿还 250 万元, 若银行按 12% 年利率计复利, 那么该企业大约在第几年可还清这笔贷款?

25. 某企业兴建一工业项目, 第一年投资 1 000 万元, 第二年投资 2 000 万元, 第三年投资 1 500 万元, 投资均在年初发生, 其中第二年和第三年的投资使用银行贷款, 年利率为 12%。该项目从第三年起开始获利并偿还贷款, 10 年内每年年末获净收益 1 500 万元, 银行贷款分 5 年等额偿还, 问每年应偿还银行多少万元? 画出企业的现金流量图。

26. 某企业获得一笔 80 000 元的贷款, 偿还期为 4 年, 按年利率 10% 计复利, 有 4 种还款方式:

(1) 每年年末偿还 20 000 元本金和所欠利息;

(2) 每年年末只偿还所欠利息, 第 4 年年末一次还清本金;

(3) 在 4 年中每年年末等额偿还;

(4) 在第 4 年末一次还清本息。

试计算各种还款方式所付出的总金额。

第 3 章　经济效益评价的基本方法

3.1　经济效益评价的基本原理

3.1.1　经济效益

在社会实践中,人们进行的所有的实践活动,都是为了要取得一定的效益,以满足人们生产和生活的需要,这是人类社会实践所遵循的一个重要原则。只是由于各类活动的不同,人们取得效益的形式也有所不同。从事工业生产,希望造出质量好、成本低、数量多的产品;从事交通运输,希望将用户的货物(人)既安全(舒适)、又快捷地运到目的地;从事教育工作,则希望能培养出热爱祖国、热爱人民、技术精、能力强的德才兼备的人才。不论是能够用经济数字描述的生产领域的活动,还是无法用经济数字描述、属于"软指标"的非生产领域的活动,主要从两个角度去考察其经济效益:一是在一定的人力、物力、财力的条件下,如何靠科学管理、合理调配而使之充分发挥作用,更好地满足既定目标的要求,得到最好的效果,即得到最佳的"成果",产出最大。二是在确保满足既定目标的前提下,通过技术进步、优化组合而使在获得效益的过程中所花费的消耗最少,即付出最小的"耗费",投入最小。换言之,任何一种社会实践,要获得有用成果,创造物质财富,都必须花费一定的代价,消耗一定的人力、物力和资金,付出劳动耗费。

所谓经济效益是指人们在经济实践活动中取得的有用成果与劳动耗费之比,或产出的经济成果与投入的资源总量(包括人力、物力、财力等资源)之比。经济效益的数字表示有两种形式:

$$经济效益 = \frac{有用成果}{劳动耗费} \tag{3.1}$$

$$经济效益 = 有用成果 - 劳动耗费 \tag{3.2}$$

劳动耗费是指在生产过程中消耗的活劳动和物化劳动。

活劳动消耗是指生产过程中具有一定的科学知识和生产经验并掌握一定生产技能的人,消耗一定的时间和精力,发挥一定的技能,有目的地付出的脑力和体力劳动。物化劳动消耗则是指进行劳动所具有的物质条件和基础,它一方面包括原材料、燃料、动力、辅助材料在生产过程中的消耗;另一方面还包括厂房、机器设备、技术装备等在从事生产实践过程中的磨损折旧等。

另外,在生产实践前发生的生产设施、生产工具及原材料、燃料、动力等在一段时间的占用(储备)称为物化劳动占用。劳动力占用则是指在一定生产时期内所占用的全部劳动力的数量。物化劳动占用和劳动力占用发生时,所占用的人、财、物等便不能因其他需求而产生有用成果,只待发生占用的生产实践实施后才会将其用于其他需求而产生成果,即这些被占用的人、财、物的消耗从占用发生时便发生了,占用也是一种消耗。

应当注意,上述所讲的劳动耗费只涉及了生产实践过程中发生的人力、物力、财力和资源等的直接消耗和占用,而未考虑由于该生产实践过程的实施而引起的间接的社会其他部门的劳动耗费。例如,三峡水利工程实施时,就需考虑大坝建起后对长江上游水位带来的影响,涉及到防洪抗旱、航运等。同时,三峡水利工程的实施还关系到百万人口迁移、周边环境保护以及对生态环境的影响等问题。这些问题的解决,将会带来一定的劳动耗费,应将这部分耗费计入该工程项目的总的社会劳动消耗中去。

在生产实践过程中,付出劳动耗费产生出社会的有用成果,具有一定的使用价值,这是劳动所得。如果付出劳动耗费取得的成果对社会没有任何用处,不具有任何价值,那就不是有用成果,这种劳动就是无效劳动,甚至是浪费。

经济效益与有用成果是两个不同的概念,经济效益是指生产实践过程中所取得的有用成果与劳动耗费即各种人力、物力、财力和资源的消耗与占用总和之比,或是有用成果与劳动耗费之差,是相对值。而有用成果则是所取得的增加产量、提高质量、降低成本、提高利润等的结果。例如,某企业采取一项技术革新方案之后,一年可节约材料费用 200 万元,而技术革新方案的前期调研费、设计费以及实施中增加的设备费用和人员培训费等折算为每年 40 万元,那么就可以说采用这项技术革新方案后的有用成果为 200 万元,经济效益为 200 - 40 = 160 万元,或应用除法公式 200/40 = 5,即所得到的有用成果为其投资或耗费的 5 倍。

从上面的例子可以看出,经济效益就是所获得的有效的劳动成果与投入的劳动耗费之间的比较值,这个值越大,经济效益就越好。据此可知,若保证有效的劳动成果不变,通过技术或规模等手段努力降低越多的劳动耗费,经济效益就越好;类似地,若使劳动耗费保持不变,努力取得更大的有效劳动成果,则经济效益就越好。反之,就越差。

根据以上分析,在人们进行的生产实践中,施行方案往往不止一个。为了取得最好的经济效益,就应该对多种方案进行比较,选择可获得更大有效劳动成果、更小劳动耗费的方案,就可以达到以更小的代价、更小的投资来获得更大的利益、更大的回报的目的,这就是所要找的最佳方案。当然,最佳方案的选择,还有赖于对市场、技术水平的科学调查以及对人员、设备、材料、资金、资源等情况的具体掌握。况且,最优的概念也是一个相对的概念,对于某项工程,该方案是最优的,而对于另一项有类似目的的工程,该方案就不一定是最优的。该方案现在是最优的,再过几年,就很可能不是最优的了。所以,最优的选择往往都是经过许多次的反复比较、研究并结合当前的技术水平而确定的,其目的就是希望获取最佳的经济效益。

3.1.2 经济效益评价指标体系

对于任何一项工程,其投产后能否获得经济效益及获得经济效益的大小,是评价项目甚至决定是否投资该项目的重要内容,为保证投资的科学与正确,全面准确地分析、评价工程项目或投资方案的经济效益,研究建立一套有统一标准的经济效益评价的技术经济指标,作为对比评价的依据,是十分必要的工作。

所谓指标,是指事先设定的目标,一般是可以用数字具体描述的,有时也用笼统的模糊概念作为指标,即通常所讲的"软"指标。技术经济指标,是从技术和经济等诸方面综合反映工程项目或技术方案的经济效益所要达到的目标。而经济效益指标体系,则是指从不同侧面、不同角度评价工程项目或技术方案、全面系统地反映、评价、说明工程项目或技术方案的经济效益的一系列互相联系、互相补充的完整的指标体系。评价工程项目或技术方案经济效益的指标体系通常可分为反映劳动收益类的指标,包括产量、品质、质量和利润等;反映劳动耗费类的指标,包括成本、投资和时间耗费等;同时反映劳动收益和耗费的综合指标,包括各项经济效益值及综合性的相对经济效益值。

经济效益指标与指标体系是进行计划、组织、管理、指导、控制各项经济活动的重要工具,也是监督与检查社会生产、各种资源利用效益的重要手段。它的作用与意义可概括为:可查明、挖掘生产潜力,不断扩大生产能力;可考核社会生产、企业生产经济活动的最佳成果,以便合理利用各种资源、设备,扩大产品产量,改善产品质量;可评估各种技术方案、技术政策、技术措施的优劣,指出其经济合理性的程度,为各层次的技术经济决策提供科学的依据。经济效益评价指标体系是我们评价工程项目和技术方案的客观标准和基本依据,社会各部门的一切经济实践活动都离不开它,是企业现代化管理的重要组成部分,是加强企业管理,提高技术水平的重要工具。

(1)劳动收益类指标

劳动收益类指标是反映工程项目或技术方案的有用成果的指标,主要包括产品数量、产品品种、产品质量和产品利润等内容,通常要结合工程实际的特点来确定。

1)产品数量

产品数量指标反映的是工程项目或技术方案所产生的有用成果数量的大小,可以用实物量或价值量来描述。用实物量表达的数量指标应是满足规定的质量标准的实物产量,而用价值量表示的数量指标则包括商品产值、总产值、净产值和销售收入等内容。

①商品产值

商品产值是指在一定时间周期内工程项目或技术方案所产生的可直接获得效果的产品、半成品和工业性作业的价值,它不包括项目企业出售废品的价值、不成套产品的价值、非工业产品和非工业性作业的价值,也不包括转手销售的成品、半成品及原材料的价值和来料加工的来料与工业性作业的原材料价值。

商品产值可依下式计算:

$$产品产值 = (成为商品的成品数量 + 半成品数量)$$
$$\times 出厂价格 + 来料加工价值 + 工业性作业收入 \tag{3.3}$$

商品价值反映出项目企业能够向社会提供的产品数量及其价值,一般按现行价格进行计算。用现行价格计算商品价值反映出工程或技术方案预计在计算年度能够收回的货币数量,是用来预测项目企业的销售收入、进行产销平衡、计算利润的重要依据。

②总产值

总产值是由消耗掉生产资料而转移得到的价值和劳动者创造的价值所组成,是工程项目或技术方案所产生出的产品和作业价值的总和,它包括商品产值、来料加工部分的来料价值及制成品结存量差额的价值,可依下式计算:

$$总产值 = 商品产值 + 来料加工的来料价值 + (期末在$$
$$制品余额价值 - 期初在制品余额价值) \tag{3.4}$$

总产值是项目企业在规定时间内总的生产成果的货币体现,它的大小反映了该项目企业的生产水平和规模。通常,总产值以不变价格计算。不变价格是指为统计计算不同时期的产品价值而采用的一定时期的价格。用不变价格计算的总产值可使不同时期、不同地区和不同项目企业之间具有可比性。总产值中计入了产品中的转移价值,因此,它不能准确地反映自身生产成果的大小。

③净产值

净产值是项目企业在指定时间内自身创造的价值量的总和,包括劳动者为自己创造的价值和劳动者为社会创造的价值,而不包括生产资料的转移价值。净产值就是从总产值中扣除各种物质消耗价值以后的剩余价值,它的计算方法有两种:

a. 生产法　用总产值减去各种物质消耗。

$$工业净产值 = 总产 - 各种物质消耗价值 \qquad (3.5)$$

物质消耗包括生产中所消耗的原材料、辅助材料、燃料、动力、生产用固定资产的折旧费等,即各种生产资料的转移价值之和。

b. 分配法　从国民收入初次分配的角度出发计算,将构成净产值的各要素直接相加。

$$工业净产值 = 工资 + 税金 + 利润 + 其他属于国民收入初次分配性质的费用 \qquad (3.6)$$

净产值不包括转移价值,在产品价格不变的情况下,净产值与产品产量成正比,与物质消耗成反比,即产品产量越多,净产值越大;物质消耗越少,净产值越大。净产值指标反映了企业增产与降耗的水平,是衡量企业经济效益高低的重要指标。

2)产品品种

产品品种指标是指经济用途相同而实际使用价值有差异的同种产品。品种指标是一个表明技术水平高低和满足程度的指标,内容包括品种数量、新产品增加的数量、新品种代替老品种的数量或新品种代替老品种所占的百分比、产品配套率、自给率等。品种指标对满足社会需求是一个很重要的指标,也是表示经济成果的一个重要指标。

3)产品质量

产品质量是指产品的性能、功用及满足用户要求的程度。通常反映产品质量的指标大致有两类:一类是反映产品内在质量的专门性指标,如产品的某些物理性能、化学性能、机械性能、电气性能等的程度;另一类是反映生产工作质量的统计性指标,如产品合格率、废品等。

①专门性指标

专门性指标通常是由涉及产品各项技术性能的参数和经济指标来规定、描述产品的指标,质量特性一般可用技术性、适用性、可靠性和经济性等反映。

a. 技术性

产品的技术性是指产品所能达到的技术指标,如精度、速度、抗干扰能力、噪声等指标。

b. 适用性

产品的适用性是指产品满足使用目的所具有的技术性能,如自动化程度、操作性能、安全性能、造型、色彩和包装等指标。

c. 可靠性

产品的可靠性是指产品在规定的时间内和规定的条件下完成规定功能的能力,如寿命、可靠程度、故障率等指标。

d. 经济性

产品的经济性是指产品在其使用的整个寿命周期中所具有的经济能力,如制造成本、生产效率、维修费用、费用消耗等指标。

②统计性指标

a. 合格率是指合格产品的数量与包括合格品、等外品、废品等的产品总产量的比率,可以表达为

$$产品合格率 = \frac{合格产品数量}{(合格品数量 + 等外品数量 + 废品数量)} \times 100\% \qquad (3.7)$$

b. 等级品率

是指不同等级的产品在总产量中所占的比率,即

$$等级品率 = \frac{某等级产品产量}{产品总产量} \times 100\% \qquad (3.8)$$

c. 废品率

废品是指性能不具有质量指标要求且不可修复的产品。废品率是指废品与总产量的比率,即

$$废品率 = \frac{废品}{产品总产量} \times 100\% \qquad (3.9)$$

4)产品利润

利润是反映工程项目或技术方案经济成果的综合性指标。利润通常由项目或方案盈利总额扣除应缴税和各种应交款项后的利润留成(税后利润)构成,是项目给企业带来的净收益。

$$项目利润 = 销售收入 - 销售成本 - 各种应纳税金 \qquad (3.10)$$
$$- 各种应交款(+ 营业外净收益)$$

反映利润大小的指标有利润总额、利润率等。

(2)劳动消耗类指标

工程项目或技术方案的劳动消耗类指标主要有产品总成本费用指标、投资指标和时间指标。

1)年总成本费用指标

总成本费用指标是指一定时间内(一般为一年)为生产和销售产品而花费的包括生产成本、管理费用、财务费用和销售费用在内的全部成本和费用。

生产成本包括各项直接支出(原材料、劳动工资和其他直接支出)及制造费用。

2)投资指标

投资一般指投资者将资金投放到指定的地方,并希望达到预期效果的一种经济行为为主要特征的过程。投资根据不同的划分标准可以进行不同的分类,在技术经济分析评价中,一般把投资分为固定资产投资和流动资金投资。

投资指标可用两种形式描述:

①投资总额

投资总额是指为实现工程项目或技术方案而在固定资产形成过程中发生的全部费用支出的总和与流动资金投资之和。它是绝对指标,表示项目或方案全部投资的多少,也表明建设规模和施工工作量的大小。同时,投资总额也是计划投资拨款和进行经济核算的依据。计算投资总额,按其粗细程度可分为估算、概算、预算3种。

②单位产品投资额

投资总额与生产总量(通常按年计算)的比值为单位产品投资额。它反映了技术方案的

投资水平,是比较指标。在分析比较投资效果时,当两个项目或方案产量相同时,可以用投资总额来比较;当产量不同时,则要用单位产品投资额来衡量才有可比性。

3)时间指标

时间指标是指实现工程项目或技术方案所需耗费的时间,如产品研制周期、项目寿命周期、工程建设周期、产品生产周期、新建或扩建、改建项目投产后达到设计能力的时间等。

(3)综合指标

综合指标既考虑劳动成果指标又考虑劳动消耗指标及其之间的关系,它可以避免由于管理水平、知识水平等原因造成的指标设置不科学等问题。综合指标可分为绝对效益指标和相对效益指标。

1)绝对经济效益指标

绝对经济效益指标反映一项工程项目或技术方案得到的经济效益的大小,包括:

①劳动生产率

劳动生产率是指人们在单位时间内劳动的效果和能力,是反映活劳动消耗的经济效益指标。劳动生产率可以用单位时间内所生产的产品数量来表示,也可用生产单位产品所消耗的劳动时间来表示:

$$劳动生产率 = \frac{产品数量}{劳动时间} \times 100\% \tag{3.11}$$

上式中,产品数量可用实物也可用货币单位表示,劳动时间可用工时、一年为单位。用货币量表示的劳动生产率依其计算范围不同,又可分为个人劳动生产率、企业劳动生产率和社会生产率等。提高劳动生产率意味着节约社会必要劳动,或采用新技术、新工艺使相同的劳动生产出更多的产品,或用较少的时间生产出相同多的产品。劳动生产率数值越大,表明经济效益越好。

②材料利用率

材料利用率与单位产品原材料、燃料、动力消耗等单耗指标和单位产品生产设备消耗量等均为物化劳动消耗指标。材料利用率可以用单位材料制出的成品数量来表示:

$$材料利用率 = \frac{产品产量}{材料总消耗量} \times 100\% \tag{3.12}$$

也可以用产成品中所包含的原材料净重与所耗用的材料来表示:

$$材料利用率 = \frac{产成品的原材料数量}{原材料总消耗量} \times 100\% \tag{3.13}$$

材料利用率数值越大,反映原材料利用程度越高,经济效益越好。

③设备利用率

设备利用率是指生产中实际使用的设备台数与企业拥有的全部设备台数之比或生产中设备实际使用时间与设备在账时间之比,它描述企业生产用固定资产的实际运用状况,是一个劳动占用指标,其表达式为

$$设备利用率 = \frac{实际使用的设备台数}{全部设备台数} \times 100\% \tag{3.14}$$

或

$$设备利用率 = \frac{设备实际使用时间}{设备在账时间} \times 100\%$$

设备利用率越高,设备使用越充分,经济效益就越好。

④资金盈利率

资金盈利率的含义是百元资金实现的利润,即

$$资金盈利率 = \frac{利润、税金总额}{(固定资产原值 + 流动资金总值)} \times 100\% \tag{3.15}$$

⑤固定资产盈利率

固定资产盈利率的数值是指每百元固定资产提供的利润、税金,即

$$固定资产盈利率 = \frac{年盈利额}{固定资产总值} \times 100\% \tag{3.16}$$

2)相对经济效益指标

相对经济效益值是考察一个工程项目或技术方案相对另一个工程项目或技术方案的经济效益的情况,是比较两者效益优劣的经济指标。

①静态差额投资收益率

静态差额投资收益率是表示两个方案对比时,在投资和成本都不同的条件下,一个方案比另一个方案多节约的成本与多支出的投资之比,系数越大,效益越好。

②静态差额投资回收期

静态差额投资回收期是表示两个方案对比时,一个方案多支出的投资通过它节约的成本来回收差额投资所需的期限。它是静态差额投资收益率的倒数。

3.1.3 经济效益的评价原则

对工程项目和技术方案进行分析、比较和评价,是工程经济学的中心内容。利用工程经济学的方法,对一项投资项目分析其产生的经济效果,还要系统、全面的分析、研究其社会、技术、环境及资源等多方面的因素,结合社会对该项目的要求,论证得出最佳方案,付诸实施,以期取得良好的效益。由于现代科学技术的迅速发展以及管理方法、管理手段的日臻完善,在考虑一个项目时,往往有多种方案可供选择。各方案由于所要考虑、解决的问题重点不同,有时会带来诸多技术、经济、资源、环境及社会等方面的问题。如何确定这些问题所带来的影响,并有针对性的考察各个不确定性因素以及项目本身所带来的各种风险,就需要对项目及方案进行科学的评价,以便为决策提供依据,选择效果最好的方案,有效地降低投入、提高产出、增加效益、减少风险,科学评价对工农业生产及科学研究等均具有重大意义。

在工程经济学中,对工程项目或技术方案评价的原则通常有技术与经济的原则、定量分析与定性分析的原则、财务分析与国民经济分析的原则以及可比性原则,这些原则分别从不同的角度对项目或方案进行考评,待最后综合后便可得到项目或方案的较全面的评价结果。

(1)技术与经济相结合的原则

工程经济学是研究技术和经济相互关系的科学,其目的是根据社会生产的实际以及技术与经济的发展水平研究、探求、寻找使技术与经济相互促进,协调发展的途径。所以,我们在讨论、评价工程项目或技术方案时,应当遵循技术与经济相结合的原则。

技术是经济发展的重要手段,技术进步是推动经济前进的强大动力,人类几千年的文明史证明了这一点。同时,技术也是在一定的经济条件下产生和发展的,技术的进步要受经济情况和条件的制约,经济上的需求是推动技术发展的动力。就是蒸汽机的发明也是在纺织业大发

展,手工纺织机已不能满足生产发展的需求、水力纺织机又因自然条件限制无法得到充分利用时,经过数年的研究才发明出来并迅速得到了广泛的应用的。同样,20世纪最伟大的发明——计算机技术也是由于科研与生产的需要,适应电子技术的飞速进步而得以日新月异地发展起来的。技术与经济这种相互依赖、相互促进、相辅相成的关系,构成了我们考虑与评价技术方案的原则之一,而经济效益评价又是我们决定方案取舍的依据。在评价方案的技术问题时,既要考虑方案技术的宏观影响,使技术对国民经济和社会经济发展起到促进作用,又应考虑到方案技术的微观影响,使得采用的技术能有效地结合本部门、本单位的具体实际,发挥出该项技术的最大潜能,创造出该技术的最大价值。同时,又要注意避免贪大求洋,盲目追求所谓"最先进的技术"。某制药厂投资13.5亿元引进的"最现代化"的维生素C生产技术最终因无法正常投产而使该厂背上了30多亿元债务包袱的例子就足以使人警醒。当然,也要注意不能一味强调现有实际,而不善于引进、采纳现代的高、新技术,无法利用现有条件去最大程度地发挥优势,创造价值。另外,在考核项目或方案的技术含量时,还要注意其经济能力和影响,不要因具体部门采纳的技术给全局性的经济问题带来诸如资源、环保等方面的负面影响。

所以,在应用工程经济学的理论来评价工程项目或技术方案时,既要评价其技术能力、技术意义,也要评价其经济特性、经济价值,将二者结合起来,寻找符合国家政策、满足发展方向需要且又能给企业带来发展的项目或方案,使之最大限度地创造效益,促进技术进步及资源、环保等工作的共同发展。

(2)定性分析与定量分析相结合的原则

定性分析与定量分析是对项目或方案进行经济效益分析评价的两种方法。所谓定性分析是评价人员依据国家的法律法规、国家发展布局及发展方向、该项目对国家发展所起作用和该项目发展趋势等进行评价,这是一种在占有一定资料、掌握相应政策的基础上,根据决策人员的经验、直觉、学识、逻辑推理能力等以主观判断为基础进行评价的方法,评价尺度往往是给项目打分或确定指数。这是从总体上进行的一种笼统的评价方法,这种方法具有主观性,属于经验型决策。

定量分析则是以对项目各方面的计算结果为依据进行评价的方法。它以对项目进行的客观、具体的分析而得出的各项经济效益指标为尺度,通过对"成果"与"消耗"、"产出"与"投入"等的分析,对项目进行评价。定量分析以科学为依据,不仅使各种评价更加精确,减少了分析中的直觉成分,使得分析评价更加科学化,还可以在定量分析中发现研究对象的实质和规律,尤其是对评价中不易掌握的一些不确定因素和风险因素,均可以量化的指标对其做出判断,利于决策。定量分析以其评价具体、客观、针对性强、可信程度高,在实际中应用普遍,既可用于事前评价,也可用于事中评价和事后评价,是进行经济效益评价的重要方法。

定量分析以其科学、准确的特点得到了广泛的应用,更由于现代应用数学及计算机技术使得定量分析规范且易行。但在实际项目或方案中,由于有些经济问题非常复杂,甚至有些内容无法用数量表达,所以,在某些情况下,定性分析还是十分必要的。因此,在实际分析评价中,应善于将定性与定量分析方法结合起来,发挥各自在分析上的优势,互相补充,使分析结果科学、准确,使决策人员对项目总体有一个比较全面的了解。

(3)财务分析与国民经济分析相结合的原则

项目的财务分析是指根据国家现行的财务制度和价格体系,从投资主体(全部投资者和直接投资者)的角度考察项目给投资者带来的经济效益的分析方法。项目的国民经济分析则是指按照社会资源合理配置和有效利用的原则,从国家整体的角度来考察项目的效益和费用的分析计算,其目的是充分利用有限的资源,促进国民经济持续稳定的发展。

项目的财务分析和国民经济分析都是项目的盈利性分析,但各自所代表的利益主体不同,使得两种分析方法的目的、任务和作用等也有所不同。财务分析是微观经济效益分析,它是站在企业(投资者)的立场上进行的,而国民经济分析是宏观经济效益分析,它是站在国家或全社会的角度进行分析的。

对于企业(投资者)来讲,投资项目的目的是希望从项目的实施中获得回报,取得效益。这样,企业就必须本着获得利益的原则对项目进行财务分析,计算项目直接发生的财务效益和费用,编制财务分析报表,计算评价指标,关注项目各年的资金收支平衡与否和资产债务结构以及债务清偿能力,以便对项目自身的盈利水平和生存能力做出评价。财务分析是以企业获得最大净收入为目标的。

国民经济分析则是从国民经济的角度对投资项目的经济效果做出评价。一般情况下,投资项目对整个国民经济的影响不仅仅表现在项目自身的财务效果上,还可能会对国民经济其它部门和单位或是对国家资源、环境等造成影响,必须通过项目的国民经济分析来具体考核项目的整体经济效果。

从以上内容可以看出,项目的财务分析和国民经济分析都是用来评价投资项目的,但其出发点不同。财务分析是从投资者或项目本身的角度出发进行分析,只考虑可以直接用货币量度量的效益。国民经济分析则是从整个国家和社会的角度出发进行分析,除了考虑直接的、能以货币量度量的效益外,还要考虑间接的、不能以货币量度量的效益;除了考虑项目的内部效益外,还要考虑外部效益。对于我们国家来讲,资源的配置及获取效益的大小应从国家利益出发追求其合理性,当财务分析与国民经济分析结果产生不一致时,应以国民经济分析的结果为主。一般来讲,财务分析与国民经济分析结论均可行的项目,应予通过。国民经济分析结论不可行而财务分析可行的项目应予否定。对于一些国计民生必需的项目,国民经济分析结论可行,但财务分析的结果如不可行,通常要重新考虑方案,或必须时向有关主管部门建议或申请采取相应的经济优惠措施,使得投资项目具有财务上的生存能力,既要满足人民群众生产、生活的必需,又不给国家造成严重的经济负担。

所以,在评价投资项目的经济效益时,必须将项目的财务分析与国民经济分析结合起来考虑,既要符合国家发展的需要,使资源合理配置并充分发挥效能,又尽量使项目能够有较好的经济效益,具有相应的财务生存能力,为今后进一步的发展打下良好的基础。

(4)可比性原则

工程经济学研究的核心内容就是寻求项目或技术方案的最佳经济效果。因此,在分析中,我们既要对某方案的各项指标进行研究,以确定其经济效益的大小,也要把该方案与其他方案进行比较评价,以便从所有的方案中找出具有最佳经济效果者,这便是比较问题。方案比较是工程经济学中十分重要的内容,可比性原则是进行工程经济分析时所应遵循的重要原则之一。通常,方案比较可从满足需求上的可比、劳动耗费上的可比、价格指标上的可比和时间因素上的可比四个方面着手进行。

1)满足需要上的可比

任何一个项目或方案实施的主要目的都是为了满足一定的社会需求,不同项目或方案在满足相同的社会需求的前提下才能进行比较。

①产量可比

这里的产量是指项目或技术方案满足社会需要的产品的数量。例如,煤炭和天然气在化学成分和物理性质等方面差异较大,但却都可以作为原料生产合成氨,在满足社会生产合成氨的需要上,它们的作用是相同的,在这里它们可比。

不同项目或技术方案的产量或完成的工作量的可比是指其净产量或净完成工作量、净出力之间的可比,而不是其额定产量或工作量、出力的可比。由于各项目或技术方案往往具有不同的技术特性和条件,在实施过程中又会带来相关的损耗和费用。所以,仅仅以其额定值分析有时会无法比较,而实际产量与额定产量之间往往还相差一定的数额,用公式来表达则可写成

$$G = G_b - \Delta G$$

或

$$G = K_1 G_b$$

$$K_1 = 1 - \frac{\Delta G}{G_b} \tag{3.17}$$

式中 G 为满足实际需要的机器产量或出力, G_b 为机器设备额定产量或出力, ΔG 为两者的差额, K_1 为不足系数。

在比较时应以 G 值为准,不以 G_b 为准,不同方案中 G 与 G_b 不能相比。

②质量可比

在满足需要的可比原则中,除产量可比外还需满足质量可比。所谓质量可比是指不同项目或技术方案的产品质量相同时,直接比较各项相关指标;质量不同时,则需经过修正计算后才能比较。在实际中,由于有些产品的质量很难用数字准确地刻画它,即是所谓的"软指标",而有些项目或技术方案的产品质量会有所不同,有时对不同的社会需求会有很大的差异,这样在进行比较时就要进行修正或折算。例如,从北京运输一批货物到广州,由铁路运输或用空运其结果是相同的,即将货物安全运抵目的地,但运输过程却不相同。空运快捷、中间环节少、安全稳妥、费用较高;铁路运输所需时间长、中间环节多、出现意外的可能性大,但费用低廉。对不同的用户来讲,其需求不同,所选方案就不同。再有,有两个建电视机厂的方案,其中一个生产黑白电视机,一个生产彩色电视机,二者产品质量不同,产品使用价值也不同。假若认定一台彩色电视相当于三台黑白电视机的使用价值,进行技术经济比较分析时通常就将生产一台彩色电视机的方案与生产三台黑白电视机的方案来比较。而对诸如美观、舒适、方便、清洁、味道等难以定量的质量功能指标,分析时可采用评分法进行比较。

另外,在进行满足需要的比较时,对能够满足多方面需要的方案可与满足单一需要方案的联合方案比较;方案规模不同时,应以规模小的方案乘以倍数与规模大的方案进行比较;对产品可能涉及其他部门或造成某些损失的方案,应将该方案本身与消除其他部门损失的方案组成联合方案进行比较;对具有相同产品,但不具有相同质量和使用价值的替代性技术方案比较时可折算成相同的产品产量进行比较。

2)消费费用的可比

比较项目或技术方案消耗的费用,应该从项目建设到产出产品及产品消费的全过程中整个社会的消耗费用来比较,而不是依某个个别国民经济部门或个别环节的部分消耗进行比较,也就是说要从总的、全部消耗的观点出发点考虑。例如,建设煤矿的方案,就应该考虑建矿的消耗费用以及运输和运行等的消耗费用。但是,在项目企业内部各生产环节之间、在国民经济

各部门之间,占用资金、劳动力、资源、运输能力、能源、原材料等均存在着一定的协调关系,某一部门或某一生产环节消耗费用的变化必然会引起其他相关部门或环节的变化。这种情况下进行方案比较时,可只考虑与方案有直接的、经常性联系的主要部门或环节,而略去关系不密切的部门或环节的消耗费用。

3)时间的可比

在投资、成本、产品质量、产量相同条件下的两个项目或方案,其投入时间不同,经济效益显然不同。而在相同的时间内,不同规模的项目或方案,其经济效益也不同。时间短、规模小的方案,建设期短,投产后很快实现收益,经济内部贴现率高,资金回收期短,但往往需要追加投资;时间长、规模大且工艺先进的方案,通常经济效益好,但收益晚。显然,时间因素对方案经济效益有直接的影响。

比较不同项目或方案的经济效益,时间因素的可比条件应满足:①计算期相同:不同的方案应以相同的计算期作为比较的基础,不能一个长,一个短;②考虑货币的时间价值:发生在不同时间内的效益和费用,应根据货币的时间价值进行比较;③考虑整体效益:不同项目或方案在投入财力、物力、人力、运力及自然力和发挥经济效益的时间不同,其经济效益会有很大的差别,比较时应考虑这些对社会、环境、资源等及本企业的总体影响。

4)价格的可比

每一个项目或技术方案都要产出或提供服务,同时消耗物化劳动,即有产出也有投入。要刻画项目或方案产出和投入的大小,以便与其他的项目或技术方案进行比较,就要考虑价格因素,利用价格指标,按产品价格计算。价格的可比性是分析比较项目或技术方案经济效益时的一个重要原则。

要使价格可比,项目或技术方案所采用的价格指标体系应该相同,这是价格可比的基础。每个技术方案无论是消耗费用还是产值的增加,均按产品的价格计算。理论上讲,产品的价格与价值是一致的,现实中,却时有背离的情况。所以在比较价格时,通常对产出物和消耗物的价格不采用现行价格,而是按合理价格来比较。这个合理价格反映了国家的最大利益和用户及消费者的正当利益,由国家主管行政部门确定。这个价格通常仅供对项目或方案进行经济效益分析时参考使用,对现行价格不产生任何意义上的影响,也不暗示其变化的趋势,只作为价格比较时的基本条件。

3.2 经济效益评价中涉及到的主要经济要素

在工程经济分析中,投资、成本、销售收入、税金和利润等经济量是构成经济系统现金流量的基本要素,也是进行技术经济分析最重要的基础数据。

3.2.1 投 资

(1)投资的基本概念

广义的投资是指人们的一种有目的的经济行为,即以一定的资源投入某项计划,以获取所期望的报酬。投资可分为生产性投资和非生产性投资,所投入的资源可以是资金,也可以是人力、技术或其他资源。本章所讨论的投资是狭义的,是指人们在社会经济活动中为实现某种预定的生产、经营目标而预先垫支的资金。

对于一个工业性建设项目来说,总投资包括建设投资(含固定资产投资方向调节税和建设期借款利息)和流动资金的垫支两大部分。根据资本保全原则,当项目建成投入经营时,固定资产投资、投资方向调节税和建设期利息形成固定资产、无形资产及递延资产三部分。

固定资产是指使用期限超过一年,单位价值在规定标准以上,并且在使用过程中保持原有物质形态的资产,包括房屋及建筑物、机器设备、运输设备、工具、器具等。

无形资产是指能长期使用但是没有实物形态的资产,包括专利权、商标权、土地使用权、非专利技术、商誉等。

递延资产是指不能全部计入当年损益,应当在以后年度内分期摊销的各项费用,包括开办费等。

流动资金指在工业项目投产前预先垫付,在投产后的生产经营过程中用于购买原材料、燃料动力、备品备件,支付工资和其他费用以及被在制品、半成品、产成品和其他存货占用的周转资金。在生产经营活动中,流动资金以现金及各种存款、存货、应收及预付款项等流动资产的形态出现。在整个项目寿命期内,流动资金始终被占用并且周而复始地流动。到项目寿命结束时,全部流动资金才能退出生产与流通,以货币资金的形式被回收。

(2)投资的来源与构成

投资项目的资金来源可划分为自有资金和负债资金两大类。企业自有资金是投资者缴付的出资额(包括资本金和资本溢价),是企业用于项目投资的新增资本金、资本公积金、提取的折旧费与摊销费以及未分配的税后利润等。负债资金指银行和非银行金融机构的贷款及银行债券的收入等。因此,负债资金包括长期负债(长期借款、应付长期债券和融资租赁的长期应付款项等)和短期负债(如短期借款应付账款等)。

归纳以上所述,投资资金来源、投资构成和形成的资产可用图3.1简要表述。

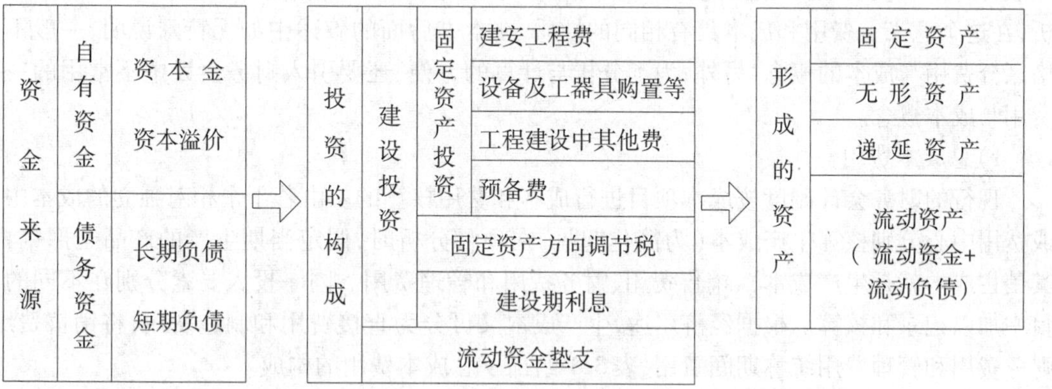

资金来源	自有资金	资本金 资本溢价	投资的构成	建设投资	固定资产投资	建安工程费	形成的资产	固定资产
						设备及工器具购置等		无形资产
						工程建设中其他费		递延资产
						预备费		
	债务资金	长期负债 短期负债			固定资产方向调节税			流动资产(流动资金+流动负债)
					建设期利息			
				流动资金垫支				

图 3.1 投资构成简图

工程项目建成后,通过会计核算,确定由建设投资形成的3种资产原值。购建固定资产的实际支出(包括建设期借款利息、外币借款汇兑差额及固定资产投资方向调节税)即为固定资产的原始价值,简称为固定资产原值。同样,获取无形资产的实际支出即为无形资产的原始价值。如土地使用权获取费用、工业产权及专有技术获取费用和其他无形资产获取费用。在项目筹建期内实际发生的建设费用,除应计入固定资产和无形资产价值外,均应计入开办费,视为递延资产。

在工程项目投入运营之后,固定资产在使用过程中会逐渐磨损和贬值,其价值逐步转移到产品中去。这种伴随固定资产损耗发生的价值转移称为固定资产折旧。转移的价值以折旧费的形式计入产品成本,并通过产品的销售以货币形式回到投资者手中,固定资产使用一段时间后,其原值扣除累计折旧费称为当时的固定资产净值。工程项目寿命期结束时,固定资产的残余价值为期末残值。从原理上讲,对投资者来说,固定资产期末残值是一项在期末可回收的现金流入。

与固定资产类似,无形资产也有一定的有效服务期,无形资产的价值也要在服务期内逐渐转移到产品价值中去。无形资产的价值转移是以无形资产在有效服务期内逐年摊销的形式体现的。递延资产也应在项目投入运营后的一定年限(通常不低于 5 年)内平均摊销。无形资产和递延资产的摊销费均计入产品成本。

3.2.2 费用与成本

(1)费用和成本的概念及构成

在工业生产经营活动中,费用泛指企业在生产经营过程中发生的各项耗费;成本通常指企业为生产商品和提供劳务所发生的各项费用。应当指出,在工程经济分析中对费用与成本的理解与企业财务会计中的理解不完全相同。主要表现在三个方面:其一,财务会计中的费用和成本是对企业经营活动和产品生产过程中实际发生的各种耗费的真实记录,所得到的数据是惟一的,而技术经济分析中使用的费用和成本数据是在一定的假定前提下对拟实施投资方案的未来情况预测的结果,带有不确定性;其二,会计中对费用和成本的计量分别针对特定会计期间的企业生产经营活动和特定产品的生产过程,而工程经济分析中对费用和成本的计量则一般针对某一投资项目或技术方案的实施结果;其三,工程经济分析强调对现金流量的考察分析,在这个意义上费用和成本具有相同的性质,在本书后面的叙述中如无特殊说明,一般不严格区分费用与成本的概念,另外,为了分析与计算的方便,还要引入财务会计中不常用的一些费用与成本概念。

1)总成本费用

现行的财务会计制度按成本项目进行成本和费用核算的。由若干个相对独立的成本中心或费用中心分别核算生产成本(为简化起见,在项目分析时,假定当期生产的产品全部销售,其销售成本就是生产成本)、销售费用、财务费用和管理费用。同一投入要素分别在不同的项目中加以记录和核算。根据经济用途,生产成本又可分为直接费用和制造费用,将销售费用、财务费用和管理费用统称期间费用,表 3.1 给出了总成本费用的构成。

在工程经济分析中,为了便于计算,通常按照各费用要素的经济性质及表现形态,把总成本费用分为 9 类:①外购材料;②外购燃料;③外购动力;④工资及福利费;⑤折旧费;⑥摊销费;⑦利息支出;⑧修理费;⑨其他费用。

2)经营成本(付现成本)、沉没成本与机会成本

技术经济分析中常常用到经营成本这一概念。简单地说,经营成本是为经济分析方便从总成本费用中分离出来的一部分费用。

经营成本 = 总成本费用 – 折旧与摊销费 – 借款利息支出

在对工业项目或技术方案进行技术经济分析时,必须考察特定经济系统的现金流出与现

金流入。按照会计核算方法,总成本费用(包括产品生产成本和期间费用)中含有既不属于现金流出也不属于现金流入的折旧费与摊销费。因此,要计算项目运营期间各年的现金流出,必须从总成本费用中将折旧费与摊销费剔除。借款利息是使用借贷资金所要付出的代价,对于企业来说是实际的现金流出。但在评价工业项目全部投资的经济效果时,并不考虑资金来源问题,也不将借款利息计入现金流量。为了计算与分析的方便,技术经济分析中通常将经营成本作为一个单独的现金流出项。如果分析中需要考虑借款利息支出,则另列一个现金流出项。

表 3.1　总成本费用的构成

总成本费用	生产成本	直接费用	直接材料(在生产中用来形成产品主要部分的材料)、直接工资(在产品生产过程中直接对材料进行加工使之变成产品的人员的工资)和其他直接费用
		制造费用	为组织和管理生产所发生的各项间接费用,包括生产单位(车间或分厂)管理人员工资、职工福利费、折旧费、矿山维检费、修理费及办公费、差旅费、劳动保护费等
	期间费用	销售费用	在销售产品、自制半成品和提供劳务等过程中发生的费用,包括应由企业负担的运输费、装卸费、包装费、保险费、差旅费、广告费以及专设销售机构人员工资、福利费、折旧费及其他费用
		管理费用	企业行政管理部门为管理和组织经营活动发生的各项费用,包括管理部门人员工资及福利费、折旧费、修理费、物料消耗、办公费、差旅费、保险费、工会经费、职工教育经费、技术开发费、咨询费、诉讼费、房产税、车船税、土地使用税、无形资产和递延资产摊销费、业务招待费及其他管理费用
		财务费用	筹集资产等财务活动中发生的费用,包括生产经营期间发生的利息净支出、汇兑净损失、银行手续费以及为筹集资金发生的其他费用

技术经济分析中有时还用到沉没成本与机会成本的概念。

沉没成本是指以往发生的与当前决策无关的费用。经济活动在时间上是具有连续性的,但从决策的角度来看,以往发生的费用只是造成当前状态的一个因素,当前状态是决策的出发点,当前决策所要考虑的是未来可能发生的费用及所能带来的收益,不考虑以往发生的费用。

机会成本是指将一种具有多种用途的有限资源置于特定用途时所放弃的收益。当一种有限的资源具有多种用途时,可能有许多个投入这种资源获取相应收益的机会,如果将这种资源置于某种特定用途,必然要放弃其他的资源投入机会,同时也放弃了相应的收益,在所放弃的机会中最佳的机会可能带来的收益,就是将这种资源置于特定用途的机会成本。

显然,在技术经济分析中,沉没成本不会在现金流量中出现,而机会成本则会以各种方式影响现金流量。

3)折旧费与摊销费的估算

在投资项目寿命期(或计算期)的现金流量表中,折旧费和摊销费并不构成现金流出。但是,在估算利润总额和所得税时,它们是总成本费用的组成部分。从企业角度看,折旧与摊销的多少与快慢并不代表企业的这项费用的实际支出的多少与快慢,因为它们本身就不是实际的支出,而只是一种会计手段,把以前发生的一次性支出在生产经营期各年度中进行分摊,以核算当年应缴付的所得税和可以分配的利润。因此,一般来说,企业总是希望多提和快提折旧费和摊销费,以期少交和慢交所得税。为保证国家正常的税收来源,政府要防止企业的这种倾向,对折旧方法,折旧年限以及摊销费的计算均有明确规定。现行财务制度对各类固定资产折旧年限规定了一个最高限和最低限,详见表 3.2。

折旧费的计算方法有多种,这里我们介绍较常用的 5 种。

①平均年限法

平均年限法是最常用的固定资产折旧方法。其计算公式为

$$年折旧率 \ l_平 = \frac{1 - 预计净残值率 \rho}{折旧年限 \ N} \times 100\% \qquad (3.18)$$

$$年折旧额 \ D_平 = 固定资产原值 \ V_K \times l_平 = \qquad (3.19)$$
$$\frac{固定资产原值 \ V_K - 预计将残值 \ V_L}{N}$$

预计净残值率通常取 3% ~ 5%。

例 3.1 一台设备原值 12 000 元,预计使用年限为 5 年,寿命终了时净残值收入预计为 500 元,试用平均年限法计算设备年折旧额。

解 $D = \dfrac{12\ 000 - 500}{5} 元 = 2\ 300\ 元$

②工作量法

第一,按照行驶里程计算折旧费

此法适于企业专业车队的客、货运汽车的折旧额计算。

表 3.2 工业企业固定资产分类折旧年限表

一、通用设备部分		11. 机械工业专用设备	20 ~ 25 年
		12. 石油工业专用设备	8 ~ 12 年
通用设备分类	折旧年限	13. 化工、医药工业专用设备	8 ~ 14 年
1. 机械设备	10 ~ 14 年	14. 电子仪表电讯工业专用设备	7 ~ 14 年
2. 动力设备	11 ~ 18 年	15. 建材工业专用设备	5 ~ 10 年
3. 传导设备	15 ~ 28 年	16. 纺织、轻工专用设备	6 ~ 12 年
4. 运输设备	6 ~ 12 年	17. 矿山、煤炭及森工专用设备	7 ~ 15 年
5. 自动化控制及仪器仪表		18. 造船工业专用设备	15 ~ 22 年
自动化、半自动化控制设备	8 ~ 12 年	19. 核工业专用设备	20 ~ 25 年
电子计算机	4 ~ 10 年	20. 公用事业企业专用设备	
通用测试仪器设备	7 ~ 12 年	自来水	15 ~ 25 年
6. 工业炉窑	7 ~ 13 年	燃气	16 ~ 25 年
7. 工具及其他生产用具	9 ~ 14 年	三、房屋、建筑物部分	
8. 非生产用设备及器具		房屋、建筑物分类	折旧年限
设备工具	18 ~ 22 年	21. 房屋	
电视机、复印机、文字处理机	5 ~ 8 年	生产用户	30 ~ 40 年
二、专用设备部分		受强腐蚀生产用房	10 ~ 15 年
		受腐蚀生产用房	20 ~ 25 年
专用设备分类	折旧年限	非生产用房	35 ~ 45 年
9. 冶金工业专用设备	9 ~ 15 年	简易房	8 ~ 10 年
10. 电子工业专用设备		22. 建筑物	
发电及供热设备	12 ~ 20 年	水电站大坝	45 ~ 55 年
输电线路	30 ~ 35 年	其他建筑物	15 ~ 25 年
配电线路	14 ~ 16 年		
交电配电设备	18 ~ 22 年		
核能发电设备	20 ~ 25 年		

$$单位里程折旧额 d = \frac{V_K - V_L}{规定的总行驶里程 M} \qquad (3.20)$$

$$年折旧额 D_l = d \times 年行驶里程 m \qquad (3.21)$$

第二,按照工作小时计算折旧费

此法适于企业的大型设备的折旧额计算。

$$每工作小时的折旧额 d = \frac{V_K - V_L}{规定的总工作小时 H} \qquad (3.22)$$

$$年折旧额 D_l = d \times 年工作小时 h \qquad (3.23)$$

③双倍余额递减法和年数总和法

现行财务制度规定在国民经济中具有重要地位、技术进步快的电子生产企业、船舶工业企业、飞机制造企业、汽车制造企业、生产"母机"的机械企业,化工和医药生产企业以及其他经财政部批准的特殊行业的企业,其机器设备可采用双倍余额递减法和年数总和法。这两种方法属于加速折旧法。加速折旧法的特点是在折旧年限内,计提的年折旧额先多后少。

a. 双倍余额递减法

双倍余额递减法的年折旧率是平均年限法折旧率的两倍。其特点是年折旧率不变,折旧基数递减。计算公式如下:

$$年折旧率 l_{双} = \frac{2}{N} \times 100\% \qquad (3.24)$$

$$年折旧额 D_{双i} = (固定资产净值)_i \times l_{双} \qquad (3.25)$$

$$(固定资产净值)_i = V_K - \sum D_{双i-1} \qquad (3.26)$$

式中 i 表示折旧年份。

例 3.2 用双倍余额递减法计算例 3.1 的设备年折旧额。

解 本例中不考虑残值时,平均年限法折旧率为 $\frac{1}{5} \times 100\% = 20\%$,故双倍余额递减法折旧率为 $20\% \times 2 = 40\%$。

第 1 年折旧额 $D_{双1} = 12\ 000 \times 4\% 元 = 4\ 800 元$

第 2 年折旧额 $D_{双2} = (12\ 000 - 4\ 800) \times 40\% 元 = 2\ 880 元$

第 3 年折旧额 $D_{双3} = (12\ 000 - 4\ 800 - 2\ 880) \times 40\% 元 = 1\ 728 元$

最后两年折旧额按第四年初净值 $(12\ 000 - 4\ 800 - 2\ 880 - 1\ 728) 元 = 2\ 592 元$减残值 500 元之后,除以 2 得到:

$$第 4(5) 年折旧额 D_{双4}(D_{双5}) = \frac{2\ 592 - 500}{2} 元 = 1\ 046 元$$

b. 年数总和法

年数总和法的特点是折旧基数不变,而年折旧率递减。其计算公式如下:

$$年折旧率 l_{年} = \frac{折旧年限 - 已使用年数}{折旧年限 \times (折旧年限 + 1) \div 2} \times 100\% \qquad (3.27)$$

$$年折旧额 D_{年} = (V_K - V_L) \times l_{年} \qquad (3.28)$$

例 3.3 用年数总和法计算例 3.1 的设备年折旧额。

解 年数总和法中折旧率为一组递减的分数。这组分数的分子,第一项为固定资产耐用年限,以后各年依次减少 1。本例中,这组分数的分子为 5,4,3,2,1。分数的分母是这一列数

之和,即 $5+4+3+2+1=15$。故各年的折旧率分别为

$$\frac{5}{15},\quad \frac{4}{15},\quad \frac{3}{15},\quad \frac{2}{15},\quad \frac{1}{15}$$

第 1 年应提折旧额 $D_{年1} = (12\,000 - 500) \times \frac{5}{15}元 = 3\,833\ 元$

第 2 年应提折旧额 $D_{年2} = (12\,000 - 500) \times \frac{4}{15}元 = 3\,067\ 元$

同理,第 3,4,5 年折旧额分别为 2 300 元,1 533 元,767 元。

④余额递减折旧法

余额递减折旧法也是一种加速折旧的方法,是用一固定年折旧率乘以年初固定资产余值,计算每年的折旧额。其特点是每年折旧率不变,而折旧基数递减,每年的折旧额计算公式为:

$$D_i = V_K(1 - l)^{i-1} \times l \tag{3.29}$$

式中,l 表示年固定折旧率,其余符号含义同前。

折旧率 l 的计算公式为:

$$l = 1 - \sqrt[N]{\frac{V_L}{V_K}} \qquad 或 \qquad d = 1 - \sqrt[N]{R}$$

式中,R 表示净残值率。

例 3.4 用余额递减折旧法计算 3.1 的设备年折旧额。

解 年固定折旧率 $l = 1 - \sqrt[N]{\frac{V_L}{V_K}} = 1 - \sqrt[5]{\frac{500}{12\,000}}\ 元 = 0.47\ 元$

第 1 年应提折旧额 $D_{年1} = 12\,000(1 - 0.47)^0 \times 0.47\ 元 = 5\,640\ 元$

第 2 年应提折旧额 $D_{年2} = 12\,000(1 - 0.47)^1 \times 0.47\ 元 = 2\,989.20\ 元$

同理,第 3,4,5 年折旧额分别为 1 584.28 元,839.67 元,445.02 元。

摊销费是指无形资产和递延资产等一次性投入费用的分摊,其性质与固定资产折旧费相同。

无形资产从开始使用之日起,在有效使用期限内平均计算摊销费。有效使用期限按下列原则确定:法律、合同或企业申请书,分别规定有法定的有效期限和受益年限,取两者较短者为有效使用年限;法律没有规定有效期限的,按照合同或者企业申请书规定的受益年限,确定有效使用年限;法律或合同或企业申请书均未规定有效期或者受益年限的,按照不少于 10 年确定有效使用期限。

递延资产包括开办费和以经营租赁方式租入的固定资产改良支出等。开办费从企业开始生产经营起,按照不短于 5 年的期限平均摊销;以经营租赁方式租入的固定资产改良支出,在租赁有效期内分期平均摊销。

3.2.3 销售收入

销售收入是企业生产经营阶段的主要收入来源,是指企业向社会出售商品或提供劳务的货币收入。销售收入是反映工程项目真实收益的经济参数,也是工程经济分析中现金流入的一个重要项目。

$$销售收入 = 产品销售量 \times 价格 \tag{3.30}$$

图 3.2 是简化了的销售收入与总成本费用和利润的关系示意图。总成本费用按费用要素

列出。这里忽略了营业外的收入和支出,也不考虑企业的其他投资收益,因此,利润总额就等于销售利润。

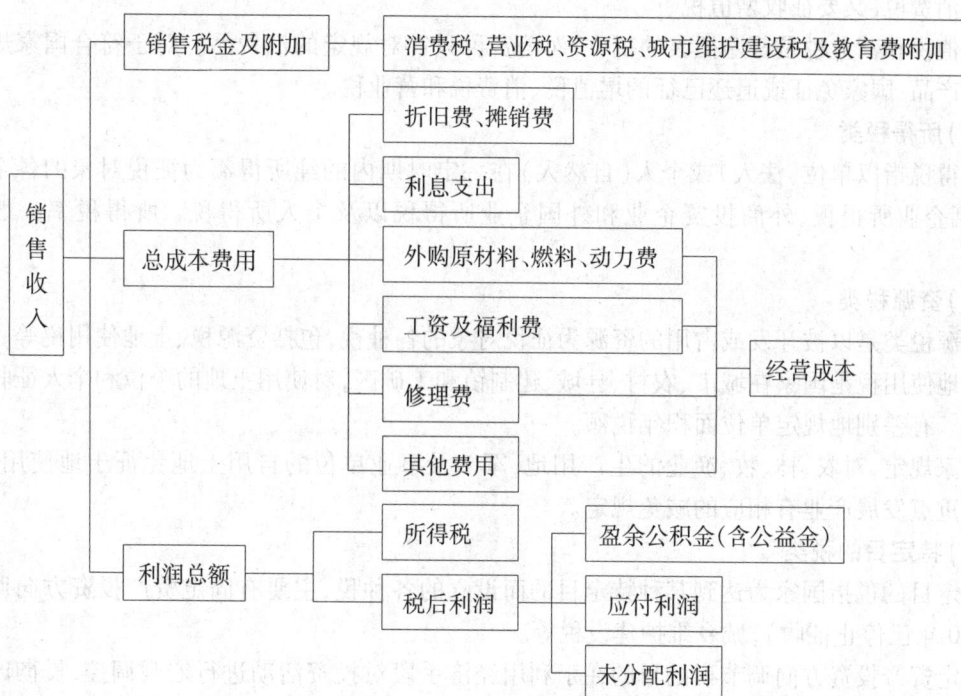

图 3.2　销售收入、总成本费用和利润的关系示意图

3.2.4　税　金

税金是国家依据法律对有纳税义务的单位和个人征收的财政资金。税收是国家凭借政治权力参与国民收入分配和再分配的一种方式,具有强制性、无偿性和固定性的特点。税收是国家取得财政收入的主渠道,也是国家对各项经济活动进行宏观调控的重要杠杆。

现行税收制度包含了数十个税种,本章就本教材涉及到的主要税种作一简要介绍。

(1)流转税类

指以商品生产、商品流通和劳务服务的流转额为征税对象的各种税。

1)增值税

增值税以商品生产、流通和劳务服务各个环节的增值额为征税对象。增值税是价外税,销售价格内不含增值税款。因此,增值税既不进入成本费用,也不进入销售收入。从企业角度进行投资项目现金流量分析时可不考虑增值税。增值税率一般为17%。

2)营业税

营业税是对在我国境内从事交通运输、建筑业、金融保险、邮政电讯、文化体育、娱乐业、服务业、转让无形资产、销售不动产等业务的单位和个人,就其营业收入或转让收入征收的一种税。不同行业采用不同的适用税率。

3)消费税

消费税的纳税义务人为在我国境内生产、委托加工和进口某些消费品的单位和个人。征收消费税的消费品主要是奢侈品、非生活必须品、高能耗、高档消费品、特殊消费品(如烟、酒、鞭炮等)、稀缺资源消费品等。消费税是价内税,并且与增值税交叉征收,即对应税消费品既要征收消费税,又要征收增值税。

增值税和营业税是普遍征收的税收,而消费税只针对规定的消费品。对于符合国家规定的出口产品,国家免征或退还已征的增值税、消费税和营业税。

(2)所得税类

所得税指以单位(法人)或个人(自然人)在一定时期内的纯所得额为征税对象的各个税种,包括企业所得税、外商投资企业和外国企业所得税以及个人所得税。所得税率一般为33%。

(3)资源税类

资源税类是以被开发或占用的资源为征税对象的各种税,包括资源税、土地使用税等。

土地使用税是国家在城市、农村、县城、建制镇和工矿区,对使用土地的单位和个人征收的一种税。有差别地规定单位面积年税额。

国家规定,对农、林、牧、渔业的生产用地,军队及事业单位的自用土地免征土地使用税。对一些重点发展产业有相应的减免规定。

(4)特定目的税类

特定目的税指国家为达到某种特定目的而设立的各种税,主要有固定资产投资方向调节税(2000年已停止征收)、城乡维护建设税等。

固定资产投资方向调节税的目的在于利用经济手段对投资活动进行宏观调控,贯彻产业政策,控制投资规模,引导投资方向,保证重点建设。投资方向调节税的计税依据是固定资产投资项目实际完成的投资额,并根据国家产业政策确定的产业发展序列和经济规模要求实行差别税率。

对工业企业来说,土地使用税、房产税、印花税以及进口原材料和备品备件的关税等可计入成本费用中。计算企业销售(营业)利润时,从销售(营业)收入中减除的销售税金是指消费税、营业税、资源税、城乡维护建设税以及教育费附加。投资方向调节税最终计入固定资产原值。所得税从销售利润中扣除。

3.2.5 利 润

利润是企业经济目标的集中表现。工程投资项目投产后所获得的利润可分为销售利润(忽略营业外净收入和其他投资收益)和税后利润两个层次:

$$销售利润 = 销售收入 - 总成本费用 - 销售税金及附加 \qquad (3.31)$$

$$税后利润 = 销售利润 - 所得税 \qquad (3.32)$$

在计算所得税时,对销售利润为负的年度,即企业发生亏损的年度,可用下一年度的税前利润等弥补,下一年度利润不足弥补的,可以在5年内延续弥补,按弥补后的应纳税所得额计算所得税。5年内不足以弥补的,用税后的利润等弥补。

对企业来说,税后利润一般按下列优先顺序进行分配:

①被没收的财物损失、支付各项税收的滞纳金和罚款;

②弥补企业以前年度的亏损;

③提取法定盈余公积金,法定盈余公积金按照税后利润扣除前两项后的10%提取。盈余

公积金已达注册资金 50% 时不可再提取;

④提取公益金,公益金主要用于职工集体福利设施支出,提取率为 5%;

⑤向投资者分配利润,企业以前年度未分配的利润,可以并入本年度向投资者分配。

3.3 经济效益的静态与动态评价指标

按是否考虑资金的时间价值,经济效果评价指标分为静态评价指标和动态评价指标。不考虑资金时间价值的评价指标称静态评价指标;考虑资金时间价值的评价指标称动态评价指标。静态评价指标主要用于技术经济数据不完备和不精确的项目初选阶段;动态评价指标则用于项目最后决策前的可行性研究阶段。

3.3.1 静态评价指标

(1)投资回收期

投资回收期(Pay back period)就是从项目投建之日起,用项目各年的净收入(年收入减年支出)将全部投资收回所需的期限。能使公式

$$\sum_{t=0}^{T_p} NB_t = \sum_{t=0}^{T_P} (B_t - C_t) = K \tag{3.33}$$

成立的 T_p 即为投资回收期。

式中:

K——投资总额;

B_t——第 t 年的收入;

C_t——第 t 年的支出(不包括投资);

NB_t——第 t 年的净收入,$NB_t = B_t - C_t$;

T_p——投资回收期。

如果投资项目每年的净收入相等,投资回收期可以用下式计算:

$$T_p = \frac{K}{NB} + T_K \tag{3.34}$$

式中:NB——年净收入;

T_K——项目建设期。

对于各年净收入不等的项目,投资回收期通常用列表法求得,如表 3.3 所示。

根据投资项目财务分析中使用的现金流量表亦可计算投资回收期,其实用公式为:

$$T_p = T - 1 + \frac{\text{第}(T-1)\text{年的累积净现金流量的绝对值}}{\text{第 } T \text{ 年的净现金流量}} \tag{3.35}$$

式中,T 为项目各年累积净现金流量首次为正值或零的年份。计算实例可参见本书第 5 章投资项目的财务分析中的有关内容。

用投资回收期评价投资项目时,需要与根据同类项目的历史数据和投资者意愿确定的基准投资回收期相比较。设基准投资回收期为 T_b,判别准则为:

若 $T_p \leqslant T_b$,则项目可以考虑接受;

若 $T_p > T_b$,则项目应予以拒绝。

例 3.5 某投资项目的投资及年净收入如表 3.3 所示,求投资回收期。

表 3.3 某项目的投资及年净收入表

单位:万元

项 目 \ 年 份	0	1	2	3	4	5	6	7	8	9	10	合 计
①建设投资	180	240	80									500
②流动资金			250									250
③总投资(①+②)	180	240	330									750
④收入				300	400	500	500	500	500	500	500	3 700
⑤支出(不包括投资)				250	300	350	350	350	350	350	350	2 650
⑥净收入(④-⑤)				50	100	150	150	150	150	150	150	1 050
⑦累积未收回的投资	180	420	750	700	600	450	300	150	0			

解 据(3.35)式,将计算结果列于表 3.1 最末一行。累积净收入等于总投资的年限为 8 年(即累积未收回投资首次为零的年限),故该项目投资回收期为 8 年。若将此年限与给定的基准回收年限比较,即可知项目在本项指标上能否被接受。

投资回收期指标的缺点在于:第一,它没有反映资金的时间价值;第二,由于它舍弃了回收期以后的收入与支出数据,故不能全面反映项目在寿命期内的真实效益,难以对不同方案的比较选择作出正确判断。

投资回收期指标的优点:第一是概念清晰、简单易用;第二,也是最重要的,该指标不仅在一定程度上反映项目的经济性,而且反映项目的风险大小。项目决策面临着未来的不确定性因素的挑战,这种不确定性所带来的风险随着时间的延长而增加,因为离现时愈远,人们所能确知的东西就愈少。为了减少这种风险,就必然希望投资回收期越短越好。因此,作为能够反映一定经济性和风险性的回收期指标,在项目评价中具有独特的地位和作用,被广泛用作项目评价的辅助性指标。

(2)投资收益率

投资收益率就是项目在正常生产年份的净收益或年平均净收益与投资总额的比值。其一般表达式为:

$$R = \frac{NB}{K} \tag{3.36}$$

式中:K——投资总额,$K = \sum_{t=0}^{m} K_t$,K_t 为第 t 年的投资额,m 为完成投资的年份,根据不同的分析目的,K 可以是全部投资额,也可以是投资者的权益投资额;

NB——正常年份的净收益或年平均净收益,根据不同的分析目的,NB 可以是利润,可以是利润税金总额,也可以是净现金流入等;

R——投资收益率,根据 K 和 NB 的具体含义,R 可以表现为各种不同的具体形态。

投资收益率常见的具体形态有:

$$全部投资收益率 = \frac{年利润 + 折旧与摊销 + 利息支出}{全部投资额} \tag{3.37}$$

$$权益投资收益率 = \frac{年利润 + 折旧与摊销}{权益投资额} \tag{3.38}$$

$$投资利税率 = \frac{年利润 + 税金}{全部投资额} \tag{3.39}$$

$$投资利润率 = \frac{年利润}{全部投资额}$$

对于权益投资收益率和投资利润率来说,还有所得税前与所得税后之分。

投资收益率指标未考虑资金的时间价值,而且舍弃了项目建设期、寿命期等众多经济数据,故一般仅用于技术经济数据尚不完整的项目初步研究阶段。

用投资收益率指标评价投资方案的经济效果,需要与根据同类项目的历史数据及投资者意愿等确定的基准投资收益率作比较。设基准投资收益率为 R_b,判别准则为:

若 $R \geqslant R_b$,则项目可以考虑接受;

若 $R < R_b$,则项目应予以拒绝。

例 3.6 某项目经济数据如表 3.3 所示,假定全部投资中没有借款,现已知基准投资收益率 $R_b = 15\%$,试以投资收益率指标判断项目取舍。

解 由表 3.3 数据可得:

$$R = 150/750 = 0.2 = 20\%$$

由于 $R > R_b = 15\%$,故项目可以考虑接受。

3.3.2 动态评价指标

动态经济评价指标不仅计入了资金的时间价值,而且考察了项目在整个寿命期内收入与支出的全部经济数据。因此,它们是比静态指标更全面、更科学的评价指标。

(1) 净现值(NPV)

净现值(net present value) 指标是对投资项目进行动态评价的最重要指标之一。该指标要求考察项目寿命期内每年发生的现金流量。按一定的折现率将各年净现金流量折现到同一时点(通常是期初) 的现值累加值就是净现值。净现值的表达式为:

$$NPV = \sum_{t=0}^{n} (CI_t - CO_t)(1 + i_0)^{-t} \tag{3.40}$$

式中:NPV——净现值;

CI_t——第 t 年的现金流入额;

CO_t——第 t 年的现金流出额;

n——项目寿命年限;

i_0——基准折现率。

判别准则:对单一项目方案而言,

若 NPV≥0,则项目应予接受;若 NPV<0,则项目应予拒绝。

多方案比选时,净现值越大的方案相对越优(净现值最大准则)。

例 3.7 某项目的各年现金流量如表 3.4 所示,试用净现值指标判断项目的经济性($i_0 = 10\%$)。

解 据表中各年净现金流量和(3.40)式,

$$NPV(i_0 = 10\%) = (-20 - 500(P/F, 10\%, 1) - 100(P/F, 10\%, 2) +$$

$$150(P/F,10\%,3) + \sum_{t=4}^{10} 250(P/F,10\%,t))万元 =$$

$$469.94 \ 万元$$

表3.4　某项目的现金流量表

单位:万元

项　目 ＼ 年　份	0	1	2	3	4～10
①投资支出	20	500	250		
②除投资以外的其他支出			300	550	
③收入			450	700	
④净现金流量(③-①-②)	-20	-500	-100	150	250

由于 NPV > 0,故项目在经济效果上是可以接受的。

净现值指标用于多方案比较时,不考虑各方案投资额的大小,因而不直接反映资金的利用效率。为了考察资金的利用效率,人们通常用净现值指数(NPVI)作为净现值的辅助指标。净现值指数是项目净现值与项目投资总额现值之比,其经济涵义是单位投资现值所能带来的净现值。其计算公式为:

$$NPVI = \frac{NPV}{K_p} = \frac{\sum_{t=0}^{n}(CI_t - CO_t)(1+i_0)^{-t}}{\sum_{t=0}^{n}K_t(1+i_0)^{-t}} \tag{3.41}$$

式中:K_p——项目总投资现值。

对于单一项目而言,若 NPV ≥ 0,则 NPVI ≥ 0(因为 K_p > 0);若 NPV < 0,则 NPVI < 0。故用净现值指数评价单一项目经济效果时,判别准则与净现值相同。

表3.5　某项目的净现金流量及其净现值函数

年　份	净现金流量 / 万元	i/%	$NPV(i) = -2\,000\ 万元 + 800$ $(P/A,i,4)\ 万元$
0	-2 000	0	1 200
1	800	10	536
2	800	20	71
3	800	22	0
4	800	30	-267
		40	-521
		50	-761
		∞	-2 000

下面讨论与 NPV 有关的两个问题:

1) 净现值函数以及 NPV 对 i 的敏感性问题

所谓净现值函数就是NPV与折现率i之间的函数关系。表3.5列出了某项目的净现金流量及其净现值随i变化而变化的对应关系。

若以纵坐标表示净现值,横坐标表示折现率i,上述函数关系如图3.3所示。

从图3.3中,可以发现净现值函数一般有如下特点:

① 同一净现金流量的净现值随折现率i的增大而减少。故基准折现率i_0定得越高,能被接受的方案越少。

② 在某一个i^*值上(本图中$i^* = 22\%$),曲线与横坐标相交,表示该折现率下的NPV = 0,且当$i < i^*$时,$NPV(i) > 0$;$i > i^*$时,$NPV(i) < 0$。i^*是一个具有重要经济意义的折现率临界值,后面还要对它作详细分析。

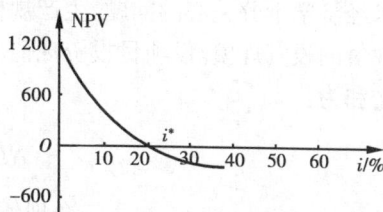

图3.3　净现值函数曲线

净现值对折现率i的敏感性问题是指,当i从某一值变为另一值时,若按净现值最大的原则优选项目方案,可能出现前后结论相悖的情况。表3.6列出了两个互相排斥的方案A与B的净现金流量及其在折现率分别为10%和20%时的净现值。

由表3.6可知,在i为10%和20%时,两方案的净现值均大于零。根据净现值越大越好的原则,当$i = 10\%$时,$NPV_A > NPV_B$,故方案A优于方案B;当$i = 20\%$时,$NPV_B > NPV_A$,则方案B优于方案A。这一现象对投资决策具有重要意义。例如,假设在一定的基准折现率i_0和投资总限额K_0下,净现值大于零的项目有5个,其投资总额恰为K_0,故上述项目均被接受;按净现值的大小,设其排列顺序为A,B,C,D,E。但若现在的投资总额必须压缩,减至K_1时,新选项目是否仍然会遵循$A,B,C\cdots\cdots$的原顺序排列直至达到投资总额为止呢?一般说不会的。随着投资限额的减少,为了减少被选取的方案数(准确地说,是减少被选取项目的投资总额),应当提高基准折现率。但基准折现率由i_0提高到i_1后,由于各项目方案净现值对基准折现率的敏感性不同,原先净现值小的项目,其净现值现在可能大于原先净现值大的项目。因此,在基准折现率随着投资总额变动的情况下,按净现值准则选取项目不一定会遵循原有的项目排列顺序。

表3.6　方案A,B在基准折现率变动时的净现值

单元:万元

方　案 \ 年份及 NPV	0	1	2	3	4	5	NPV (10%)	NPV (20%)
A	-230	100	100	100	50	50	83.91	24.81
B	-100	30	30	60	60	60	75.40	33.58

基准折现率i_0是投资项目经济效果评价中一个十分重要的参数。基准折现率的涵义及其确定方法稍后将作深入分析。

2)净现值指标的经济合理性

技术经济分析的主要目的在于进行投资决策 —— 是否进行投资,以多大规模进行投资。体现在投资项目经济效果评价上,要解决两个问题:什么样的投资项目可以接受;有众多备选投资方案时,哪个方案或哪些方案的组合最优。方案的优劣取决于它对投资者目标贡献的大小,在不考虑其他非经济目标的情况下,企业追求的目标可以简化为同等风险条件下净盈利的

43

最大化,而净现值就是反映这种净盈利的指标,所以,在多方案比选中采用净现值指标和净现值最大准则是合理的。

对于工业项目而言,经济效果的好坏与其生产规模有密切关系,确定最佳生产规模一直是技术经济学十分关心的问题。生产规模取决于投资规模,最佳投资规模也就是使企业获得最大净现值的投资规模。设项目投资现值为 K_p,项目寿命期内各年净收入为 NB_t,各年净收入的现值之和为:

$$NB_p = \sum_{t=1}^{n} NB_t(1 + i_0)^{-t}$$

净现值的表达式可以写成:

$$\text{NPV} = NB_p - K_p$$

NB_p 可以看成是 K_p 的函数,按照规模经济原理,随着投资规模增大,边际投资带来的边际净收入现值 NB_p,开始时递增,超过最佳投资规模后递减。NP_p 与 K_p 的关系曲线如图3.4所示。要使企业获得的 NPV 最大,须满足:

$$\frac{\text{dNPV}}{\text{d}K_p} = \frac{\text{d}NB_p}{\text{d}K_p} - 1 = 0$$

亦即:

$$\text{d}NB_p = \text{d}K_p \tag{3.42}$$

在图3.4中,NB_p 为纵坐标,K_p 为横坐标,与横坐标成45°角的直线是 $\text{NPV} = 0$(即 $NB_p = K_p$)的方案集合。

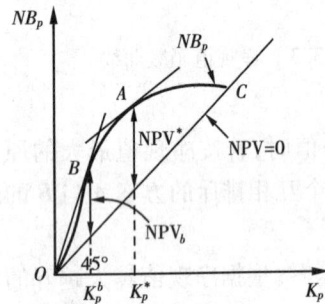

图3.4 最佳经济规模的确定

NP_p 曲线上满足式(3.42)的点是 A 点,A 点的切线斜率与净现值为零的直线斜率相同。A 点所对应的投资规模 K_p^* 为最佳规模,这一投资规模下的净现值 NPV^* 最大。

满足式(3.42)表示投资带来的边际净收入现值之和($\text{d}NB_p$)与边际投资现值($\text{d}K_p$)相等,对应的 NPV 最大。这实际上是经济学中边际原理的一种具体应用。边际原理认为,边际收入等于边际成本时企业实现的利润最大。因此,从经济学原理的角度看,在对投资额不等的备选方案进行比选时,应该采用净现值最大准则。

应该指出,若采用净现值指数指标对投资额不等的备选方案进行比选,可能会导致不正确的结论。净现值指数的表达式可以写成:

$$\text{NPVI} = \frac{NB_p - K_p}{K_p}$$

要使 NPVI 最大,须满足:

$$\text{dNPVI} = \frac{1}{K_p}\left(\frac{\text{d}NB_p}{\text{d}K_p} - 1\right) - \frac{1}{K^2}(NB_p - K_p) = 0$$

亦即:

$$\frac{\text{d}NB_p}{\text{d}K_p} = \frac{NB_p}{K_p} \tag{3.43}$$

图3.4中,满足式(3.43)的点是 B 点,这一点的切线 OB 的斜率等于 NB_p/K_p,B 点所对应的投资规模为 K_p^b,小于最佳投资规模 K_p^*,相应的净现值 NPV_b 也小于 NPV^*。因此,在进行多方案比选时,以 NPVI 最大为准则,有利于投资规模偏小的项目。NPVI 指标仅适用于投资额相近的方案比选。

如果将企业投资活动作为一个整体进行考察,往往需要从众多备选投资项目中选出一批项目进行投资。可以将所有备选项目按其 NPV 的大小依次排列,优先选择 NPV 大的项目进行投资。若把每一个项目看成一个边际投资单位,即把 dK_p 看成一个边际项目的投资现值,把 dNB_p 看成一个边际项目的净收入现值总和,按照边际原理,在资金供应充足的条件下,最后一个被选中的边际项目应近似满足式(3.42)。这时企业从全部投资项目中获取的 NPV 总和最大。这就是以 NPV $\geqslant 0$ 作为可接受项目标准的道理。

(2)净年值(NAV)

净年值是通过资金等值换算将项目净现值分摊到寿命期内各年(从第1年到第 n 年)的等额年值。

表达式为:

$$NAV = NPV(A/P, i_0, n) = \qquad (3.44)$$

$$\sum_{t=0}^{n} (CI_t - CO_t)(1 + i_0)^{-t}(A/P, i_0, n)$$

式中:NAV——净年值;

($A/P, i_0, n$)——资本回收系数。

其余符号意义同式(3.40)。

判别准则:

若 $NAV \geqslant 0$,则项目在经济效果上可以接受;

若 $NAV < 0$,则项目在经济效果上不可接受。

将净年值的计算公式及判别准则与净现值的作一比较可知,由于($A/P, i_0, n$) > 0,故净年值与净现值在项目评价的结论上总是一致的。因此,就项目的评价结论而言,净年值与净现值是等效评价指标。净现值给出的信息是项目在整个寿命期内获取的超出最低期望盈利的超额收益的现值,与净现值所不同的是,净年值给出的信息是寿命期内每年的等额超额收益。由于信息的含义不同,而且由于在某些决策结构形式下,采用净年值比采用净现值更为简便和易于计算(后面再详述),故净年值指标在经济评价指标体系中占有相当重要的地位。

(3)费用现值与费用年值

在对多个方案比较选优时,如果诸方案产出价值相同,或者诸方案能够满足同样需要但其产出效益难以用价值形态(货币)计量(如环保、教育、保健、国防)时,可以通过对各方案费用现值或费用年值的比较进行选择。

费用现值的表达式为:

$$PC = \sum_{t=0}^{n} CO_t(P/F, i_0, t) \qquad (3.45)$$

费用年值的表达式为:

$$AC = PC(A/P, i_0, n) = $$

$$\sum_{t=0}^{n} CO_t(P/F, i_0, t)(A/P, i_0, n) \qquad (3.46)$$

式中:PC——费用现值;

AC——费用年值。

其他符号意义同式(3.40)。

费用现值和费用年值指标只能用于多个方案的比选,其判别准则是:费用现值或费用年值最小的方案为优。

例 3.8 某项目有 3 个采暖方案 A, B, C，均能满足同样的需要。其费用数据如表 3.7 所示。在基准折现率 $i_0 = 10\%$ 的情况下，试用费用现值和费用年值确定最优方案。

表 3.7　三个采暖方案的费用数据表

单位:万元

方案	总投资(第 0 年末)	年运营费用(第 1 到第 10 年)
A	200	60
B	240	50
C	300	35

各方案的费用现值计算如下：

$$PC_A = 200\ \text{万元} + 60(P/A, 10\%, 10)\ \text{万元} = 568.64\ \text{万元}$$

$$PC_B = 240\ \text{万元} + 50(P/A, 10\%, 10)\ \text{万元} = 547.2\ \text{万元}$$

$$PC_C = 300\ \text{万元} + 35(P/A, 10\%, 10)\ \text{万元} = 515.04\ \text{万元}$$

各方案的费用年值计算如下：

$$PC_A = 200(A/P, 10\%, 10)\ \text{万元} + 60\ \text{万元} = 92.55\ \text{万元}$$

$$PC_B = 240(A/P, 10\%, 10)\ \text{万元} + 50\ \text{万元} = 89.06\ \text{万元}$$

$$PC_C = 300(A/P, 10\%, 10)\ \text{万元} + 35\ \text{万元} = 83.82\ \text{万元}$$

根据费用最小的选优准则,费用现值和费用年值的计算结果都表明,方案 C 最优,B 次之,A 最差。

费用现值与费用年值的关系,恰如前述净现值和净年值的关系一样,所以就评价结论而言,二者是等效评价指标。二者除了在指标含义上有所不同外,就计算的方便简易而言,在不同的决策结构下,二者各有所长。

(4) 内部收益率(IRR)

在所有的经济评价指标中,内部收益率(internal rate of return)是最重要的评价指标之一。

什么是内部收益率?简单说,就是净现值为零时的折现率。

在图 3.3 中,随着折现率的不断增大,净现值不断减少。当折现率增至 22% 时,项目净现值为零。对该项目而言,其内部收益率即为 22%。一般而言,IRR 是 NPV 曲线与横坐标交点处对应的折现率。

内部收益率可通过解下述方程求得：

$$\text{NPV}(\text{IRR}) = \sum_{t=0}^{n} (\text{CI}_t - \text{CO}_t)(1 + \text{IRR})^{-t} = 0 \tag{3.47}$$

式中:IRR—— 内部收益率。

其他符号意义同式(3.40)。

判别准则:设基准折现率为 i_0,

若 IRR $\geq i_0$,则项目在经济效果上可以接受;

若 IRR $< i_0$,则项目在经济效果上不可接受。

式(3.47)是一个高次方程,不容易直接求解,通常采用"试算内插法"求 IRR 的近似解。求解过程如下:

先给出一个折现率 i_1,计算相应的 $NPV(i_1)$,若 $NPV(i_1) > 0$,说明欲求的 $IRR > i_1$,若 $NPV(i_1) < 0$,说明 $IRR < i_1$,据此信息,将折现率修正为 i_2,求 $NPV(i_2)$ 的值。如此反复试算,逐步逼近,最终可得到比较接近的两个折现率 i_m 与 $i_n(i_m < i_n)$,使得 $NPV(i_m) > 0$,$NPV(i_n) < 0$,然后用线性插值的方法确定 IRR 的近似值。计算公式为:

$$IRR = i_m + \frac{NPV(i_m) \cdot (i_n - i_m)}{NPV(i_m) + | NPV(i_n) |} \qquad (3.48)$$

式(3.40)可参看图 3.5 证明如下:在图 3.5 中,当 $i_n - i_m$ 足够小时,可以将曲线段 $\overset{\frown}{AB}$ 近似看成直线段 $\overline{AB}$,$\overline{AB}$ 与横坐标交点处的折现率 i^* 即为 IRR 的近似值。三角形 $\triangle Ai_m i^*$ 相似于三角形 $\triangle Bi_n i^*$,故有:

$$\frac{i^* - i_m}{i_n - i^*} = \frac{NPV(i_m)}{| NPV(i_n) |}$$

等比例变换可得:

$$\frac{i^* - i_m}{i_n - i_m} = \frac{NPV(i_m)}{NPV(i_m) + | NPV(i_n) |}$$

展开整理即可得式(3.48)。

由于上式计算误差与 $i_n - i_m$ 的大小有关,且 i_n 与 i_m 相差越大,误差也越大,为控制误差,i_n 与 i_m 之差一般不应超过 0.05。

例 3.9 某项目净现金流量如表 3.8 所示。当基准折现率 $i_0 = 12\%$ 时,试用内部收益率指标判断该项目在经济效果上是否可以接受。

表 3.8　某项目的净现金流量表

单位:万元

年　末	0	1	2	3	4	5
净现金流量	-100	20	30	20	40	40

解　设 $i_1 = 10\%$,$i_2 = 15\%$,分别计算其净现值:

$NPV_1 = -100$ 万元 $+ 20(P/F,10\%,1)$ 万元 $+ 30(P/F,10\%,2)$ 万元 $+ 20(P/F,10\%,3)$ 万元 $+ 40(P/F,10\%,4)$ 万元 $+ 40(P/F,10\%,5)$ 万元 $= 10.16$ 万元

$NPV_2 = -100$ 万元 $+ 20(P/F,15\%,1)$ 万元 $+ 30(P/F,15\%,2)$ 万元 $+ 20(P/F,15\%,3)$ 万元 $+ 40(P/F,15\%,4)$ 万元 $+ 40(P/F,15\%,5)$ 万元 $= -4.02$ 万元

再用内插法算出内部收益率 IRR:

$$IRR = 10\% + (15\% - 10\%)\frac{10.16}{10.16 + 4.02} = 13.5\%$$

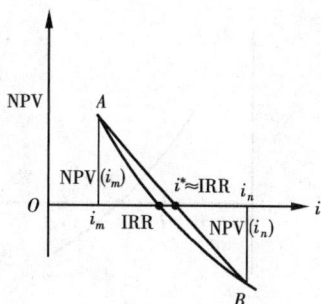

图 3.5　用内插法求 IRR 图解

由于 IRR(13.5%)大于基准折现率(12%),故该项目在经济效果上是可以接受的。

内部收益率被普遍认为是项目投资的盈利率,反映了投资的使用效率,概念清晰明确。比起净现值与净年值来,各行各业的实际经济工作者更喜欢采用内部收益率。

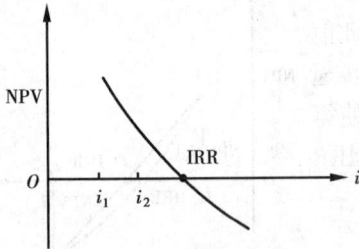

图3.6　内部收益率 IRR 与基准折现率为一区间值(i_1, i_2)时的比较

内部收益率指标的另一个优点,就是在计算净现值和净年值时都需事先给定基准折现率,这是一个既困难又易引起争论的问题;而内部收益率不是事先外生给定的,是内生决定的——由项目现金流计算出来的。当基准折现率 i_0 不易被确定为单一值而是落入一个小区间时,若内部收益率落在该小区间之外,则使用内部收益率指标的优越性是显而易见的。如图3.6所示,当 $i_1 \leqslant i_0 \leqslant i_2$ 时,若 $IRR > i_2$,或 $IRR < i_1$,根据 IRR 的判别准则,很容易判断项目的取舍。

内部收益率的经济涵义可以这样理解:在项目的整个寿命期内按利率 $i = IRR$ 计算,如始终存在未能收回的投资,而在寿命结束时,投资恰好被完全收回。也就是说,在项目寿命期内,项目始终处于"偿付"未被收回的投资的状况。因此,项目的"偿付"能力完全取决于项目内部,故有"内部收益率"之称谓。

在例3.9中,已经计算出其内部收益率为13.5%,且是惟一的。下面,按此利率计算收回全部投资的年限,如表3.9所示。

表3.9的现金流量图如图3.7所示。

由表3.9和图3.7不难理解内部收益率 IRR 的经济涵义的另外一种表达,即它是项目寿命期内没有回收的投资的盈利率。它不是初始投资在整个寿命期内的盈利率,因而它不仅受项目初始投资规模的影响,而且受项目寿命期内各年净收益大小的影响。

表3.9　以 IRR 为利率的投资回收计算表

单位:万元

年	净现金流量① (年末发生)	年初未回收 的投资②	年初未回收的投资 到年末的金额③ ②×(1 + IRR)	年末未回收 的投资④ ③－①
0	-100			
1	20	100	113.5	93.5
2	30	93.5	106	76
3	20	76	86.2	66.2
4	40	66.2	75.2	35.2
5	40	35.2	40	0

下面讨论项目内部收益率的惟一性问题。

例3.10　某项目净现金流量如表3.10所示。

48

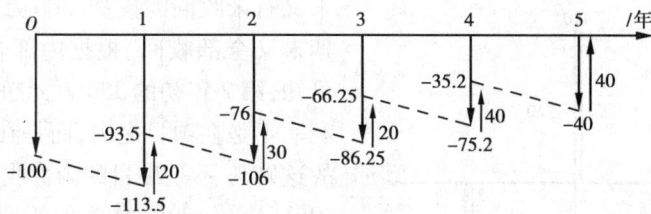

图 3.7　反映 IRR 涵义的现金流量图

表 3.10　正负号多次变化的净现金流序列

单位:万元

年	0	1	2	3
净现金流量	−100	470	−720	360

经计算知,使该项目净现值为零的折现率有三个:$i_1 = 20\%$,$i_2 = 50\%$,$i_3 = 100\%$。其净现值曲线如图 3.8 所示。

实际上,求解内部收益率的方程式 3.47 是一个高次方程。为清楚起见,令$(1 + \mathrm{IRR})^{-1} = x$,$(\mathrm{CI}_t - \mathrm{CO}_t) = a_t(t = 0,1,\cdots,n)$,则式 3.47 可写成:

$$a_0 + a_1 x + a_2 x^2 + \cdots + a_n x^n = 0 \qquad (3.49)$$

这是一个 n 次方程,必有 n 个根(包括复数根和重根),故其正实数根可能不止一个。根据笛卡尔符号法则,若方程的系数序列$\{a_0,a_1,a_2,\cdots,a_n\}$的正负号变化次数为 p,则

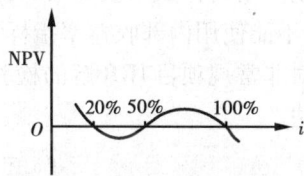

图 3.8　内部收益率方程多解示意图

方程的正根个数(1 个 k 重根按 k 个根计算)等于 p 或者比 p 少一个正偶数,当 $p = 0$ 时,方程无正根,当 $p = 1$ 时,方程有且仅有一个单正根。也就是说,在 $-1 < \mathrm{IRR} < \infty$ 的域内,若项目净现金流序列$(\mathrm{CI}_t - \mathrm{CO}_t)(t = 0,1,2,\cdots,n)$的正负号仅变化一次,内部收益率方程肯定有惟一解,而当净现金流序列的正负号有多次变化,内部收益率方程可能有多解。

在例 3.8 中,净现金流序列$(-100,470,-720,386)$的正负号变化了 3 次,某内部收益率方程恰有 3 个正数根。

净现金流序列符号只变化一次的项目称作常规项目,如例 3.8 的项目;净现金流序列符号变化多次的项目称作非常规项目,如例 3.9 中的项目。

就典型情况而言,在项目寿命期初(投资建设期和投产初期),净现金流量一般为负值(现金流出大于流入),项目进入正常生产期后,净现金流量就会变成正值(现金流入大于流出)。所以,绝大多数投资项目属于常规项目。只要其累积净现金流量大于零,IRR 就有惟一的正数解。

非常规投资项目 IRR 方程可能有多个正实数根,这些根中是否有真正的内部收益率呢?这需要按照内部收益率的经济涵义进行检验:即以这些根作为盈利率,看在项目寿命期内是否始终存在未被回收的投资。以例 3.9 中的 $i_1 = 20\%$ 为例,表示投资回收过程的现金流量图如图 3.9 所示。

在图 3.9 中,初始投资(100 万元)在第 1 年末完全收回,且项目有净盈余 350 万元;第 2 年

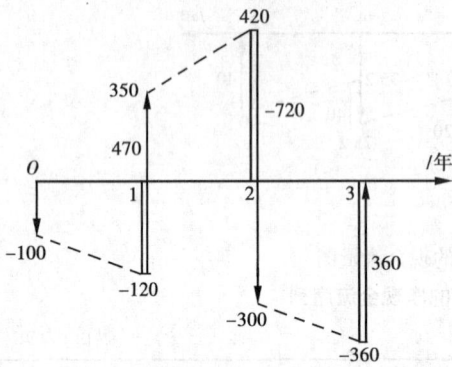

图 3.9 以 20% 利率回收投资的现金流量图

末又有未收回的投资(300 万元),第 3 年即寿命期末又全部收回。根据内部收益率的经济涵义可知,第 2 年初的 350 万元净盈余,其 20% 的盈利率不是在项目之内,而是在项目之外获得的,故这 20% 不是项目的内部收益率。同样,对 $i_2 =$ 50%,$i_3 = 100\%$ 作类似的计算,就会发现寿命期内(第 1 年)都存在初始投资不但全部收回且有盈余的情况,故它们也不是项目的内部收益率。

可以证明,对于非常规项目,只要 IRR 方程存在多个正根,则所有的根都不是真正的项目内部收益率。但若非常规项目的 IRR 方程只有一个正根,则这个根就是项目的内部收益率。

在实际工作中,对于非常规项目可以用通常的办法(如试算内插法)先求出一个 IRR 的解,对这个解按照内部收益率的经济涵义进行检验,若满足内部收益率经济涵义的要求(项目寿命期内始终存在未被回收的投资),则这个解就是内部收益率的惟一解,否则项目无内部收益率,不能使用内部收益率指标进行评价。

对非常规项目 IRR 解的检验,既可以采用类似于图 3.9 的图示法,也可以采用下面的递推公式法。

令

$$F_0 = (CI_0 - CO_0)$$
$$F_1 = F_0(1 + i^*) + (CI_1 - CO_1)$$
$$F_2 = F_1(1 + i^*) + (CI_2 - CO_2)$$
$$\vdots$$
$$F_t = F_{t-1}(1 + i^*) + (CI_t - CO_t) =$$
$$\sum_{j=0}^{t} (CI_j - CO_j)(1 + i^*)^{t-j} \tag{3.50}$$

式中,i^* 是根据项目现金流序列试算出的 IRR 的解,F_t 是项目 0 年至 t 年的净现金流以 t 年为基准年,以 i^* 为折现率的终值之和。

若 i^* 能满足

$$\begin{cases} F_t < 0 & (t = 0,1,2,\cdots,n-1) \\ F_t = 0 & (t = n) \end{cases} \tag{3.51}$$

则 i^* 就是项目惟一的内部收益率,否则就不是项目内部收益率,这个项目也不再有其他的具有经济意义的内部收益率。

例 3.11 某项目的净现金流如表 3.11 所示,试判断这个项目有无内部收益率。

表 3.11 某项目的净现金流

单位:万元

年末	0	1	2	3	4	5
净现金流量	-100	60	50	-200	150	100

解 该项目净现金流序列的正负号有多次变化,是一个非常规项目。先试算出内部收益率的一个解,$i^* = 12.97\%$,将有关数据代入递推公式(3.50),计算结果见表3.12。

计算结果满足式(3.51),故12.97%就是项目的内部收益率。

表3.12 IRR 解检验的计算结果($i^* = 12.97\%$)

年 份	0	1	2	3	4	5
F_t	-100	-52.97	-9.85	-211.12	-88.52	0

(5)外部收益率

对投资方案内部收益率 IRR 的计算,隐含着一个基本假定,即项目寿命期内所获得的净收益全部可用于再投资,再投资的收益率等于项目的内部收益率。这种隐含假定是由于现金流计算中采用复利计算方法导致的。下面的推导有助于看清这个问题。

求解 IRR 的方程可写成下面的形式:

$$\sum_{t=0}^{n}(NB_t - K_t)(1 + IRR)^{-t} = 0$$

式中:K_t——第 t 年的净投资;

NB_t——第 t 年的净收益。

上式两端同乘以 $(1 + IRR)^n$,也就是说,通过等值计算将式左端的现值折算成 n 年末的终值,可得:

$$\sum_{t=0}^{n}(NB_t - K_t)(1 + IRR)^{n-t} = 0$$

亦即:

$$\sum_{t=0}^{n}NB_t(1 + IRR)^{n-t} = \sum_{t=0}^{n}K_t(1 + IRR)^{n-t}$$

这个等式意味着每年的净收益以 IRR 为收益率进行再投资,到 n 年末历年净收益的终值和与历年投资按 IRR 折算到 n 年末的终值和相等。

由于投资机会的限制,这种假定往往难以与实际情况相符。这种假定也是造成非常规投资项目 IRR 方程可能出现多解的原因。

外部收益率(external rate of return)实际上是对内部收益率的一种修正,计算外部收益率时也假定项目寿命期内所获得的净收益全部可用于再投资,所不同的是假定再投资的收益率等于基准折现率。求解外部收益率的方程如式(3.52)所示:

$$\sum_{t=0}^{n}NB_t(1 + i_0)^{n-t} = \sum_{t=0}^{n}K_t(1 + ERR)^{n-t} \qquad (3.52)$$

式中:ERR——外部收益率;

K_t——第 t 年的净投资;

NB_t——第 t 年的净收益;

i_0——基准折现率。

式(3.52)不会出现多个正实数解的情况,而且通常可以用代数方法直接求解。ERR 指标用于评价投资方案经济效果时,需要与基准折现率 i_0 相比较,判别准则是:

若 $ERR \geq i_0$,则项目可以被接受;

若 $ERR < i_0$,则项目不可接受。

例 3.12 某重型机械公司为一项工程提供一套大型设备,合同签订后,买方要分两年先预付一部分款项,待设备交货后再分两年支付设备价款的其余部分。重型机械公司承接该项目预计各年的净现金流量如表 3.13 所示。

基准折现率 i_0 为 10%,试用收益率指标评价该项目是否可行。

表 3.13　某大型设备项目的净现金流量表

单位:万元

年　份	0	1	2	3	4	5
净现金流	1 900	1 000	– 5 000	– 5 000	2 000	6 000

解　该项目是一个非常规项目,其 IRR 方程有两个解:$i_1 = 10.2\%$,$i_2 = 47.3\%$,不能用 IRR 指标评价,可计算其 ERR。据式(3.52)列出如下方程:

$$1\,900(1 + 10\%)^5 + 1\,000(1 + 10\%)^4 + 2\,000(1 + 10\%) + 6\,000 =$$
$$5\,000(1 + ERR)^3 + 5\,000(1 + ERR)^2$$

可解得:

ERR = 10.1%,ERR > i_0,项目可接受。

ERR 指标的使用并不普遍,但是对于非常规项目的评价,ERR 有其优越之处。

(6) 动态投资回收期

为了克服静态投资回收期未考虑资金时间价值的缺点,在投资项目评价中有时采用动态投资回收期。动态投资回收期是能使下式成立的 T_p^*。

$$\sum_{t=0}^{T_p^*} (CI_t - CO_t)(1 + i_0)^{-t} = 0 \tag{3.53}$$

用动态投资回收期 T_p^* 评价投资项目的可行性,需要与根据同类项目的历史数据和投资者意愿确定的基准动态投资回收期相比较。设基准动态投资回收期为 T_b^*,判别准则为:

若 $T_p^* \leq T_b^*$,项目可以被接受,否则应予以拒绝。

例 3.13 某项目有关数据如表 3.14 所示。基准折现率 $i_0 = 10\%$,基准动态投资回收期 $T_b^* = 8$ 年,试计算动态投资回收期,并判断该项目能否被接受。

解　据(3.53)式,计算各年净现金流量的累积折现值。由于动态投资回收期就是净现金流量累积折现值为零的年限,所以本例不能直接得到 T_p^*(因为各年的累积折现值均不为零)。应按下式计算:

$$T_p^* = \left(\begin{array}{c}\text{累积折现值出}\\\text{现正值的年数}\end{array}\right) - 1 + \frac{\text{上年累积折现值的绝对值}}{\text{当年净现金流的折现值}} \tag{3.54}$$

(3.54)式是求动态投资回收期的实用公式。将表 3.14 最末一行的有关数据代入(3.54)式,得:

$$T_p^* = \left(6 - 1 + \frac{118.5}{141.1}\right) \text{年} = 5.84 \text{年}$$

$T_p^* < T_b^*$,按动态投资回收期检验,该项目可以接受。

表 3.14   动态投资回收期计算表（$i_0 = 10\%$）

年　　份	0	1	2	3	4	5
1. 投资支出	20	500	100			
2. 其他支出				300	450	450
3. 收入				450	700	700
4. 净现金流量	−20	−500	−100	150	250	250
5. 折现值	−20	−454.6	−82.6	112.7	170.8	155.2
6. 累积折现值	−20	−474.6	−557.2	−444.5	−273.7	−118.5
年　　份	6	7	8	9	10	
1. 投资支出						
2. 其他支出	450	450	450	450	450	
3. 收入	700	700	700	700	700	
4. 净现金流量	250	250	250	250	250	
5. 折现值	141.1	128.3	116.6	106.0	96.4	
6. 累积折现值	22.6	150.9	267.5	373.5	469.9	

本指标除考虑了资金的时间价值外,它具有静态投资回收期的同样特征,通常只宜用于辅助性评价。

（7）对基准折现率的讨论

基准折现率 i_0 是反映投资决策者对资金时间价值估计的一个参数,恰当地确定基准折现率是一个十分重要而又相当困难的问题。它不仅取决于资金来源的构成和未来的投资机会,还要考虑项目风险和通货膨胀等因素的影响。下面分析影响基准折现率的各种因素并讨论如何确定基准折现率。

1）资金成本

资金成本（cost of capital）即使用资金进行投资活动的代价。通常所说的资金成本指单位资金成本,用百分数表示。

企业投资活动有三种资金来源:借贷资金,新增权益资本和企业再投资资金。

借贷资金是以负债形式取得的资金,如银行贷款、发行债券筹集的资金等。

新增权益资本指企业通过扩大资本金筹集的资金,增加权益资本的主要方式有接纳新的投资合伙人、增发股票等,按照国家规定将法定公积金转增资本金也是新增权益资本的一种方法。

再投资资金指企业为以后的发展从内部筹措的资金,主要包括保留盈余、过剩资产出售所得资金、提取的折旧费和摊销费以及会计制度规定用于企业再投资的其他资金。

①借贷资金成本

借贷资金的资金成本用年利率表示,如果是银行贷款,税前资金成本即为贷款的年实际利率。如果是通过发行债券筹集资金,则税前资金成本等于令下面等式成立的折现率 i:

$$P_0 = \sum_{t=1}^{n} \frac{I_t + P_t}{(1+i)^t} \tag{3.55}$$

式中：P_0——发行债券所得的实际收入；

I_t——第 t 年支付的利息；

P_t——第 t 年归还的本金；

n——债券到期的年限。

通常债券到期才按票面额归还本金，所以上式中的 P_t 一般情况下除了 P_n 一项外，其余各项皆为零。

借贷资金的利息可以用所得税税前利润支付，所以如果忽略债券发行费用，借贷资金的税后资金成本可由下式求得：

$$K_d = K_b(1-t) \tag{3.56}$$

式中：K_d——借贷资金税后资金成本；

K_b——借贷资金税前资金成本；

t——所得税税率。

② 权益资本成本

权益资本指企业所有者投入的资本金，对于股份制企业而言即为股东的股东资金。股本资金分优先股和普通股，优先股股息相对稳定，支付股息需要用所得税税后利润。这种股本资金的税后资金成本可用下式估算：

$$K_s = \frac{D_p}{P_0} \tag{3.57}$$

式中：K_s——优先股股本资金的税后成本；

D_p——优先股年股息总额；

P_0——发行优先股筹集的资金总额。

由于普通股股东收入是不确定的，普通股股本资金的资金成本较难计算。从概念上讲，普通股股本资金的资金成本应当是股东进行投资所期望得到的最低收益率。这种期望收益率可以由股东在股票市场根据股票价格、预计的每股红利和公司风险状况所作的选择来反映。普通股股本资金的资金成本可以用下面两种方法近似估算。

第一种估算方法称为红利法。假定普通股账面价值的收益率为 r，公司每年支付红利后的保留盈余在税后盈利中的比例为 b，则普通股股本资金的税后成本可由下式求得：

$$K_e = \frac{D_0}{P_0} + rb \tag{3.58}$$

式中：K_e——普通股股本资金的税后成本；

D_0——基期每股红利；

P_0——基期股票的市场价格。

式(3.49) 更一般的形式为

$$K_e = \frac{D_0}{P_0} + g \tag{3.59}$$

式中：g——预计每股红利的年增长率。

第二种估算方法即所谓"资本资产定价模型"，其常见的形式为：

$$K_e = R_f + \beta(R_m - R_f) \tag{3.60}$$

式中：R_f —— 无风险投资收益率；

R_m —— 整个股票市场的平均投资收益率；

β —— 本公司相对于整个股票市场的风险系数。

一般可用国库券利率作为无风险投资收益率。β 是一个反映本公司股票投资收益率对整个股票市场平均投资收益率变化响应能力的参数，$\beta = 1$ 表示公司风险相当于市场平均风险，$\beta > 1$ 表示公司风险大于市场平均风险；$\beta < 1$ 表示公司风险小于市场平均风险。由此可知，用式(3.60) 估算的股本资金成本包含了对公司整体风险的考虑。

在投资活动中使用借贷资金意味着企业要承担支付利息归还本金的法定义务。通过增加权益资本筹集投资活动所需资金虽然不必归还本金，但企业经营者有责任尽量满足股东的盈利期望。在这个意义上，对于进行投资决策的企业经营者来说，借贷资金和股本资金的资金成本都是实际成本。

企业再投资资金是企业经营过程中积累起来的资金，它是企业权益资本的一部分。这部分资金表面上不存在实际成本，但是用这部分资金从事投资活动要考虑机会成本。投资的机会成本是指在资金供应有限的情况下，由于将筹集到的有限资金用于特定投资项目而不得不放弃其他投资机会所造成的损失，这个损失等于所放弃的投资机会中的最佳机会所能获得的风险与拟投资项目相当的收益。例如，某企业若因拟投资于项目 A 而不得不放弃与项目 A 风险相当的项目 B 和其他投资机会，在所放弃的投资机会中项目 B 最佳，内部收益率可达 16%，则认为投资于项目 A 的资金机会成本为 16%。

这里所说的投资机会成本有两个层次的涵义，第一个层次是股东投资的机会成本，是指股东投资于某公司实际上意味着放弃了投资于其他公司的机会和相应的投资收益，所以，股东所期望的最低投资收益率包含了对投资机会成本的考察。第二个层次是企业进行项目投资决策时所考虑的投资机会成本，在资金有限的情况下，选择某些投资项目意味着放弃其他一些投资项目和相应的投资收益。从原理上讲，在进行项目投资决策时，企业再投资资金的资金成本应该是第二个层次意义上的机会成本，但是当再投资资金只是项目总投资的一部分时，为了便于分析，可以将再投资资金视同于新增普通股本资金，即用股东期望的最低投资收益率作为其资金成本，这样做不会影响最终分析结果。

③ 加权平均资金成本

为一项投资活动筹措资金，往往不止一种资金来源，所有各种来源资金的资金成本的加权平均值即为全部资金的综合成本。综合资金成本中各种单项资金成本的权重是各种来源的资金分别在资金总额中所占的比例。税后加权平均资金成本的计算公式为：

$$K^* = \sum_{j=1}^{m} P_{dj}K_{dj} + P_sK_s + P_eK_e \tag{3.61}$$

式中：K_{dj} —— 第 j 种借贷资金的税后成本；

K_s —— 优先股股本资金的税后成本；

K_e —— 普通股股本资金的税后成本；

K^* —— 全部资金税后加权平均成本；

P_{dj} —— 第 j 种借贷资金在资金总额中所占的比例；

P_s，P_e —— 分别是优先股和普通股股本资金在资金总额中所占的比例。

例 3.14 某企业的资金结构及各种来源资金的税后成本如表 3.15 所示,求该企业的税后加权平均资金成本。

表 3.15 某企业的资金结构

资金来源	金额/万元	资金税后成本
普通股本资金	900	15%
银行贷款	600	12%
发行债券	300	13%
总　计	1 800	

解 股本资金、银行贷款、发行债券筹资额分别占资金总额的比例为 $\frac{1}{2}$, $\frac{1}{3}$ 和 $\frac{1}{6}$,全部资金的税后加权平均资金成本为

$$K^* = 15\% \times \frac{1}{2} + 12\% \times \frac{1}{3} + 13\% \times \frac{1}{6} = 13.67\%$$

2)最低希望收益率(MARR)

最低希望收益率(minimum attractive rate of return)又称最低可接受收益率或最低要求收益率。它是投资者从事投资活动可接受的下临界值。

确定一笔投资的最低希望收益率,必须对该项投资的各种条件做深入的分析,综合考虑各种影响因素。主要考虑以下几个方面:

第一,一般情况下最低希望收益率应不低于借贷资金的资金成本,不低于全部资金的加权平均成本,对于以盈利为主要目的的投资项目来说,最低希望收益率也不应低于投资的机会成本。

第二,确定最低希望收益率要考虑不同投资项目的风险情况,对于风险大的项目最低希望收益率要相应提高。一般认为,最低希望收益率应该是借贷资金成本、全部资金加权平均成本和项目投资机会成本三者中的最大值再加上一个投资风险补偿系数(风险贴水率)。即:

$$\text{MARR} = k + h_r \tag{3.62}$$

$$k = \max\{K_d, K^*, K_0\} \tag{3.63}$$

式中:MARR——最低希望收益率;

　　K_d——借贷资金成本;

　　K^*——全部资金加权平均成本;

　　K_0——项目投资的机会成本;

　　h_r——投资风险补偿系数。

不同投资项目的风险大小是不同的。例如,拿在市场稳定的情况下进行技术改造降低生产费用提高产品质量的项目、现有产品扩大生产规模的项目、生产新产品开拓新市场的项目、高新技术项目等来比较,显然风险水平是依次递增的。投资决策的实质是对未来的投资收益与投资风险进行权衡。在确定最低希望收益率时对于风险大的项目应取较高的风险补偿系数。风险补偿系数反映投资者对投资风险要求补偿的主观判断,由于不同的投资者抗风险能力和对

风险的态度可能不同,对于同一类项目,他们所取的风险补偿系数也可能不同。

值得指出,风险补偿系数是确定最低希望收益率时在资金成本的基础上根据项目风险大小进行调整的一个附加值。在式(3.62)中,如果 k 所代表的资金成本没有考虑任何投资风险,h_r 就应该反映对项目投资全部风险所要求的补偿;如果 k 所代表的资金成本已经考虑了企业整体风险,h_r 所反映的就仅是项目投资风险与企业整体风险之间差异部分所要求的补偿。

第三,在预计未来存在通货膨胀的情况下,如果项目现金流量是按预计的各年即时价格估算的,据此计算出的项目内部收益率中就含有通货膨胀因素。通货膨胀率对 IRR 的影响可用下式表示:

$$IRR_n = (1 + IRR_r)(1 + f) - 1 =$$
$$IRR_r + f + IRR_r \cdot f \tag{3.64}$$

式中:IRR_n——内部收益率名义值,即含通货膨胀的内部收益率;

IRR_r——内部收益率实际值,即不含通货膨胀的内部收益率;

f——通货膨胀率。

因 IRR_r 与 f 一般均为小数,其积 $IRR_r \cdot f$ 很小,若将其忽略,式(3.55)变成:

$$IRR_n = IRR_r + f \tag{3.65}$$

显然,在这种情况下,在确定最低希望收益率时就不能不考虑通货膨胀因素。

考虑通货膨胀因素不等于在式(3.62)的右端简单地加上一个通货膨胀率 f,要根据具体情况作具体分析。通常,在据以计算资金成本的银行贷款利率、债券利率和股东期望的最低投资收益率中已经包含了对通货膨胀的考虑,但可能不是通货膨胀影响的全部。因此,在确定最低希望收益率时,如果项目各年现金流量中含有通货膨胀因素,应在式(3.62)的右端再加上资金成本 k 中未包含的那部分通货膨胀率。

如果项目现金流是用不变价格估算的,则据此计算出的项目内部收益率就是实际值,相应的最低希望收益率也不应包含通货膨胀因素。

第四,企业的单项投资活动是为企业整体发展战略服务的,所以单项投资决策应服从于企业全局利益和长远利益。出于对全局利益和长远利益的考虑,对于某些有战略意义的单项投资活动(如出于多角化经营战略的考虑对某些项目的投资,为增强竞争优势对先进制造技术项目的投资等)来说,取得直接投资收益只是投资目标的一部分(甚至不是主要目标)。对这类项目,有时应取较低(甚至低于资金成本)的最低希望收益率。

3)截止收益率

截止收益率(cut off rate of return)是由资金的需求与供给两种因素决策的投资者可以接受的最低收益率。一般情况下,对于一个经济单位(企业、行业、地区或整个国家)而言,随着投资规模的扩大,筹资成本会越来越高。而在有众多投资机会的情况下,如果将筹集到的资金优先投资于收益率高的项目,则随着投资规模的扩大,新增投资项目的收益率会越来越低。当新增投资带来的收益仅能补偿其资金成本时,投资规模的扩大就应停止。使投资规模扩大得到控制的投资收益率就是截止收益率。截止收益率是资金供需平衡时的收益率,它是图3.10中的资金需求曲线和资金供给曲线交点所对应的收益率。

从经济学原理的角度看,当最后一个投资项目的内部收益率等于截止收益率时,边际投资收益恰好等于边际筹资成本,企业获得的净收益总额最大。此时资金的机会成本与实际成本也恰好相等。

截止收益率的确定需要两个条件:第一,企业明确全部的投资机会,能正确估算所有备选投资项目的内部收益率,并将不同项目的收益率调整到同一风险水平上;第二,企业可以通过各种途径筹集到足够的资金,并能正确估算出不同来源资金的资金成本。

4)基准折现率

基准折现率是投资项目经济效果评价中的重要参数,可以分别从两个角度提出确定基准折现率的原则:一是从具体项目投资决策的角度,所取基准折现率应反映投资者对资金时间价值的估计;二是从企业(或其他经济单位)投资计划整体优化的角度,所取基准折现率应有助于作出使企业全部投资净收益最大化的投资决策。从前面的分析可以看出,最低希望收益率主要体现投资者对资金时间价值的估计,而截止收益率则主要体现投资计划整体优化的要求。如果企业追求投资净收益总额最大化的假定成立,由于在确定最低希望收益率时考虑了投资的机会成本,在信息充分,资金市场发育完善的条件下,对于企业全部投资项目选择的最终结果来说,在项目评价中以最低希望收益率为基准折现率和以截止收益率为基准折现率效果是一样的。

在实际的投资项目评价活动中,要满足确定截止收益率所需要的两个条件并非易事,所以通常以最低希望收益率作为基准折现率。

还要说明的是,最低希望收益率是针对具有特定资金结构和投资风险的具体项目而言的。在投资项目评价实践中常有人用行业平均投资收益率或企业历史投资收益率作为基准折现率,严格讲是不适当的。但行业平均投资收益率和企业历史投资收益率可以在某种程度上反映企业投资的机会成本(并非严格意义上的边际投资机会成本),当企业难以确定具体项目的投资机会成本时,如果行业平均投资收益率或企业历史投资收益率高于项目筹资成本,也可以作为确定基准折现率的参考值。

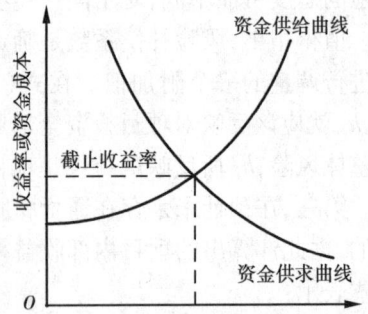

图 3.10　资金供需平衡时的截止收益率

3.3.3　评价指标小结

本节讨论了从经济效果角度评价项目的常用指标,包括净现值、费用现值、净年值、费用年值、净现值指数、内部收益率、外部收益率、静态投资收益率、静态投资回收期和动态投资回收期。在这些指标中,净现值、内部收益率和投资回收期是最常用的项目评价指标。

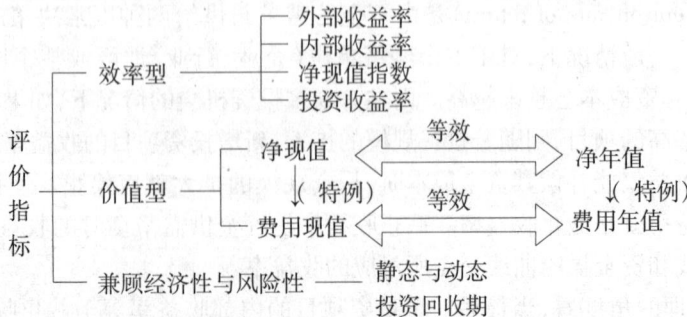

图 3.11　评价指标的类型和关系树

就指标类型而言,净现值、净年值、费用现值和费用年值是以货币表述的价值型指标;内部收益率、外部收益率、投资收益率和净现值指数则是反映投资效率的效率型指标。

在价值型指标中,就考察的内容而言,费用现值和费用年值分别是净现值和净年值的特例,即在方案比选时,前二者只考察项目方案的费用支出。就评价结论而言,净现值与净年值是等效评价指标;费用现值和费用年值是等效评价指标。图3.11给出了各评价指标的类型及关系。

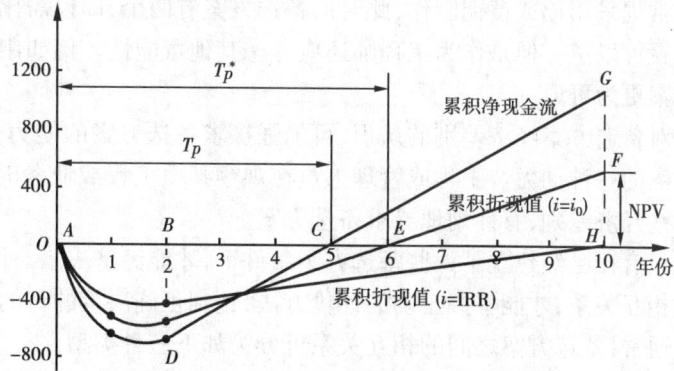

图 3.12　累积折现值和累积净现金流量曲线

一些主要指标在投资项目评价中的意义也可以由图 3.12 形象地表示出来。

图 3.12 是根据表 3.13 的有关数据绘出的示意图。图中项目寿命期为 10 年,第二年末投资结束并开始投资回收过程,投资总额为 BD。在不考虑资金时间价值的情况下,累积净现金流曲线在 C 点与横坐标轴相交,静态投资回收期为 AC,到项目寿命期末累积净现金流为 GH。当项目各年净现金流以基准折现率 i_0 折现时,累积折现值曲线与横坐标轴交于 E 点,动态投资回收期为 AE,项目寿命期末的累积折现值 FH 即为项目的净现值。当项目各年净现金流以内部收益率 IRR 折现时,在项目寿命期内,累积折现值始终为负值,意味着始终存在未被收回的投资,到项目寿命期结束时,投资恰被全部收回,这意味着若以内部收益率为折现率,项目净现值等于零。

3.4　多方案的基本类型及比选方法

工程方案经济性评价,除了采用前述主要评价指标(如投资回收期 T_p、净现值 NPV、内部收益率 IRR),分析该方案评价指标值是否达到了标准的要求(如 $T_p \leq T_b$, NPV$(i_0) \geq 0$, IRR $\geq i_0$)之外,往往需要在多个备选方案中进行比选。多方案比选的方法,与备选方案之间关系的类型有关。因此,本节在分析备选方案及其类型的基础上,讨论如何正确运用各种评价指标进行备选方案的评价与选择。

3.4.1　备选方案及其类型

在工程和管理中,人们经常会遇到决策问题,因为设计或计划通常总会面对几种不同情况,又可能采取几种不同的方案,最后总要选定某一个方案。所以,决策是工程和管理过程的核心。

合理的决策过程包括两个主要的阶段:一是探寻备选方案,这实际上是一项创新活动。二是对不同备选方案作经济衡量和比较,称之为经济决策。由于经济效果是评价和选择的主要依据,所以决策过程的核心问题就是对不同备选方案经济的衡量和比较问题。

备选方案是由各级的操作人员、管理人员以及研究开发人员制订的。在收集、分析和评价方案的同时,分析人员也可以提出实现目标的备选方案。备选方案不仅要探讨现有工艺技术,而在有些情况下,还应探讨新工艺技术的研究和开发,或者改进现有工艺技术。比如某种专用零件常规采用铝或黄铜制作,此时的备选方案有两个,即仅需比较使用铝的方案和使用黄铜的方案就可以了。但是作为工程师还应考虑其他可能性。例如用塑料的方案也许比用铝和黄铜的方案更为可取。

对备选方案经济差别的认识,可加强探求备选方案的能力。事实上经济差别正是创造备选方案的一种动力。工程或管理人员在观察某项工程或业务时,必定会不断地练习观察其中的一些经济差别,有计划地寻求备选方案。

只有在已经建立了一些备选方案条件下,才能经济决策。同时,也只有了解了备选方案之间的相互关系,才能掌握正确的评价方法,达到正确决策的目的。

通常,备选方案之间的相互关系可分为如下三种类型:

1)独立型,是指各个方案的现金流量是独立的,不具有相关性,且任一方案的采用与否都不影响其他方案是否采用的决策。比如个人投资,可以购买国库券,也可以购买股票,还可以购房增值等。可以选择其中一个方案,也可选择其中两个或三个,方案间的效果与选择不受影响,互相独立。

独立方案的特点是具有“可加性”。比如,A 与 B 二个投资方案,只选择 A 方案时,投资 30 万元,净收益 36 万元;只选择 B 方案时,投资 40 万元,净收益 47 万元。当 A 与 B 一起选择时,共需投资 $30 + 40 = 70$ 万元,得到净收益共为 $36 + 47 = 83$ 万元。那么,A 与 B 具有可加性,在这种情况下,认为 A 与 B 之间是独立的。

2)互斥型,是指各方案间具有排他性,在各方案当中只能选择一个。比如,同一地域的土地利用方案是互斥方案,是建居民住房,还是建写字楼等等,只能选择其中之一;厂址问题,也是互斥方案的选择问题;建设规模问题也是互斥方案的选择问题。

3)混合型,是指独立方案与互斥方案混合的情况。比如在有限的资源制约条件下有几个独立的投资方案,在这些独立方案中又分别包含着若干互斥方案,那么所有方案之间就是混合型的关系。比如某公司有两个投资领域,一是现有工厂的技术改造,另一是新建一企业,这两个投资领域是互相独立的,但是现有工厂技术改造有两个互斥的工艺方案,新建一企业也有三个厂址可供选择,因此组合起来的方案就是混合方案。

3.4.2　互斥方案的经济评价方法

对于互斥方案决策,要求选择方案组中的最优方案,且最优方案要达到标准的收益率,这就需要进行方案的比选。比选的方案应具有可比性,主要包括计算的时间具有可比性,计算的收益与费用的范围、口径一致,计算的价格可比。

互斥方案的比选可以采用不同的评价指标,有许多方法。其中,通过计算增量净现金流量评价增量投资经济效果,也就是增量分析法,是互斥方案比选的基本方法。

例 3.15　现有 A、B 两个互斥方案,寿命相同,各年的现金流量如表 3.16 所示,试评价选择方案($i_0 = 12\%$)。

解　分别计算 A、B 方案和增量投资的 NPV 和 IRR,计算结果列于表 3.16。

表 3.16　互斥方案 A、B 的净现金流及评价指标

年　　份	0 年	(1～10)年	NPV /万元	IRR /%
方案 A 的净现金流/万元	-20	5.8	12.8	26
方案 B 的净现金流/万元	-30	7.8	14.1	23
增量净现金流($B-A$)/万元	-10	2	1.3	15

$$\text{NPV}_A(12\%) = -20\ \text{万元} + 5.8(P/A,12\%,10)\ \text{万元} = 12.8\ \text{万元}$$
$$\text{NPV}_B(12\%) = -30\ \text{万元} + 7.8(P/A,12\%,10)\ \text{万元} = 14.1\ \text{万元}$$

由方程式

$$-20 + 5.8(P/A,\text{IRR}_A,10) = 0$$
$$-30 + 7.8(P/A,\text{IRR}_B,10) = 0$$

可求得:$\text{IRR}_A = 26\%$,$\text{IRR}_B = 23\%$

由于 NPV_A、NPV_B 均大于零,IRR_A、IRR_B 均大于基准收益率 12%,所以方案 A、B 都达到了标准要求,就单个方案评价而言,都是可行的。

问题在于 A 与 B 是互斥方案,只能选择其中一个,按 NPV 最大准则,由于 $\text{NPV}_A < \text{NPV}_B$,则 B 优于 A。但如果按 IRR 最大准则,由于 $\text{IRR}_A > \text{IRR}_B$,则 A 优于 B。两种指标评价的结论是矛盾的。

实际上,投资额不等的互斥方案比选的实质是判断增量投资的经济效果,即投资大的方案相对于投资小的方案多投入的资金能否带来满意的增量收益。显然,若投资额小的方案达到了标准的要求,增量投资又能带来满意的增量收益(也达到标准的要求),那么增加投资是有利的,投资额大的方案(可以看成是投资额小的方案与增量投资方案的组合)为优;反之,增量投资没有达到标准的要求,则投资额小的方案优于投资额大的方案。

表 3.16 也给出了 B 相对于 A 方案的增量现金流,同时计算了相应的增量净现值(ΔNPV)与增量内部收益率(ΔIRR)。

$$\Delta\text{NPV}_{B-A}(12\%) = -10\ \text{万元} + 2(P/A,12\%,10)\ \text{万元} = 1.3\ \text{万元}$$

由方程式:
$$-10 + 2(P/A,\Delta\text{IRR},10) = 0$$

可解得:
$$\Delta\text{IRR} = 15\%$$

从表 3.16 中可见,$\Delta\text{NPV}_{B-A} > 0$,$\Delta\text{IRR} > 15\%$,因此,增加投资有利,投资额大的 B 方案优于 A 方案。

上例表明了互斥方案比选的基本方法,即采用增量分析法,计算增量现金流量的增量评价指标,通过增量指标的差别准则,分析增量投资的有利与否,从而确定两方案的优劣。净现值、内部收益率、投资回收期等评价指标都可用于增量分析。实际上,增量分析法是经济学中边际原理的一种具体应用。边际原理认为,边际收入等于边际成本时企业实现的利润最大。在互斥方案比选时,如何使边际收入等于边际成本呢?

例 3.16　某投资者想开一家小饭店,预计毛利(经常收入减去经常费用,未扣除雇佣人员费用)与雇佣人员数(规模)有关,也就是说,规模大毛利增加,但增加的比例是下降的(规模报酬递减),预测数据如表 3.17,如果雇佣人员费用每人每月 250 元,问雇佣几人为好?

表 3.17 雇佣人数与毛利

方　　案	雇佣人数	毛利/(元·月$^{-1}$)
A	1	800
B	2	1 200
C	3	1 400

解 A、B、C 是互斥方案。如果采用效率指标,比如劳动生产率(此例是单位雇佣人员的毛利)来分析,各方案的效率如下:

A 方案单位人员毛利 = 800/1 元/人 = 800 元/人

B 方案单位人员毛利 = 1 200/2 元/人 = 600 元/人

C 方案单位人员毛利 = 1 400/3 元/人 = 467 元/人

如果采用投资者的纯利(即毛利减去人工费用)来分析,则各方案的纯利为:

A 方案的纯利 = (800 − 250 × 1)元/人 = 550 元/人

B 方案的纯利 = (1 200 − 250 × 2)元/人 = 700 元/人

C 方案的纯利 = (1 400 − 250 × 3)元/人 = 650 元/人

显然,两种指标评价的结论不一样,也就是说,劳动生产率高的方案并非一定给投资者带来最大的纯利。

互斥方案比选的核心要评价追加资源(雇佣人员)的效益。采用增量分析法,分析增量资源(雇佣人员)的效益(毛利)是否大于增量资源的费用(人工费)。

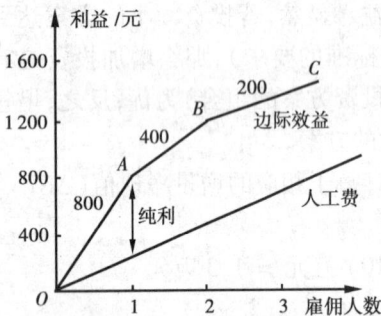

图 3.13 增量效益曲线

从雇佣人员 0 到 1,即 A 方案与 0 方案(假定不雇佣人员作为一个方案)相比,增加的毛利益是 800 元,增加的人工费是 250 元,增量效益大于增量费用,A 方案优于 0 方案。

同样,A→B,增量效益 1 200 − 800 = 400 元,增量费用 250 元,B 优于 A;

B→C,增量效益 1 400 − 1 200 = 200 元,增量费用 250 元,B 优于 C;

因此,B 方案为最优,雇佣 2 个最好。

上述计算分析过程作成图 3.13。

从图 3.13 可知,从原点出发,连接各方案毛利的折线,表明追加雇佣人员各一人时的增量效益,被称之为追加资源的边际效益曲线。边际效益曲线用于互斥方案的比选时,其准则为:边际效益曲线的斜率与边际费用曲线的斜率(如单位人工费用)比较,从前者大于后者到小于的转折点(此例为 B 点)所对应的方案(即为 B 方案),是纯利最大的方案。这一准则,实际上是边际收入等于边际成本时利润最大的具体体现。这个结论适用于边际效益曲线单调减小(向上凸)的状态。当边际效益曲线并非单调下降时,需要对方案加以调整,去掉经济上不合适的所谓无资格方案(即向下凹点所对应的方案),使边际效益曲线单调减小。

例 3.17 某公司为了增加生产量,计划进行设备投资,有三个互斥的方案,寿命均为 6 年,不计残值,基准收益率为 10%,各方案的投资及现金流量如表 3.18 所示,试进行方案选优。

表 3.18　互斥方案的现金流量及评价指标

方　　案	0 年	1~6 年	NPV/万元	IRR/%
A	-200	70	104.9	26.4
B	-300	95	113.7	22.1
C	-400	115	100.9	18.2

解　分别计算各方案的 NPV 与 IRR,计算结果列于表 3.18,由于各方案的 NPV 均大于零,IRR 均大于 10%,故从单个方案看均是可行的。互斥方案比选采用增量分析,分别采用增量净现值 ΔNPV 和增量内部收益率 ΔIRR 来分析,计算过程及结果列于表 3.19。

0 方案是假如不投资的方案。根据计算结果,由 ΔNPV > 0,ΔIRR > 10%,可知:A 优于 0,B 优于 A;由 ΔNPV < 0,ΔIRR < 10%,可知:B 优于 C。因此,B 方案较优。ΔNPV 的判别准则与 ΔIRR 的判别准则,其评价结论是一致的。

表 3.19　增量现金流与评价指标

方案　＼　年份	0 年	1~6 年	ΔNPV/万元	ΔIRR/%
$A - 0$	-200	70	104.9	26.4
$B - A$	-100	25	8.8	13.0
$C - B$	-100	20	-12.8	5.5

实际上,ΔNPV 判别准则可以简化。设 A、B 为投资额不等的互斥方案,A 方案比 B 方案投资额大,则

$$\Delta NPV_{A-B} = \sum_{t=0}^{n} \left[\left(CI_A - CO_A \right)_t - \left(CI_B - CO_B \right)_t \right] \left(1 + i_0 \right)^{-t} =$$

$$\sum_{t=0}^{n} \left(CI_A - CO_A \right)_t \left(1 + i_0 \right)^{-t} - \sum_{t=0}^{n} \left(CI_B - CO_B \right)_t \left(1 + i_0 \right)^{-t} =$$

$$NPV_A - NPV_B \tag{3.66}$$

如上例计算 ΔNPV 时,表 3.18 的结果为

$$\Delta NPV_{B-A} = NPV_B - NPV_A = 113.7 \text{万元} - 104.9 \text{万元} = 8.8 \text{万元}$$

$$\Delta NPV_{C-B} = NPV_C - NPV_B = 100.9 \text{万元} - 113.7 \text{万元} = -12.8 \text{万元}$$

当 $\Delta NPV_{A-B} \geq 0$ 时,$NPV_A \geq NPV_B$,则 A 优于 B;当 $\Delta NPV_{A-B} < 0$ 时,$NPV_A < NPV_B$,则 B 优于 A。显然,用增量分析法计算 ΔNPV 进行互斥方案比选,与分别计算 NPV 最大准则进行互斥方案比选,其结论是一致的。

因此,采用净现值指标比选互斥方案时,判别准则为:净现值最大且大于零的方案为最优方案。

类似的等效指标有净年值,即净年值最大且大于零的方案为最优方案,当互斥方案的效果一样或者满足相同的需要时,仅需计算费用现金流,采用费用现值或费用年值指标,其判别准则为:费用现值或费用年值最小的方案为最优方案。

对于增量内部收益率指标,由于它并不等于内部收益率之差,所以内部收益率最大准则并

不能保证比选结论的正确性。采用 ΔIRR 的判别准则是：若 ΔIRR $\geqslant i_0$（基准收益率），则投资大的方案为优；若 ΔIRR $< i_0$，则投资小的方案为优。当互斥方案的投资额相等时，ΔIRR 判别准则失效。

ΔIRR 也可用于仅有费用现金流的互斥方案比选（效果相同），此时，把增量投资所导致的其他费用的节约看成是增量效益。其评价结论与费用现值法一致。

当互斥方案多于两个时，采用 ΔIRR 进行比选，其步骤如下：

（1）对多个方案，按投资额大小排序，并计算第一个方案（投资额最小的 IRR，若 IRR $> i_0$，则该方案保留；若 IRR $< i_0$，则淘汰，以此类推。

（2）保留的方案与下一个方案进行比较，计算 ΔIRR，若 ΔIRR $\geqslant i_0$，则保留投资大的方案，若 ΔIRR $< i_0$，则保留投资小的方案。

（3）重复步骤（2），直到最后一个方案被比较为止，找出最后保留的方案为最优方案。

如表 3.18、表 3.19 所示，其比选的步骤为：（1）三个方案按投资额大小排序为 A、B、C；计算 ΔIRR$_A$ = 26.4% > 10%，保留 A；（2）计算 ΔIRR$_{B-A}$ = 13% > 10%，则保留 B；（3）计算 ΔIRR$_{C-B}$ = 5.5% < 10%，则最后保留的 B 方案为最优方案。

以上分析互斥方案的评价方法，都是在各方案寿命期相同的情况下进行的。这样，评价各方案的经济效果在时间上具有可比性。当各方案的寿命不等时，要采用合理选择评价指标或者计算期的办法，使之具有时间上的可比性。

例 3.18 A、B 两个互斥方案各年的现金流量如表 3.20 所示，基准收益率 $i_0 = 10\%$，试比选方案。

解 A 与 B 的寿命不相等，要使方案在时间上可比，常用两种方法。

（1）寿命期最小公倍数作为计算期，采用方案重复型假设。以 A 与 B 的最小公倍数 18 年为计算期，A 方案重复实施三次，B 方案二次。此时，如果以净现值为评价指标，则 18 年的各方案净现值为：

$$\mathrm{NPV}_A = -10 \text{万元} \times [1 + (P/F, 10\%, 6) + (P/F, 10\%, 12)] +$$
$$3 \text{万元} \times (P/A, 10\%, 18) + 1.5 \text{万元} \times [(P/F, 10\%, 6)$$
$$+ (P/F, 10\%, 12) + (P/F, 10\%, 18)] =$$
$$7.37 \text{万元}$$

$$\mathrm{NPV}_B = -15 \text{万元} \times [1 + (P/F, 10\%, 9)] + 4 \text{万元} \times (P/A, 10\%, 18) + 2 \text{万元} \times$$
$$[(P/A, 10\%, 18)] =$$
$$12.65 \text{万元}$$

表 3.20　寿命不等的互斥方案的现金流

方　　案	投资/万元	年净现金流/万元	残值/万元	寿命/年
A	-10	3	1.5	6
B	-15	4	2	9

因为 $\mathrm{NPV}_B > \mathrm{NPV}_A > 0$，故 B 方案较优。

（2）用年值法进行比选，此时，用净年值（NAN）作为评价指标，则各方案的 NAN 为：
$$\mathrm{NAN}_A = 3 \text{万元} + 1.5 \text{万元} \times (A/F, 10\%, 6) - 10 \text{万元} \times (A/P, 10\%, 6) =$$

0.90 万元

$$\text{NAN}_B = 4 \text{ 万元} + 2 \text{ 万元} \times (A/F,10\%,9) - 15 \text{ 万元} \times (A/P,10\%,9) = $$
$$1.54 \text{ 万元}$$

因为 $\text{NAN}_B > \text{NAN}_A > 0$，故 B 优于 A。

年值法实际上假定了各方案可以无限多次重复实施,使其年值不变。

3.4.3 独立方案的经济评价方法

独立方案的采用与否,只取决于方案自身的经济性,且不影响其他方案的采用与否。因此,在无其他制约条件下,多个独立方案的比选与单一方案的评价方法是相同的,即用经济效果评价标准(如 $\text{NPV} \geq 0$, $\text{NAV} \geq 0$, $\text{IRR} \geq i_0$, $T_p \leq T_b$ 等)直接判别该方案是否接受。

例 3.19 某公司作设备投资预算,有六个独立方案 A、B、C、D、E、F 可供选择,寿命均为 8 年,各方案的现金流量如表 3.21 所示,基准收益率 $i_0 = 12\%$,判断其经济性。

表 3.21 独立方案的现金流及 IRR

单位:万元

方案 ＼ 年份	0 年	1~8 年	IRR/%
A	-100	34	29.7
B	-140	45	27.6
C	-80	30	33.9
D	-150	34	15.5
E	-180	47	20.1
F	-170	32	10.1

解 如果以 IRR 作为评价指标,各方案的 IRR 计算结果列于表 3.20,如对于 E 方案,由方程式:

$$-180 \text{ 万元} + 47 \text{ 万元} \times (P/A,\text{IRR}_E,8) = 0$$

解得 $\text{IRR}_E = 20.1\%$,其他方案的 IRR 由同样方法求得。从表 3.20 可见,$\text{IRR}_F < i_0(12\%)$,其他方案的 IRR 均大于 i_0,由于各方案独立,故应拒绝 F 方案,可以接受其他的五个方案。

独立方案的比选,最常见的是受到资源限制的情况。

例 3.20 同上例,若资金预算不超过 400 万元,则如何选择方案? 此时,不可能接受所有经济合理的方案,即存在资源的最佳利用问题。

将表 3.20 中的 IRR 按大小排序,排成图 3.14。由图 3.14 可见,当投资额不超过 400 万元时,可接受的方案为 C、A、B 共三个,合计投资额 320 万元。进一步分析:(1)总资金如果减少 80 万元,即 320 万元时,预算方案不变,可接受 C、A、B。(2)如果总资金在 400 万元的基础上再融资 100 万元,即到 500 万元,只要融资的资金成本小于 20.1%,预算方案可以增加 E 方案。

上述分析并没有保证制约资源(如资金)的最佳利用。当存在着资源约束的条件下,各个独立方案的选择,就不能简单地用一个评价准则(如 NPV、IRR)等来选择方案,这是由于方案的不可分性——一个方案只能作为一个整体而发挥效益来决定的。

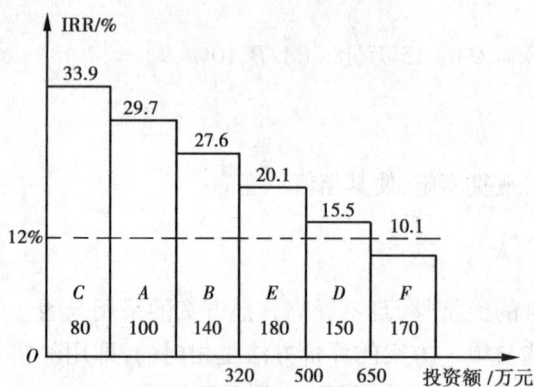

图 3.14 独立方案排序

比如,独立方案 A、B、C 的投资分别是 $I_A = I_B + I_C$,而方案的净现值大小依次是:$NPV_A > NPV_B > NPV_C$,如果投资约束不超过 I_B,那么决策只能在 B 和 $A+C$(即同时选择方案 A 和 C)两个互斥方案之间选择,要么接受 B 而放弃 $A+C$,要么接受 $A+C$ 而放弃 B,而不能按 NPV 的大小次序,先接受 A,再选择部分 B,因为 B 是不可分的。

从中可以受到启发,有资源制约条件下独立方案的比选,可将可行的方案组合列出来,每个方案组合可以看成是一满足约束条件的互斥方案,这样按互斥方案的经济评价方法可以选择一个符合评价准则的方案组合,该方案组合就是独立方案的一个选择。因此,有约束条件的独立方案的选择可以通过方案组合转化为互斥方案的比选,其方法如同前述。

例 3.21 独立方案 A、B、C 的投资分别为 100 万元、70 万元和 120 万元,计算各方案的净年值分别为 30 万元、27 万元和 32 万元,如果资金有限,不超过 250 万元投资,问如何选择方案。

解 三个方案可能的组合数为 $2^3 = 8$ 种(包括不投资这一组合),各方案组合的投资净年值计算列于表 3.22。

第 7 种方案组合的投资额超过了资金约束条件 250 万元,不可行;在允许的 1 到 6 方案组合中,按互斥方案选择的准则,第 6 方案组合($A+C$)为最优选择,即选择 A 和 C,达到有限资金的最佳利用,净年值总额为 62 万元。

独立方案的经济评价,除了考虑资源制约这个因素以外,还要区分方案固有的效率与资本效率的评价,选择的标准往往要从自有资金的角度出发。

表 3.22 A、B、C 的方案组合及净年值

单位:万元

序　　号	方案组合	投　　资	净年值
1	A	100	30
2	B	70	27
3	C	120	32
4	$A+B$	170	57
5	$B+C$	190	59
6	$A+C$	220	62
7	$A+B+C$	290	89

例 3.22 某公司有三个独立方案 A、B、C 可供选择,A、B、C 的投资额均为 500 万元,寿命均为 20 年,各方案的年净收益不同,A 方案的年净收益为 80 万元,B 为 70 万元,C 为 60 万元。问题是三个方案由于所处的投资环境及投资内容不同,各方案融资的成本(资金成本)不一样,其中 A 方案为新设工厂,融资无优惠;B 方案为环保项目,可以得到 250 万元的无息贷款;C

方案为新兴扶植产业,当地政府可以给予 400 万元的低息贷款(年利率 4%)。问在这种情况下,如何选择独立方案(基准收益率 $i_0 = 13\%$)。

解 按内部收益率作为评价指标,先分析方案固有的效率(即计算各方案 IRR)。

由方程式:
$$-500\ 万元 + 80\ 万元 \times (P/A, IRR_A, 20) = 0$$
$$-500\ 万元 + 70\ 万元 \times (P/A, IRR_B, 20) = 0$$
$$-500\ 万元 + 60\ 万元 \times (P/A, IRR_C, 20) = 0$$

解得 $IRR_A = 15\%$,$IRR_B = 12.7\%$,$IRR_C = 10.3\%$,从方案固有的效率来看,$IRR_A > i_0(13\%)$,A 方案可以接受;而 $IRR_B < i_0$,$IRR_C < i_0$,B、C 方案不可接受。

但是,从自有资金的角度来看,决定项目选择的标准主要看自有资金的效率,此时,A 方案的 IRR 没有变化。对于 B 方案,500 万元投资当中有 250 万元是无息贷款,到寿命期末只需还本金,所以,B 方案的自有资金的 IRR 由下式求得:
$$-250\ 万元 - 250\ 万元 \times (P/F, IRR_B, 20) + 70\ 万元 \times (P/A, IRR_B, 20) = 0$$

所以 $IRR_B = 27.6\%$。

对于 C 方案,400 万元的低息贷款,每年等值的还本付息为
$$400\ 万元 \times (A/P, 4\%, 20) = 29.43\ 万元$$

所以,C 方案自有资金的 IRR 由下式求得:
$$-100\ 万元 + (60\ 万元 - 29.43\ 万元)(P/A, IRR_C, 20) = 0$$

得到 $IRR_C = 30.4\%$。

因此,从自有资金的角度来看,三个方案的 IRR 均大于 i_0,都可接受,而且 C 方案的自有资金效率最高,可优先选择 C 方案。

3.4.4　混合方案的经济评价方法

混合方案的选择,是实际工作中常遇到的一类问题。比如某些公司实行多种经营,投资方向较多,这些投资方向就业务内容而言,是互相独立的,而对每个投资方向又可能有几个可供选择的互斥方案,这样就构成了混合方案的选择问题。这类问题选择方法复杂。下面通过一个设备投资预算分配问题加以说明。

例 3.23 某公司有三个下属部门分别是 A、B、C,各部门提出了若干投资方案,见表 3.23。三个部门之间是独立的,但每个部门内的投资方案之间是互斥的,寿命均为 10 年,$i_0 = 10\%$。

试问:

①资金供应没有限制,如何选择方案;

②资金限制在 500 万元之内,如何选择方案;

③假如资金供应渠道不同,其资金成本有差别,现在有三种来源分别是:甲供应方式的资金成本为 10%,最多可供应 300 万元;乙方式的资金成本为 12%,最多也可供应 300 万元;丙方式的资金成本为 15%,最多也可供应 300 万元,此时如何选择方案;

④当 B 部门的投资方案是与安全有关的设备更新,不管效益如何,B 部门必须优先投资,此时如何选择方案(资金供应同(3))。

表 3. 23   混合方案的现金流量

单位:万元

部 门	方 案	0 年	1 ~ 10 年	IRR/%
A	A_1	−100	27.2	24
	A_2	−200	51.1	22.1
B	B_1	−100	12.0	3.5
	B_2	−200	30.1	12
	B_3	−300	45.6	8.5
C	C_1	−100	50.9	50
	C_2	−200	63.9	28.8
	C_3	−300	87.8	26.2

解   上述四个问题采用内部收益率指标来分析。

①因为资金供应无限制,A、B、C 部门之间独立,此时实际上是各部门内部互斥方案的比选,分别计算 ΔIRR 如下:

对于 A 部门,由方程式:

$$-100 \text{ 万元} + 27.2 \text{ 万元} \times (P/A, \text{IRR}_{A_1}, 10) = 0$$

$$-100 \text{ 万元} + (51.1 \text{ 万元} - 27.2 \text{ 万元})(P/A, \Delta\text{IRR}_{A_2-A_1}, 10) = 0$$

解得:$\text{IRR}_{A_1} = 24\%$ IRR $> i_0(10\%)$,$\Delta\text{IRR}_{A_2-A_1} = 20\% > i_0(10\%)$

所以,A_2 优于 A_1,应选择 A_2 方案;

对于 B 部门,同样方法可求得:

$\text{IRR}_{B_1} = 3.5\% < i_0$,故 B_1 是无资格方案,$\text{IRR}_{B_2} = 12\% > i_0$,$\Delta\text{IRR}_{B_3 \cdot B_2} = 9.1\% < i_0$

所以,B_2 优于 B_3,应选 B_2 方案。

对于 C 部门,求得 $\text{IRR}_{C_1} = 50\% > i_0$,$\Delta\text{IRR}_{C_2-C_1} = 5\% < i_0$ 故 C_1 方案优于 C_2;$\Delta\text{IRR}_{C_3-C_1} = 13.1\% > i_0$

所以,C_3 优于 C_1,应选 C_3 方案。

因此,资金没有限制时,三个部门应分别选择 $A_1 + B_2 + C_3$,即 A 与 B 部门分别投资 200 万元,C 部门则投资 300 万元。

②由于存在资金限制,三个部门投资方案的选择过程如图 3.15 所示。

从图 3.15 可见,当资金限制在 500 万元之内时,可接受的方案包括 $C_1 - 0$,$A_1 - 0$,$A_2 - A_1$,$C_3 - C_1$,因为这四个增量投资方案的 ΔIRR 均大于 i_0,且投资额为 500 万元。因此,三个部门应选择的方案为 A 部门的 A_2 和 C 部门的 C_3,即 $A_2 + C_3$(A 部门投资 200 万元,C 部门投资 300 万元,B 部门不投资)。

③由于不同的资金供应存在资金成本的差别,把资金成本低的资金优先投资于效率高的方案,即在图 3.15 上将资金成本从小到大画成曲线,当增量投资方案的 ΔIRR 小于资金成本时,该方案不可接受。从图 3.15 可见,投资额在 500 万元之前的增量投资方案(即 $C_1 - 0$,$A_1 - 0$,$A_2 - A_1$,$C_3 - C_1$)的 ΔIRR 均大于所对应资金供应的资金成本(10% 和 12%)。因此,这些方案均可接

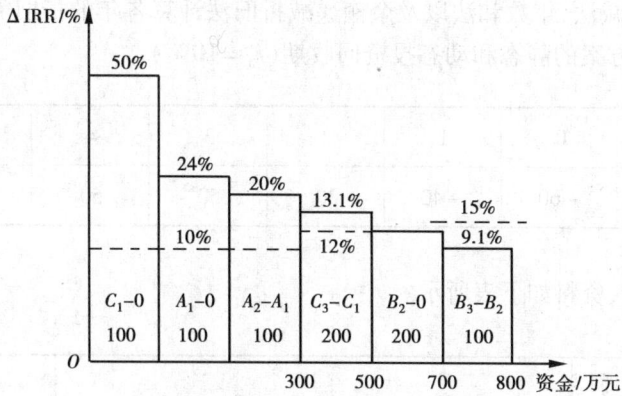

图 3.15　混合方案的 ΔIRR

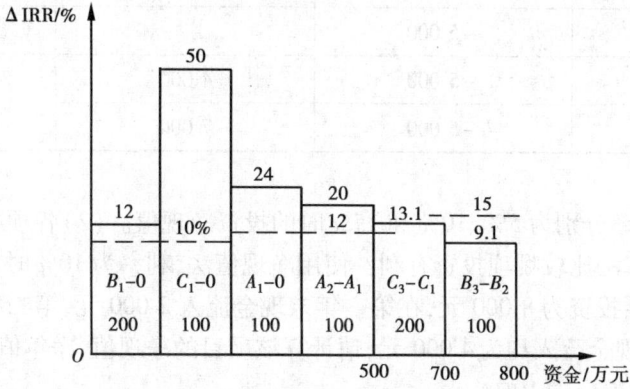

图 3.16　有优先选择的混合方案的 ΔIRR

受,三个部门的选择方案为 $A_2 + C_3$,而且,应将甲供应方式的资金 200 万元投资于 A_2,甲方式的其余 100 万元和乙方式的 200 万元投资于 C_3。

④B 部门必须投资,即 B_2 必须优先选择(此时图 3.15 变成如图 3.16)。

同样的道理,从图 3.16 可见,三个部门的方案应选择 $B_2 + C_1 + A_2$,即 B 部门投资 200 万元,A 部门投资 200 万元,C 部门投资 100 万元,而且甲方式的 300 万元投资于 B 部门 200 万元和 C 部门 100 万元,乙方式的 200 万元投资于 A 部门。

练 习 题

1. 何为经济效益? 应怎样理解经济效益的实质?

2. 概述项目经济效益指标体系的分类?

3. 项目经济效益评价的可比性原则有哪些?

4. 简述建设项目总投资的构成。

5. 工业产品的总成本费用由哪些构成。

6. 什么叫经营成本、沉没成本和机会成本?

7. 简述销售收入、总成本、税金和利润的关系。

8. 某项目的固定资产原值为 500 万元,若折旧年限为 8 年,残值率为 3%,试分别用平均

— 69 —

折旧法、双倍余额递减法、年数和法以及余额递减折旧法计算各年的折旧额。

9. 求下列投资方案的静态和动态投资回收期($i_0 = 10\%$)。

年	0	1	2	3	4	5	6
净现金流量/万元	−60	−40	30	50	50	50	50

10. 有三项投资,资料如下表所示。

单位:元

时间 投资 现金流量	0	1 年 末	2 年 末
A	−5 000		9 000
B	−5 000	4 000	4 000
C	−5 000	7 000	

请计算:(1)利率分别为5%、10%和15%时的投资净现值。(2)各项投资的内部收益率。(3)使用内部收益率法比较哪项投资有利? 使用净现值法,利率为10%时,哪项投资有利?

11. 某项目初始投资为8 000元,在第一年末现金流入2 000元,第二年末现金流入3 000元,第三、四年末的现金流入均为4 000元,请计算该项目的净现值、净年值、净现值率、内部收益率、动态投资回收期($i_0 = 10\%$)。

12. 在某一项目中,有两种机器可以选用,都能满足生产需要。机器 A 买价为10 000 元,在第6年年末的残值为4 000 元,前三年的年运行费用为5 000 元,后三年为6 000 元。机器 B 买价为8 000 元,第6年年末的残值为3 000 元,其运行费用前三年为每年5500 元,后三年为每年6500。运行费用增加的原因是,维护修理工作量及效率上的损失随着机器使用时间的增加而提高。基准收益率是15%。试用费用现值和费用年值法选择机器。

13. 某工业公司可能用分期付款来购买一台标价22 000 美元的专用机器,定金为2 500 美元,余额在以后五年内均匀地分期支付,并加上余额8%的利息。但现在也可以用一次性支付现金19 000 美元来购买这台机器。如果这家公司的基准收益率为10%,试问应该选择哪个方案(用净现值法)?

14. 某厂可以40 000 元购置一台旧机床,年费用估计为32 000 元,当该机床在第4年更新时残值为7 000 元。该厂也可以60 000 元购置一台新机床,其年运行费用为26 000 元,当它在第4年更新时残值为9 000 元。若基准收益率为10%,问应选择哪个方案?

15. 用增量内部收益率法比选以下两个方案($i_0 = 10\%$)。

投资 \ 时间 现金流量	0	1	2	3
A	−100 000	40 000	40 000	50 000
B	−120 000	50 000	50 000	60 000

16. 某厂拟购置机器设备一套,有 A、B 两种型号可供选择,两种型号机器的性能相同,但使用年限不同,有关资料如下表所示:

单位:元

设备	设备售价	维 修 及 操 作 成 本								残值
		第1年	第2年	第3年	第4年	第5年	第6年	第7年	第8年	
A	20 000	4 000	4 000	4 000	4 000	4 000	4 000	4 000	4 000	3 000
B	10 000	3 000	4 000	5 000	6 000	7 000				1 000

如果该企业的资金成本为 10%,应选用哪一种型号的设备?

17. 某制造厂考虑下面三个投资计划。在 5 年计划期中,这三个投资方案的现金流情况如下(该厂的最低希望收益率为 10%):

单位:元

方　　　案	A/元	B/元	C/元
最 初 成 本	65 000	58 000	93 000
年净收入(1~5年末)	18 000	15 000	23 000
残　　　值	12 000	10 000	15 000

a. 假设这三个计划是独立的,且资金没有限制,那么应选择哪个方案或哪些方案?

b. 在 a. 中假定资金限制在 160 000 元,试选出最好的方案。

c. 假设计划 A、B、C 是互斥的,试用增量内部收益率法来选出最合适的投资计划,增量内部收益率说明什么意思?

18. 某企业现有若干互斥型投资方案,有关数据如下表所示:

单位:万元

方　　案	初 始 投 资	年 净 收 入
0	0	0
A	2 000	500
B	3 000	900
C	4 000	1100
D	5 000	1380

以上各方案寿命期均为 7 年,试问

（1）当折现率为 10% 时，资金无限制，哪个方案最佳？

（2）折现率在什么范围时，B 方案在经济上最佳？

19. 某建筑物有四种备选的高度如下表，该建筑物的经济寿命为 40 年，到那时将予以拆毁，残值为零。表中所有费用均针对建筑本身而言。在所有的情况下，土地的费用为 3 000 元，在寿命周期结束时保持不变。税金与保险费已包括在运行费用中，基准收益率为 15%，若要建造则需建多少层？

单位:元

层　　　　数	2	3	4	5
建筑的初始成本	200 000	250 000	310 000	385 000
年运行费用	15 000	25 000	30 000	42 000
年　收　益	40 000	60 000	90 000	106 000

20. 某项目净现金流量如下表所示。

年	0	1	2	3	4	5	6
净现金流量/万元	−50	−80	40	60	60	60	60

（1）试计算静态投资回收期、净现值、净年值、内部收益率、净现值指数和动态投资回收期（$i_0 = 10\%$）；

（2）画出累积净现金流量曲线与累积净现金流量现值曲线。

21. 某拟建项目，第一年初投资 1 000 万元，第二年初投资 2 000 万元，第三年初投资 1 500 万元，从第三年起连续 8 年每年可获净收入 1 450 万元。若期末残值忽略不计，最低希望收益率为 12%，试计算净现值和内部收益率，并判断该项目经济上是否可行。

22. 购买某台设备需 80 000 元，用该设备每年可获净收益 12 600 元，该设备报废后无残值。

（1）若设备使用 8 年后报废，这项投资的内部收益率是多少？

（2）若最低希望收益率为 10%，该设备至少可使用多少年才值得购买？

23. 某项产品发明专利有效期 12 年，专利使用许可合同规定制造商每销售一件产品应向发明人支付 250 元专利使用费。据预测，下一年度该产品可销售 1 000 件，以后销售每年可增加 100 件。若发明人希望制造商将专利使用费一次付清，制造商同意支付的最高金额会是多少？制造商的最低希望收益率为 15%，发明人的最低希望收益率是 10%。

24. 一个工程师要选一台流量为 900 升/秒的泵，泵的工作扬程为 3.4 米，所输送液体的比重为 1.40，每年工作 300 天，每天工程 12 小时。有两种型号的泵可供选择：A 型泵效率为 75%，购置安装费 158 000 元，预计可使用 20 年；B 型泵效率为 70%，购置安装费 70 000 元，两种泵日常维护费用相等，报废后均无残值。可以获得年利息率 10% 的贷款，电价为每千瓦·时 0.50 元。问：B 型泵至少可以使用多少年，才应该选择它？

25. 拟建一座用于出租的房屋，获得土地的费用为 30 万元。房屋有四种备选高度，不同建筑高度的建造费用和房屋建成后的租金收入及经营费用（含税金）见下表。房屋寿命为 40

年,寿命期结束时土地价值不变,但房屋将被拆除,残值为零。若最低希望收益率为15%,用增量分析法确定房屋应建多少层。

单位:万元

层　　　数	2	3	4	5
初始建造费用	200	250	310	385
年运行费用	15	25	30	42
年　收　入	40	60	90	106

26. 某海岛拟建海滨收费浴场。备选场址有三个(A、B、C)。若只建一个浴场,其现金流量如表3所示。若建A、B两个浴场,则除了投资不变外,A的年净收入减少2/3,B减少1/3;若建B、C两个浴场,B的年净收入减少1/3,C减少2/3;若同时建A、B、C,则A、B、C的年净收入均减少2/3。问应如何决策?($i_0 = 10\%$)

单位:万元

年	第1年末投资	2~21年的净收入
A	−100	20
B	−100	20
C	−100	20

27. 非直接互斥方案,A、B、C的净现金流量如下表所示,已知资金预算为600万元,请做出方案选择($i_0 = 10\%$)。

单位:万元

年	投　　资	年净收入
	0	1~10
A	−300	50
B	−400	70
C	−500	75

28. 某企业现有若干互斥型投资方案,有关数据如下表所示。

单位:万元

方　　案	初始投资	年净收入
O	0	0
A	2 000	500
B	3 000	900
C	4 000	1 100
D	5 000	1 380

以上各方案寿命期均为7年,试问:

(1)当折现率为10%时,资金无限制,哪个方案最佳?

(2)折现率在什么范围内时,B 方案在经济上最佳?

(3)若 $i_0 = 10\%$,实施 B 方案企业在经济上的损失是多少?

29. 某企业有 6 个相互独立的备选投资方案,各方案的投资额和年净收益见下表:

单位:万元

方　　案	A	B	C	D	E	F
初始投资	50	70	40	75	90	85
年净收益	17.1	22.8	15	16.7	23.5	15.9

各方案的寿命期均为 8 年,资金预算总额为 300 万元。

(1)最低希望收益率为 12%,应选择哪些方案?

(2)资金成本随投资总额变化,投资总额在 60 万元以内时,取基准折现率 $i_0 = 12\%$,投资总额超过 60 万元,每增加 30 万元投资,i_0 增加 2%,试在这种条件下作出正确选择。

30. 某城市拟建一套供水系统,有两种方案可供选择:第一种方案是先花费 350 万元建一套系统,供水能力可满足近十年的需要,年运行费用 26 万元。到第十年末由于用水量增加,需要再花费 350 万元另建一套同样的系统,两套系统年总运行费用 52 万元。可以认为供水系统的寿命无限长,但每套系统每隔 20 年需要花费 125 万元更新系统中的某些设备。第二种方案是一次花费 500 万元建一套比较大的供水系统,近 10 年仅利用其能力的一半,年运行费用 28 万元。10 年后其能力全部得到利用,年运行费用 50 万元。可以认为系统寿命无限长,但每隔 20 年需要花费 200 万元更新系统中的某些设备。若最低希望收益率为 15%,试分析应采用哪种方案。

31. 某公司欲购置一台 2 000 千伏安的变压器,有两家制造商给出报价,制造商 A 的产品报价 15 万元,其产品满载时效率为 98%,3/4 负载时效率为 97%,半负载时效率 93%;制造商 B 的产品报价 10 万元,其产品满载效率为 97%,3/4 负载时效率为 96%,半负载效率为 92%。公司希望该变压器工作 15 年,预计 15 年后制造商 A 的产品残值为 3 000 元,制造商 B 的产品残值 2 750 元。变压器年工作情况是:满载 600 小时,3/4 负载 1 800 小时,半负载 600 小时,假定公司负载的功率因数为 1,故满负载时变压器输出功率为 2 000 千瓦,两种变压器均能满足工作要求。若电价为每千瓦·时 0.40 元,公司的最低希望收益率为 15%,试对两家制造商的产品作出选择。

32. 购置一台设备初始费 60 000 元,该设备可使用 7 年,使用 1 年后设备价值降为 36 000 元,以后每年递降 4 000 元。设备在其寿命期内运行费用和修理费用逐年增加,见下表。

单位:万元

年　　份	1	2	3	4	5	6	7
年运行费与修理费	1.0	1.1	1.2	1.4	1.6	2.2	3.0

假定设备可随时在市场上转让出去,若最低希望收益率为 15%,该设备使用几年最经济?

33. 可花费 40 000 元在某建筑物外表面涂上一层寿命为 5 年的漆,也可花费 30 000 元涂一层寿命为 3 年的漆。假定重新油漆的费用不变,若最低希望收益率为 20%,应选择哪种漆?如果寿命较短的漆预计至多两年内价格将下跌,油漆费用可降为 20 000 元,而寿命较长的漆价格保持不变,应任何选择?

34. 为一条蒸汽管道敷设不同厚度绝热层的初始费用以及蒸汽管道运行中不同绝热层厚度对应的热损失费用见下表。

绝热层厚度/厘米	0	2	2.5	3	4.5	6	7.5
初始费用/元	0	18 000	25 450	33 400	38 450	43 600	57 300
年热损失费用/元	18 000	9 000	5 900	4 500	3 910	3 600	3 100

估计该蒸汽管道要使用 15 年,若最低希望收益率为 8%,分别用年值法,现值法和内部收益率法分析多大厚度的绝热层最经济。

35. 投资方案 A 与 B 各年的净现金流如下表所示。

单位:万元

年 份	0	1	2	3	4	5
方案 A 的净现金流	−100	60	50	−200	150	100
方案 B 的净现金流	−100	80	80	−200	150	100

试判断这两个方案是否可以用内部收益率指标进行评价。

36. 有 5 个备选投资项目,各项目的净现金流序列见下表。这些项目之间的关系是:A 与 B 互斥,C 与 D 互斥,接受项目 C 与项目 D 均要以接受项目 B 为前提,接受项目 E 要以接受项目 C 为前提。最低希望收益率为 10%,试分别就:(1)资金无限制;(2)资金限额为 500 万元这两种情况选择最优项目组合。

单位:万元

年 份	0	1~4
项 目 A	−500	200
项 目 B	−300	120
项 目 C	−140	40
项 目 D	−150	50
项 目 E	−110	70

第4章 不确定性分析

4.1 不确定性分析概述

工程项目的评价和决策人员要对工程项目进行经济评价或投资决策,就必须采用大量的数据,而被采用的数据,大部分来自对工程项目未来情况的估计和预测,例如投资额、利率、建设年限、建设项目的经济寿命、产量、价格、成本、收益等,这些数据在很大程度上是不确定的,原因是我们对工程项目估计和预测的结果可能与未来的实际情况有较大的出入,甚至有时难以估计和预测出工程项目中各种变量未来的变化情况,这就产生了对工程项目未来情况的不确定性问题。

产生不确定性问题的因素很多,这些因素发生变化,就会对建设项目方案的未来经济效果产生影响,因此,我们在对工程项目进行经济评价或投资决策时,应对工程项目投资方案中各个不确定因素进行分析,对工程项目的未来情况做到胸中有数,并采取相应的措施。

4.1.1 不确定性分析的含义

对工程项目投资方案进行不确定性分析,就是对工程项目未来将要发生的情况加以掌握,分析这些不确定因素在什么范围内变化,以及这些不确定因素的变化对方案的技术经济效果的影响程度如何。即计算和分析工程项目不确定因素的假想变动对方案技术经济效果评价的影响程度。

通过对工程项目不确定因素变化的综合分析,就可以对工程项目的技术经济效果是否可接受做出评价,提出具体的论证结果或修改方案的建议和意见,从而做出比较切合实际的方案评价或投资决策。同时,通过不确定性分析还可以预测工程项目投资方案对某些不可预见的政治与经济风险的抗冲击能力,从而说明建设项目的可靠性和稳定性,尽量弄清和减少不确定性因素对建设项目的经济效益和影响,避免投产后不能获得预期利润和收益的情况发生,避免企业出现亏损状态。因此,为了有效地减少不确定性因素对项目经济效果的影响,提高项目的风险防范能力,进而提高项目投资决策的科学性和可靠性,除了对项目进行确定性分析外,还很有必要对建设项目进行不确定分析。

严格来讲,这里我们所说的不确定性分析包含了两个内容:不确定性分析和风险分析。也就是说,从根本上讲不确定性和风险是不同的。美国经济学家奈特认为风险是"可测定的不确定性",而"不可测定的不确定性"才是真正意义上的不确定性。日本学者武井勋归纳出风险定义本身应具有三个基本因素:(1)风险与不确定性有差异;(2)风险是客观存在的;(3)风险可以被测算。在此基础上,武井勋提出了风险的定义"风险是在特定环境中和特定期间内自身存在的导致经济损失的变化。"因此,工程项目风险分析就是分析工程项目在其环境中和寿命期内自然存在的导致经济损失的变化。而工程项目不确定性分析就是对项目风险大小的分析,即分析工程项目在其存在的时空内自然存在的导致经济损失之变化的可能性及其变化程度。

虽然我们分析了不确定性分析和风险分析的区别,但是,从工程项目经济评价的实践角度来看,将两者严格区分开来的实际意义并不大,因此,我们一般习惯于将不确定分析和风险分析统称为不确定性分析,并将其概括为分析和研究由于不确定性因素的变化所引起的工程项目经济效益指标的变化和变化程度。

4.1.2 不确定性产生的原因

一般情况下,产生不确定性的主要原因如下:

1)项目数据的统计偏差。这是指由于原始统计上的误差,统计样本点的不足,公式或模型套用不合理等造成的误差。比如说工程项目固定资产投资和流动资金是项目经济评价中重要的基础数据,但在实际中,往往会由于各种原因而高估或低估了它的数额,从而影响了项目经济评价的结果。

2)通货膨胀。由于有通货膨胀的存在,会产生物价的浮动,从而会影响工程项目经济评价中所采用的价格,进而导致诸如年经营收益、年经营成本等数据与实际发生偏差。

3)技术进步。技术进步引起新老产品和工艺的替代,这样,根据原有技术条件和生产所估计出的年经营成本、收益等指标就会与实际值发生偏差。

4)市场供求结构的变化。市场供求结构的变化会影响到产品的市场供求状况,进而对某些指标值产生影响。

5)其他外部影响因素,如政府政策的变化,新的法律、法规的颁布,国际政治经济形势的变化等,均会对项目的经济效果产生一定的甚至是难以预料的影响。

当然,还有其他一些影响因素。在工程项目经济评价中,如果我们想全面分析这些因素的变化对项目经济效果的影响是十分困难的,因此,在实际工作中,我们往往要着重分析和把握那些对工程项目影响较大的关键因素,以期取得较好的结果。

4.1.3 不确定性分析的方法和内容

不确定分析包括盈亏分析、敏感性分析和概率分析三种方法,其内容各有不同。

对工程项目进行不确定性分析的方法和内容要在综合考虑了工程项目的类型、特点、决策者的要求、相应的人力财力以及项目对国民经济的影响程度等条件下来选择。一般来讲,盈亏平衡分析只适用于工程项目的财务评价,而敏感性分析和概率分析则可以同时用于财务评价和国民经济评价。

4.2 盈亏平衡分析

工程项目的盈亏平衡分析又称为损益平衡分析,它是根据项目正常生产年份的产品产量(或销售量)、可变成本、固定成本、产品价格和销售税金等数据,确定项目的盈亏平衡点 BEP(Break-evenpoint),即盈利为零时的临界值,通过 BEP(盈亏平衡点)分析项目的成本与收益的平衡关系的一种方法,它也是在工程项目不确定性分析中常用的一种方法。

投资项目的经济效果受到许多因素的影响,当这些因素发生变化时,可能会导致原来盈利的项目变为亏损项目。盈亏平衡分析的目的就是找出这种由盈利到亏损的临界点,据此判断项目风险的大小及项目对风险的承受能力,为投资决策提供科学依据。

盈亏平衡分析模型,按成本、销售收入与产量之间是否成线性关系可分为线性盈亏平衡分析和非线性盈亏平衡分析;按是否考虑时间因素,又可分为静态盈亏平衡分析和动态盈亏平衡分析。

4.2.1 盈亏平衡点及其确定

在项目盈亏平衡分析中,首先要做的就是盈亏平衡点(BEP)的确定,然后据此来分析和判断项目风险的大小。所谓盈亏平衡点(BEP)是项目盈利与亏损的分界点,它标志着项目不盈不亏的生产经营临界水平,反映了在达到一定的生产经营水平时,该项目的收益与成本的平衡关系。盈亏平衡点通常用产量来表示,也可以用生产能力利用率、销售收入或产品单价来表示。

盈亏平衡点的确定,主要是根据其定义来进行的。

根据盈亏平衡点的定义,在盈亏平衡点处,项目处于不盈不亏的状态,也即项目的收益与成本相等,用公式表示如下:

$$TR = TC \tag{4.1}$$

上式中:TR——项目的总收益;TC——项目的总成本。

由于 TR 和 TC 通常都是产品产量的函数,因此由(4.1)式即可求出项目在盈亏平衡点处在产量 Q^*,它也可称为盈亏平衡产量或最低经济产量。

例 4.1 某新建项目生产一种电子产品,根据市场预测估计每件售价为 500 元,已知该产品单位产品可变成本为 400 元,固定成本为 150 万元,试求该项目的盈亏平衡产量。

解 根据收益、成本与产量的关系可有:

$$产量 = P \times Q = 500Q$$
$$TC = 固定成本 + 可变成本 = 固定成本 + 单位产品可变成本 \times 产量 =$$
$$1\ 500\ 000 + 400Q$$

设该项目的盈亏平衡产量为 Q^*,则当产量为 Q^* 时应有:$TR = TC$

即: $$500Q^* = 1\ 500\ 000 + 400Q^*$$

解得: $Q^* = 15\ 000$ 件

盈亏平衡点反映了项目对市场变化的适应能力和抗风险能力,项目的盈亏平衡点越低,其适应市场变化的能力就越大,抗风险能力也就越强。以盈亏平衡产量为例,如果一个项目的盈亏平衡产量比较低,那么在项目投产后,只要销售少量产品就可以保本,这样,只要市场不发生很大的变化,其实际销售量就很有可能超过这个比较的盈亏平衡产量,从而使项目产生盈利。因此也可以说,盈亏平衡点的高低反映了项目风险性的大小。

4.2.2 线性盈亏平衡分析

在企业中,一般将收益看成是产品的单价与销售量的乘积,尽管产品产量可以在相当大的范围内变动,但收益基本上是呈直线变化的。成本包括可变成本和不变成本,可变成本和产量成正比,不变成本不随产量而变化,则成本与产量也是线性关系。那么,在对项目做盈亏平衡分析时,如果项目的收益与成本均为产量的线性函数,就称为线性盈亏平衡分析。此时,产品的产量、固定成本、可变成本、销售收入、利润之间有如图4.1所示的关系。

线性盈亏平衡分析一般是基于以下三个假设条件来进行的:产品的产量与销售量是一致的;单位产品的价格保持不变;成本分为可变成本与固定成本,其中可变成本与产量成正比例关系,固定成本与产量无关,保持不变。

线性盈亏平衡分析的方法一般有两种:图解法和解析法。

(1)图解法

图解法即画盈亏平衡图(如图4.1),它是线性盈亏平衡分析中常用的一种方法,其基本步骤如下:

1)画出坐标图,以横轴表示产量,纵轴表示收益与成本。

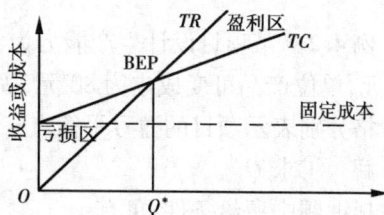

图4.1　盈亏平衡图

2)以原点为起点,按照下面的公式求出 TR 后,在坐标图上画出收益线。

$$TR = (单位产品价格 - 单位产品销售税金及附加) \times 产量$$

3)画出固定成本线。由于前面我们假定固定成本不随产量的变化而变动,因此固定成本线是一条与横轴平行的水平线。

4)以固定成本与纵轴的交点为起点,按照下面的公式求出 TC 后,在坐标图上画出成本线。

$$TC = 固定成本 + 可变成本 = 固定成本 + 单位产品可变成本 \times 产量$$

5)坐标内的三条线即组成了盈亏平衡图,收益线与成本线的交点即为盈亏平衡点。盈亏平衡点对应的产量即为盈亏平衡产量 Q^*(见图4.1)。

从盈亏平衡图可以看出,当产量水平低于盈亏平衡产量 Q^* 时,TR 线在 TC 线的下方,项目是亏损的;当产量水平高于盈亏平衡产量 Q^* 时,TR 线在 TC 线的上方,项目是盈利的。盈亏平衡点越低,达到此点的盈亏平衡产量和收益与成本也就越少,因而项目的盈利机会就会越大,亏损的风险就越小。

(2)解析法

解析法是通过数学解析方法计算出盈亏平衡点的一种方法。根据盈亏平衡点的概念,当项目达到盈亏平衡状态时,其收益与成本正好相等。即:

$TR = TC$

根据线性盈亏平衡分析的三个假设,$TR = (p - t)Q$

式中:P——单位产品价格;

　　t——单位产品销售税金及附加;

　　Q——产品产量(销售量)。

$$TC = F + VQ$$

式中:F——固定成本;

　　V——单位产品可变成本。

设盈亏平衡产量为 Q^*,则当 $Q = Q^*$ 时,有 $TR = TC$,即 $(P - t)Q^* = F + VQ^*$,可解得

$$Q^* = F/(P - t - V) \tag{4.2}$$

盈亏平衡点(BEP)除经常用产量表示外,还可以用生产能力利用率,单位产品价格等指标来表示,其具体表达式如下:

$$BEP(\text{生产能力利用率}) = Q^*/Q_0 \times 100\% \qquad (4.3)$$

式中:Q_0——设计生产能力;

$$BEP(\text{单位产品价格}) = \frac{F}{Q_0} + V + t \qquad (4.4)$$

例 4.2 某项目设计生产能力为年产 50 万件产品,根据资料分析,估计单位产品价格为 100 元,单位产品可变成本为 80 元,固定成本为 300 万元,试用产量、生产能力利用率、单位产品价格分别表示项目的盈亏平衡点。已知该产品销售税金及附加的合并税率为 5%。

解 ①求 Q^*。

根据题中所给条件,可有:

$$t = p \times 5\% = 100 \times 5\% \ \text{元/件} = 5 \ \text{元/件}$$
$$TR = (p - t)Q = (100 - 5)Q = 95Q$$
$$TC = F + VQ = 3\,000\,000 + 80Q$$
$$95Q^* = 3\,000\,000 + 80Q^*$$

解得:$Q^* = 200\,000$ 件

②BEP(生产能力利用率) = $200\,000/500\,000 \times 100\% = 40\%$

③BEP(单位产品价格) = $\left(\dfrac{3\,000\,000}{500\,000} + 80 + 5 \right)$ 元/件 = 91 元/件

从项目盈利及承受风险的角度出发,其 BEP(生产能力利用率)越小,BEP(单位产品价格)越低,则项目的盈利能力就越强,抗风险能力也就越强。

4.2.3 非线性盈亏平衡分析

在实际生产经营过程中,产品的销售收入与销售量之间,成本费用与产量之间,并不一定呈现出线性的关系。比如当项目的产量在市场中占有较大的份额时,其产量的高低可能会明

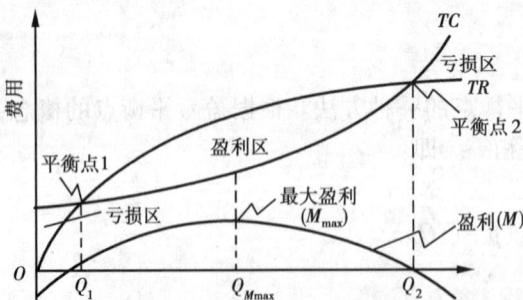

图 4.2 非线性盈亏平衡分析图

显影响市场的供求关系,从而使得市场价格发生变化;再比如根据报酬递减规律,变动成本随着生产规格的不同而与产量呈非线性的关系,在生产中还有一些辅助性的生产费用(通常称为半变动成本)随着产量的变化而呈梯形分布。由于这些原因,造成产品的销售收入和总成本与产量之间存在着非线性的关系,在这种情况下进行的盈亏平衡分析称为非线性盈亏平衡分析。

非线性盈亏分析的基本过程如下(见图 4.2)。

在图 4.2 中,当产量小于 Q_1 或大于 Q_2 时,项目都处于亏损状态,只有当产量处于 $Q_1 \leqslant Q \leqslant Q_2$ 时,项目才处在盈利区域,因此 Q_1 和 Q_2 是项目的两个盈亏平衡点。其解法如下:

假设产品的产量等于其销售量,均为 Q,则产品的销售收益和总成本与产量的关系可表示

如下：

$$TR(Q) = a_1 Q^2 + b_1 Q + c_1$$

$$TC(Q) = a_2 Q^2 + b_2 Q + c_2$$

式中 $a_1, b_1, c_1, a_2, b_2, c_2$ 均为系数。

根据盈亏平衡点的定义, $TR(Q) = TC(Q)$

代入整理后得到: $(a_1 - a_2)Q^2 + (b_1 - b_2)Q + (c_1 - c_2) = 0$

解此一元二次方程, 得到两个解即分别为 $Q1$ 和 $Q2$, 也即求出了项目盈亏平衡点的产量。另外, 根据利润的表达式:

$$利润 = 收益 - 成本 = TR - TC$$

通过求上式对产量的一阶导数并令其等于零, 即:

$$d[(TR - TC)]/dQ = 0$$

还可以求出使得利润为最大的产量水平 Q_{max}, Q_{max} 又称为最大盈利点。

例4.3 某公司计划生产一种新产品, 经过市场调研及历年来的资料分析, 预计该产品的年销售收入函数及成本函数分别为:

$$TR = 3\ 100Q - 0.6Q^2$$

$$TC = 3\ 187\ 500 + 600Q - 0.2Q^2$$

试确定该产品的盈亏平衡点以及最大盈利点。

解 这是一个非线性盈亏平衡分析的问题。

根据盈亏平衡点的定义, 可知在盈亏平衡点处有: $TR = TC$

即: $$3\ 100Q - 0.6Q^2 = 3\ 187\ 500 + 600Q - 0.2Q^2$$

$$0.4Q^2 - 2\ 500Q + 3\ 187\ 500 = 0$$

解上述方程可得: $Q_1 = 1\ 500$, $Q_2 = 8\ 500$, 即产品的盈利区域为产量介于 $1\ 500$ 到 $8\ 500$ 之间。

根据最大盈利点的含义, 当产量水平达到最大盈利点时, 应有:

$$d(TR - TC)/dQ = 0$$

即 $$d(0.4Q^2 - 2\ 500Q + 3\ 187\ 500)/dQ = 0$$

解得: $Q_{max} = 3\ 125$, 即当产量水平达到 $3\ 125$ 时, 该产品将获得最大的利润。盈亏平衡分析虽然能够度量项目风险的大小, 但并不能提示产生项目风险的根源, 比如说虽然我们知道降低盈亏平衡点就可以降低项目的风险, 提高项目的安全性, 也知道降低盈亏平衡点可采取降低固定成本的方法, 但是如何降低固定成本, 应该采取那些可行的方法或通过哪些有利的途径来达到这个目的, 盈亏平衡分析并没有给我们答案, 还需采用其他一些方法来帮助达到这个目标, 因此在应用盈亏平衡分析时应注意使用的场合及欲达到的目的, 以便能够正确的运用这种方法。

4.2.4 盈亏平衡分析的应用

盈亏平衡分析是对项目进行不确定性分析时常采用的一种方法。通过盈亏平衡分析, 能够预先估计项目对市场变化情况的适应能力, 有助于了解项目可承受的风险程度, 还可以对决策者确定项目的合理经济规模及对项目工艺技术方案的投资决择, 起到一定的参考与帮助作用, 因而其应用是较为广泛的。

(1)多方案的经济性比较

工程技术经济所研究的问题常常是多方案的分析、比较和选择。如互斥型方案的收益和成本是一个单变量函数,则采用盈亏平衡分析就可以帮助我们作出正确的决策。在具体应用时,先列出每个方案总成本费用的数学函数式,然后将各方案总成本费用的函数表达式两两组合令其相等,求出它们的交点(即总成本费用相等的点),这样就可以确定几个总成本费用最小的区间,最后根据变量的大小找出它所对应的总成本费用最小的方案作为所选择的最佳方案。

例4.4 某单位修建面积为500m² 到 1 000m² 的住宅,拟定砖混结构、钢结构和砖木结构三种方案,其费用如表4.1所示。规定利率为8%,试确定各方案的经济范围。

表 4.1 三种方案费用表

方 案	造价/(元·m⁻²)	寿命/年	维修费/(元·年⁻¹)	取暖费/(元·年⁻¹)	残 值
砖混结构	600	20	28 000	12 000	0
钢砖结构	725	20	25 000	7 500	3.2%造价
砖木结构	875	20	15 000	6 250	1%造价

解 设住宅总年度成本是面积 x 的函数,用 $C(x)$ 表示。

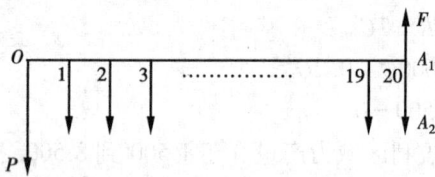

图 4.3 各方案现金流量图

现金流量图由四部分组成,见图 4.3。其中,P 为总造价、A_1 为年维修费、A_2 为年取暖费、F 为残值。

各方案的总年度成本如下:

$$C(x)_1 = 600x(A/P,8\%,20) + 28\,000 + 12\,000 = 61.14x + 40\,000$$

$$C(x)_2 = (725x - 725x \times 3.2\%)(A/P,8\%,20) + 25\,000 + 7\,500 + 725x \times 3.2\% \times 8\% = 73.35x + 32\,500$$

$$C(x)_3 = (875x - 875x \times 1\%)(A/P,8\%,20) + 15\,000 + 6\,250 + 875x \times 1\% \times 8\% = 98.5x + 21\,250$$

将上述三方案分别组合联立:

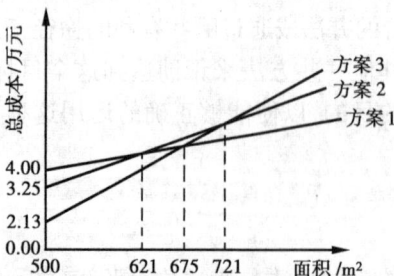

图 4.4 多方案盈亏平衡图

$$C(x)_1 = C(x)_2$$
$$61.14x + 40\,000 = 73.35x + 32\,500$$
$$x_1 = 615$$
$$C(x)_1 = C(x)_3$$
$$61.14x + 40\,000 = 89.5x + 21\,250$$
$$x_2 = 675$$
$$C(x)_2 = C(x)_3$$
$$7\,335x + 32\,500 = 89.5x + 21\,250$$
$$x_3 = 721$$

从而可以确定出:修建 500 ~ 675m² 住宅时以砖木结构为宜;修建 675 ~ 1 000m² 住宅时取

砖混结构为宜,参见图4.4。

（2）盈亏平衡分析方法在定价决策中的应用

如前所述,盈亏平衡点的表示方法为:

$$Q^* = F/(P - t - V)$$

如果将以上公式两面同乘单价 P,则得到一个新的表示盈亏平衡点的公式

$$PQ^* = P \cdot F/(P - t - V) = F/[(P - t - V)/P]$$

即
$$F_0 = F/P_v \tag{4.5}$$

其中: $\qquad\qquad F_0 = PQ^*, \qquad\qquad P_v = (P - t - V)/P$

即: F_0——平衡点处的销售量;

P_v——贡献率。

公式(4.2)和(4.5)基本原理完全一致,只不过前者用产量表示,后者用销售表示。在某些场合,特别是在企业经营过程中,应用公式(4.5)解决问题往往十分方便。

1)降低价格以增加销量和利润

由公式(4.5)可见,要想提高销售额就必须降低贡献率。有些产品贡献率大的原因或是由于售价高,或是由于作业效率高而使单位变动成本较低。既然销售额与售价有关,则在市场对价格敏感的地方,有时降低价格可以使利润大幅度增加。

例如贡献率为 0.45 时销售额无法超过 500 万元,

单价:	10.00 元/件
单位可变成本:	5.50 元/件
销售量:	50 万件
固定费用:	100 万元

根据这些数据做盈亏平衡图。参见图(4.5)。

现若将贡献率由 0.45 降至 0.40,则销售额可由 500 万元增到 700 万元,参见图(4.5)中 $P_v = 0.40$ 的斜线。由图看出,价格由原来的 10 元降到 9.17 元,利润由却原来的 125 万元增 P_v 加到 180 万元。

但应注意,在采取这一策略之前必须进行详细地分析,看其人力、材料、设备、资金等是否与销售额增加到这种程度相适应,且应详细研究战略市场因素,特别是涉及竞争者方面的价格报复等因素。

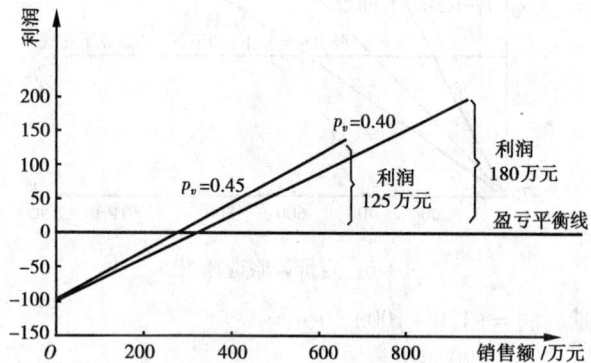

图 4.5　降价增利选择图

2)定价策略的选择

实际工作中经常遇到是维持原价还是降价或提价等不同策略问题。例如,某企业产品中有一种产品目前可获得 50 万元的利润。现有两种定价策略。一是降价,以增加该企业在本地区的渗透力和开拓新市场,增加销售量;二是提价,该策略势必导致销量的下降。总之,不论采用哪种策略都要冒一定的风险。究竟采用何种策略,应利用盈亏平衡图考察它们的各自结果。为说明该种方法,收集和计算数据如表4.2所示。

图 4.6 表示两种价格变化对利润的影响。由图可见,若选择降价 5% 的策略实现同一利润目标必须增加 19% 的销售额或 26% 的销售量。若策略一是降价 5% 可以提高 10% 销售额,则该策略是不可行的,达不到目标利润,因抵消降价所需销售额的增加部分应是 19%。图 4.6 中虚线表示的是降价 5%,销售额增加 10% 时得到的利润,即 40 万元。另一方面,如果根据市场需求弹性信息,在提价 5% 的情况下可获得 437.5 万元的销售额,则提价更为合理一些,因为此时涉及到的流动资金、交易成本、仓库存储和场地费用都少一些。若预测出的销售额超过 437.5 万元,则提价 5% 肯定合理。

表 4.2 价格变动对各因素影响数据表

项 目	原价	降低 5%	提价 5%
单价/元	0.6	0.57	0.63
单位可变成本/元	0.45	0.45	0.45
每件贡献/元	0.15	0.12	0.18
贡献率	0.25	0.21	0.268
固定费用/万元	75	75	75
达到目标利润需销售额/万元	500	595	437.5
所需销售量/万件	833.3	1 043.8	694.4

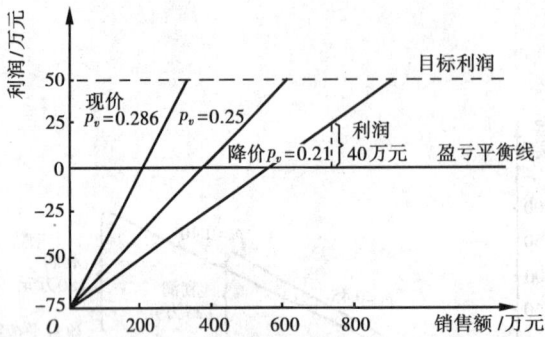

图 4.6 定价策略选择图

3) 为达到一定利润指标的定价

在某些企业内,定价有时是通过规定一年目标利润和考虑各种可能产生这一利润的价格和销售量的组合制定的。例如,某企业总可变成本为 400 万元,若上缴所得税的税率为 50%,利润率为 15%,固定成本为 100 万元,则:

利润 = (400 × 0.15)/0.5 万元 = 120 万元

贡献利润 = (120 + 100) 万元 = 220 万元

若贡献率为 0.30,达到目标利润 120 万元所需的销售额为:

贡献利润/P = (220/0.30) 万元 = 733.3 万元

同理,从 A 点可以引出无数条与利润线为 120 万元相交的线,这说明有无数个价格和销售的组合可达到目标利润。这也为决策者提供了一种直观的、切合企业实际和市场能够达到的 P_v 线范围。

(3) 盈亏平衡点分析方法在产品组合决策中的应用

前面讨论了单一产品的定价问题。但在绝大多数企业中,其产品是多种多样的。例如,某企业生产四种产品,数据参见表 4.3。对于这四种产品,企业如何安排生产的销售计划才能取得更大的利润? 为了说明产品组合变化的影响,表 4.4 列出了两种产品组合形式。

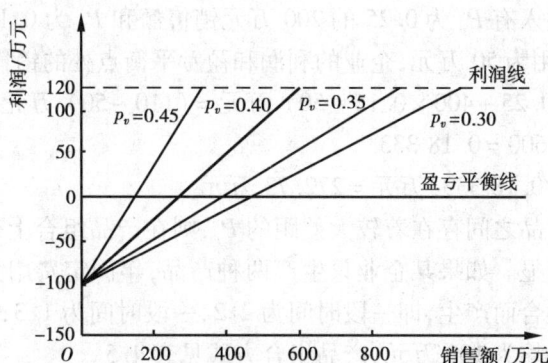

图 4.7 利润一定时盈亏平衡图

由表 4.4 看出,销售量相同,但销售额较低的 B 组合形式却取得 3 万元的利润。

可见,决策者只关心增大销售额,而不注意各种不同产品销售额所发生的贡献利润,不进行最佳产品组合分析,必然导致决策上的失误。下面以实例来说明产品组合对利润的影响及盈亏平衡分析的应用。

表 4.3 多方案产品数据表

单位:元

	产品 I	产品 II	产品 III	产品 IV
售　　价	12.00	9.00	14.00	10.00
成　　本	11.00	5.00	12.00	8.50
贡献利率	2.00	4.00	2.00	1.50

表 4.4 不同产品组合利润表

组　　　　合	产品 I	产品 II	产品 III	产品 IV	合　　计
A 组合:					
销售量/件	40 000	5 000	30 000	10 000	85 000
销售额/万元	48	4.5	42	10	104.5
贡献利润/万元	4	2	6	1.5	13.5
固定费用/万元					20
利润/万元					−6.5
B 组合:					
销售量/件	5 000	40 000	10 000	30 000	85 000
销售额/万元	6	36	14	30	86
贡献利润/万元	0.5	16	2	4.5	23
固定费用/万元					20
利润/万元					3

某企业的总销售收入有 P_v 为 0.25 的 200 万元销售额和 P_v 为 0.15 的 400 万元销售额两种产品,企业年固定费用为 50 万元,企业的利润和盈亏平衡点处的销售额分别为:

利润　$E = (200 \times 0.25 + 400 \times 0.15 - 50)$ 万元 $= (110 - 50)$ 万元 $= 60$ 万元

贡献率　$P_v = 110/600 = 0.18\ 333$

盈亏平衡点 $= (50/0.18\ 333)$ 万元 $= 272.73$ 万元

如果企业的多种产品之间存在着较大差距的 P_v,则在产品组合上进行修正往往比提高价格所产生的利益更为明显。如果某企业只生产两种产品,年固定费用为 10 万元,而收入是由三种不同情况的产品组合而产生,即一段时间为 2:2,一段时间为 1:3,一段时间为 3:1。所有三段时间和销售额水平均为 100 万元,产品组合方式见表 4.5。

表 4.5　两产品不同组合方式表

产　　品	组　　合	P_v	加权 P_v	组合 P_v
A	1/2	0.7	0.35	0.40
B	1/2	0.1	0.05	
A	1/4	0.7	0.175	0.25
B	3/4	0.1	0.075	
A	3/4	0.7	0.525	0.55
B	1/4	0.1	0.025	

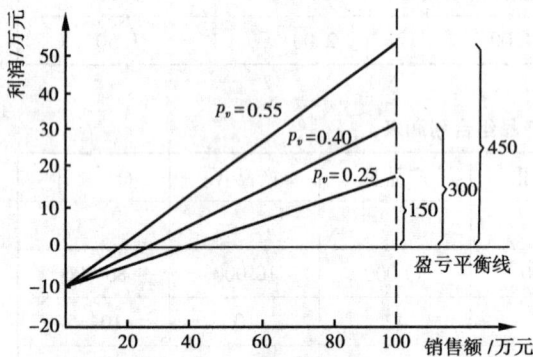

图 4.8　产品不同方式组合图

表中的加权 P_v 为产品组合的比例与 P_v 之积,组合 P_v 为每种组合情况下的加权 P_v 之和。

图 4.8 表示三种不同的组合方式对利润的影响。由图可见,尽管销售额相同,但 3:1 的产品组合方式所获得的利润最大。

例 4.5　某建设项目拟生产三种产品,其数据如表 4.6。

企业的年固定费用为 50 万元,求盈亏平衡点和销售水平为 400 万元时的利润。

解　加权后 P_v 分别为:

表 4.6

产　品　种　类	P_v	产品计划销售额
A	0.3	50%
B	0.2	30%
C	0.1	20%

A 产品:　　$P_v = 0.3 \times 50\% = 0.15$

B 产品:　　$P_v = 0.2 \times 30\% = 0.06$

C 产品: $P_v = 0.1 \times 20\% = 0.02$

组合 P_v 为: $P_v = 0.15 + 0.06 + 0.02 = 0.23$

盈亏平衡点为:

$$F_0 = F/P_v = 50/0.23 \text{ 万元} = 217.39 \text{ 万元}$$

因为   任意利润时的销售额为: $F_x = (E + F)/P_v$

所以   销售额为 400 万元时的利润为:

$$E = F_x \cdot P_v - F = (400 \times 0.23 - 50) \text{ 万元} = 42 \text{ 万元}$$

其利润结构参见图 4.9。

应注意,图中的 H 点并不是产品 A 或三种产品任意组合的盈亏平衡点。此外,产品种类不一定按 A、B、C 排序,图中虚线是按 C、B、A 排列的,结果完全相同。

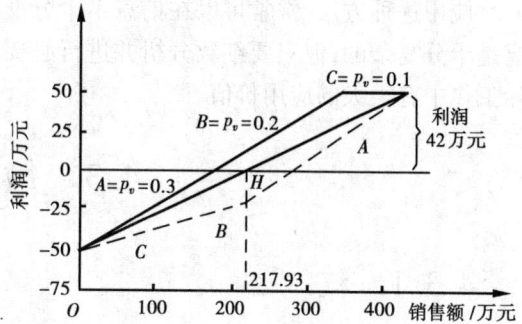

图 4.9   组合 P_v 盈亏平衡图

(4)盈亏分界线的应用

前面介绍的线性和非线性盈亏平衡分析中,每个方案都只有一个不确定性因素,若方案有两个或两个以上的不确定因素时,采用盈亏平衡点的方法就解决不了问题了,在这种情况下,有时采用盈亏分界线法进行分析是十分方便的。下面用实例说明这种方法的应用。

例 4.6   现拟生产 X、Y 两种产品,X 产品售价 600 元,Y 产品售价 800 元。要想生产这两种产品,有三种设备供选择,其费用数据如表 4.7。

根据预测,得知每年产品总需求量不会超不定期 1.5 万个,试问如何选择方案?

表 4.7

设 备	固 定 费 用	可 变 费 用	
		X 产品	Y 产品
A	100 万元	350 元	550 元
B	150 万元	150 元	550 元
C	350 万元	150 元	250 元

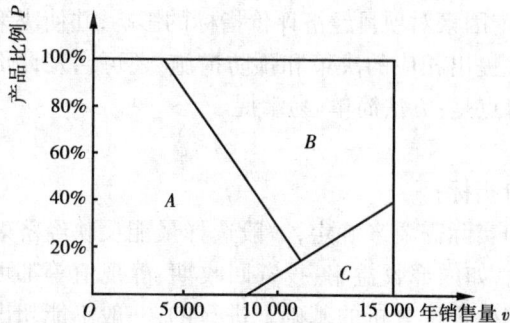

图 4.10   盈亏分界线区域选择图

解   设年销售量为 N,其中 X 产品所占的比例为 P,则各方案所获利润为:

$$E_A = (600 - 350) \cdot N \cdot P +$$
$$(800 - 550) \cdot N \cdot (1 - P) - 1\,000\,000$$
$$E_B = (600 - 150) \cdot N \cdot P +$$
$$(800 - 550) \cdot N \cdot (1 - P) - 1\,500\,000$$
$$E_C = (600 - 150) \cdot N \cdot P +$$
$$(800 - 250) \cdot N \cdot (1 - P) - 3\,500\,000$$

87

上述三个等式两两联立：

$E_A = E_B$，有：$200NP = 500\,000$

$E_B = E_C$，有：$300N(1 - P) = 2\,000\,000$

$E_A = E_C$，有：$200NP + 300N(1 - P) = 2\,500\,000$

根据如上三个条件可以画出最佳区域图，参见图 4.10 所示。从图中可见，若销售量小，则选择 A 设备；销售量大，且 X 产品所占比例大时选择 B 设备；销售量大，且 Y 产品所占比例大时应选择 C 设备。

应用这种方法，常常可以在信息不十分准确的情况下做出比较乐观的决策。当然实际情况是十分复杂的，但只要细致分析并进行必要的取舍，盈亏分界线的方法是非常有效的，在实际工作中有很大的应用价值。

4.3　敏感性分析

4.3.1　概　述

(1)敏感性分析的含义

不确定因素的变化会引起项目经济指标随之变化，各个不确定因素对经济指标的影响又是不一样的，有的因素可能对项目经济的影响较小，而有的因素可能会对项目经济带来大幅度的变动，我们就称这些对项目经济影响较大的因素为敏感性因素。

敏感性分析是指通过测定一个或多个敏感因素的变化所导致的决策评价指标的变化幅度，了解各种因素的变化对实现预期目标的影响程度，从而对外部条件发生不利变化的投资建设方案的承受能力作出判断。

对敏感性分析应注意三个方面的问题：

1)敏感性分析是针对某一个(或几个)效益指标而言来找其对应的敏感因素，即具有针对性；

2)必须有一个定性(或定量)的指标来反映敏感因素对效益指标的影响程度；

3)作出因这些因素变动对投资方案承受能力的判断。

在建设项目计算期内，不确定性因素主要有：产品生产成本、产量(生产负荷)、主要原材料价格、燃料或动力价格、可变成本、固定资产投资、建设周期、外汇汇率等。

敏感性分析的作用是：能使决策者了解不确定因素对项目经济评价指标的影响，并使决策者对最敏感的因素或可能产生最不利变化的因素提出相应的决策和预防措施，还可启发评价者重新进行分析研究，以提高预测的可靠性，其特点是：方法简单、易掌握。

(2)敏感性分析的一般步骤

1)确定具体的要进行敏感性分析的经济评价指标；

这些评价指标必须是根据投资项目的特点和实际需要来确定，一般选择最能反映经济效益的综合性评价指标作为分析(或)评价的对象。如内部收益率、投资回收期、静现值等都可能作为敏感性分析的指标。由于敏感性分析是在确定性分析的基础上进行的，一般不能超出确定性分析所用的指标范围另立指标。当确定性经济分析中使用的指标较多时，敏感性分析可能围绕其中一(或若干)个最重要的指标进行。

2)选择对评价指标有影响的不确定因素,并设定这些因素的变动范围。

一般是从两个方面考虑:第一方面是预计这些因素在可能的变化范围内,对投资效果影响较大;第二个方面是这些因素发生变化的可能性较大。比如:项目总投资、经营成本等。

3)计算各个不确定因素对经济评价指标的影响程度。

首先固定其他因素,变动其中一个(或多个)不确定因素,并按一定的变化幅度改变他的数值,然后计算这种变化对经济评价指标的影响数值,最后将其与该指标的原始数值相比较,得出该指标的变化率。

用公式表示为:

$$变化率(\beta) = \frac{|评价指标变化幅度|}{|变量因数变化幅度|} = \qquad\qquad (4.6)$$

$$\frac{|\Delta Y_j|}{|\Delta X_i|} = \frac{\left|\dfrac{Y_{j1} - Y_{j0}}{Y_{j0}}\right|}{|\Delta X_i|}$$

式中:ΔX_i——第 i 个变化量因素的变化幅度(变化率);

ΔY_{j1}——第 j 个指标受变量因素变化影响后所达到的指标值;

ΔY_{j0}——第 j 个指标未受变量因素变化影响时的指标值;

ΔY_j——第 j 个指标受变量因素变化影响时的差额度(变化率)。

具体确定因素敏感性大小的方法有两种,一种称为相对测定法,另一种称为绝对测定法。相对测定法,即假定需分析的因素均从基准值开始变动,各种因素每次变动幅度相同,比较每次变动对经济指标的影响效果。绝对测定法,即假定某特定因素向降低投资效果的方向变动,并设该因素达到可能的悲观(最坏)值,然后计算方案的经济评价指标,看其是否已达到使项目在经济上不可行的程度。如果达到使该方案在经济上不可行的程度,则表明该因素为此方案的敏感因素。

4)绘制敏感性分析图,并对方案进行综合方面分析,实施控制弥补措施。

敏感性分析结果通常汇总编制敏感性分析表。根据分析表,以某个评价指标为纵坐标,以不确定因素的变化率为横坐标作敏感分析图,来确定敏感因素,这就使决策者和项目的经营者可结合不确定因素变化的可能性和预测这些因素变化对项目带来的风险,采取相应的控制和弥补措施。

4.3.2 单因素敏感性分析

单因素敏感性分析是就单个确定因素的变动对方案经济效果影响所作的分析。它可以表示为该因素按一定百分率变化时所得到的评价指标值,也可表示为评价指标达到临界点时,某一因素变化的极限变化率或弹性容量。

例 4.7 假定某公司计划修建一个商品混凝土搅拌站。估计寿命期为 15 年,计划年初一次性投资 200 万元,第 2 年年初投产,每天生产混凝土 $100m^3$,每年可利用 250 天时间,每立方米混凝土售价估计为 40 元,每立方米混凝土的固定成本为 30 元,每立方米混凝土可变费用估计为 10 元。估计到期时设备残值为 20 万元,基准贴现率为 15%,试就售价、投资额、混凝土方量三个影响因素对投资方案进行敏感分析。

解 选择净现值(NPV)为敏感分析对象,计算出项目在初始条件下的净现值:

现金流量见图 4.11：

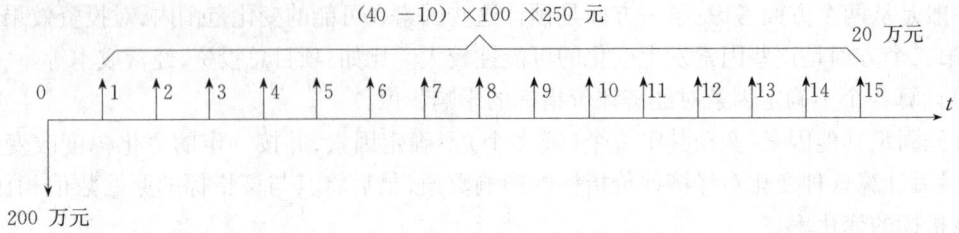

图 4.11　搅拌站现金流量图

$$NPV_0 = -200 \times 10^4 + 100 \times 250 \times (40-10) \times (P/F,15\%,14) \times$$
$$(P/F,15\%,1) + 20 \times 10^4 \times (P/F,15\%,15) = -$$
$$200 + 75 \times (P/F,15\%,14) \times (P/F,15\%,1) + 20 \times (P/F,15\%,15) =$$
$$175.8 \text{ 万元}$$

从 NPV_0 可得出该项目的初始方案可行。

下面就投资额，混凝土价格，混凝土方量三个因素进行敏感性分析，此时，项目在变动条件下的净现值用公式表示为：其中设投资额变化率为 X；混凝土方量变化率为 Y；混凝土价格变化率为 Z。

$$NPV = -200 \times 10^4 (1+X) + [100(1+Y) \times 250 \times 40(1+Z) - 100(1+Y) \times 250 \times 10] \times$$
$$(P/A,15\%,14) \times (P/F,15\%,1) + 20 \times 10^4 \times (P/F,15\%,15)$$

表 4.8　单因素敏感性分析表

变化幅度 项目	−20%	−10%	0	+10%	+20%	平均 +1%	平均 −1%
投资额	215.8	195.8	175.8	155.8	135.8	−1.14%	1.14%
混凝土价格	71.32	123.56	175.8	220.65	270.43	2.55%	−2.55%
混凝土方量	101.13	138.47	175.8	208.21	25.54	1.84%	−1.84%

现在令其逐一在初始值的基础上按 ±10%、±20% 的变化幅度变动，分别计算相应的净现值的变化情况，得出结果如表 4.8 和图 4.12 所示：

由表 4.10 和图 4.12 可以看出，在各个变量因素变化率相同的情况下，首先，混凝土价格的变动对 NPV 的影响最大，当其他因素均不发生变化时，混凝土价格每变化 1%，NPV 变化 2.55%，当混凝土价格下降幅度超过 13.73%，净现值将由正变为负，项目由可行变为不可行；其次，对 NPV 影响较大的因素是混凝土方量，在其他因素均不发生变化时，混凝土方量每变动 1%，NPV 将变动 1.84%；最后，对 NPV 影响较小的因素是

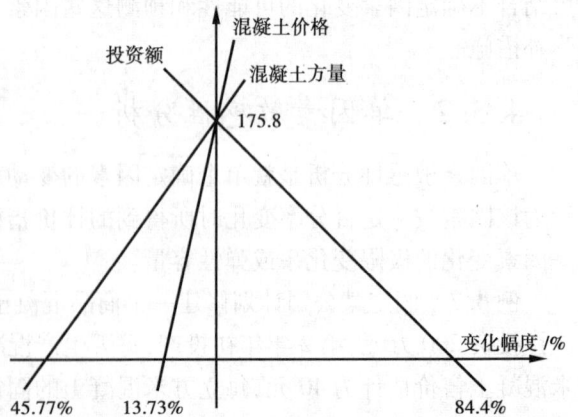

图 4.12　搅拌站敏感性分析图

投资额,在其他因素均不发生变化的情况下投资额上下浮动1%,NPV上下浮动1.14%。由此可见,按净现值对各个因素的敏感程度排序依次是:混凝土价格、混凝土方量、投资额。最敏感的因素是混凝土价格。这就要求决策者和经营者,应对混凝土价格进一步、更准确的测算,因为从项目的分险角度讲,未来混凝土价格发生变化的可能性较大,就意味着这一项目的风险性较大。

4.3.3 多因素敏感性分析

在单因素敏感性分析中,当计算某个不确定性因素对项目投资评价指标的影响时,是基于其他影响因素均保持不变的前提下进行的,但实际中各种因素的变动可能存在着相互关联性,一个因素的变动往往会引起其他因素的随之变动。如上例中的钢筋混凝土价格变化可能导致混凝土需求量的变化,投资的变化可能导致设备残值的变化等等。这时单因素敏感性分析就存在着一定的局限性,所以就应同时考虑多种因素变化的可能性,使敏感性分析更接近于实际过程。这种同时考虑多种因素同时变化的可能性的敏感性分析就是多因素敏感性分析。多因素敏感性分析要考虑被分析的各因素可能的不同变化幅度的多种组合,计算起来比单因素敏感性分析要复杂得多,一般可采用解析法和作图法相结合的方法进行分析,同时变化的因素不超过三个时,一般用作图法;当同时变化的因素超过三个时,就只能采用解析法了。下面就双因素和三因素进行敏感性分析。

(1)双因素敏感性分析

双因素敏感性分析是指保持投资方案现金流量中其他的影响因素不变,每次考虑两个因素同时变化对方案效果的影响,其分析思路是首先通过单因素敏感性分析确定出两个关键因素,其次作出两个因素同时变化的分析图,最后对投资效果的影响进行分析。

例4.8 某投资方案的基础数据如表4.9,试对该方案中的投资额和产品价格进行双因素敏感性分析。

表4.9 投资方案基础数据表

项 目	初始投资	寿命期	残 值	价 格	年经营费	贴现率	年生产能力
参 数	1 200万元	10年	80万	35元/台	140万	10%	10万台

解 以净现值作为分析指标:

设投资变化百分率为X,产品价格变化百分率为Y,则:

$$NPV = -1\ 200 \times (1+X) + [35 \times (1+Y) \times 10 - 140] \times (P/A, 10\%, 10) +$$
$$80(P/F, 10\%, 10) =$$
$$-1\ 200 - 1\ 200X + (350 + 350Y - 140) \times [(1+i)^{n-1} - 1]/[i(1+i)^n] +$$
$$80 \times 1/(1+i)^n =$$
$$-1\ 200 - 1\ 200X + 210 \times (1.1^{10} - 1)/0.1 \times 1.1^{10} + 350Y \times (1.1^{10} - 1)/0.1 \times$$
$$1.1^{10} + 80 \times 1/1.1^{10} =$$
$$-1\ 200 - 1\ 200X + 1\ 290.36 + 2\ 150.65Y + 30.84 =$$
$$121.21 - 1\ 200X + 2\ 150.60Y$$

取NPV的临界值,即令NPV = 0,则:

$$1\ 200X = 121.21 + 2\ 150.60Y$$

$$X = 0.101 + 1.79Y(实际是一条线性函数)$$

取 X 和 Y 两因素的变动量均为 $\pm 10\%$ 和 $\pm 20\%$ 作图,可得到图 4.13 所示的双因素敏感性分析图:

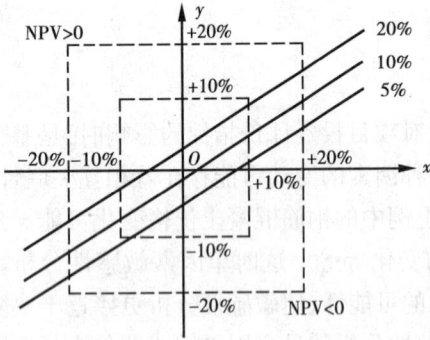

图 4.13 双因素敏感性分析图

从图 4.13 可以看出 $x = 0.101 + 1.79Y$ 为 NPV = 0 临界线,当投资与价格同时变动时,所影响的 NPV 值落在直线的右上访区域,投资方案可行;若落在临界线右下方的区域表示 NPV $\angle 0$,投资方案不可行;若落在临界线上,NPV = 0,方案勉强可行。还可看出,在各个正方形内净现值小于零的面积所占整个正方形面积的比例反映了因素在此范围内变动时方案风险的大小。例如在 $\pm 10\%$ 的区域内,净现值小于零的面积约占整个正方形面积的 20%,这就表明当投资额和价格在 $\pm 10\%$ 的范围内同时变化时,方案盈利的可能性为 80%,出现亏损的可能性为 20%。

(2)多因素敏感性分析

当同时变化的因素很多时,构成的状态组合数目就多,这给计算带来很多麻烦。所以我们在这里就 3 个因素同时变化时进行敏感性分析。对多个因素进行敏感性分析一般采用降维的方法进行,所谓降维,就是把几个因素中的某一个因素依次取定值,来求其他因素相应于这些定值的临界线。

例 4.9 根据例 4.8 的数据,对该投资方案的投资额、产品价格和经营成本三个因素同时变化对 NPV 进行敏感性分析。

解 设投资额变化率为 X,产品价格变化率为 Y,产品年经营成本变化率为 Z,则净现值表示为:

$$NPV = -1\ 200(1 + X) + [35(1 + Y) \times 10 - 140(1 + Z)] \times (P/A, 10\%, 10) + 80(P/F.10\%10)$$

分别取 Z 为 10%、20%、5%;并令 NPV(Z) = 0,按照上例的双因素变化进行计算,可得出下列临界线:

NPV($Z = 5\%$) = $1\ 200X - 2\ 150.75Y - 78.28 = 0$

$Y_5 = 0.558X - 0.036$

NPV($Z = 10\%$) = $1\ 200X - 2\ 150.75Y - 35.26 = 0$

$Y_{10} = 0.558X - 0.016$

NPV($Z = 20\%$) = $1\ 200X - 2\ 150.75Y + 50.77 = 0$

$Y_{20} = 0.558X + 0.024$

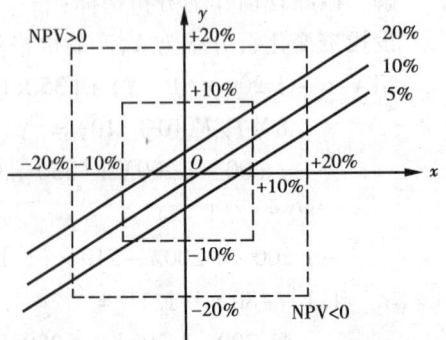

图 4.14 三因素敏感性分析图

作出初始投资、产品价格、年经营成本三因素同时变化的敏感性分析图 4.14。

读者可试就投资或产品价格确定几个定值,来进行产品和经营成本或投资成本的变化临界线,来分析三因素同时变化的敏感性。

4.4 概率分析

敏感性分析可指出项目评价指标对各不确定因素的敏感程度,找出敏感因素,但它不能说明不确定因素发生变动的情况的可能性是大还是小,没有考虑不确定因素在未来发生的概率,因而如需进一步指明不确定性因素的变化对项目经济评价指标的影响产生的可能性大小时,敏感性分析便无能为力,这就需要借助于概率分析。

概率分析又称风险分析,是利用概率研究和预测不确定因素对项目经济评价指标影响的一种定量分析法。其目的在于确定影响方案投资效果的关键因素及其可能变动的范围,并确定关键因素在此变动范围内的概率,然后计算经济评价指标的期望值及评价指标可行时的累计概率。概率分析法很多,常用的方法是来计算项目净现值的期望值及净现值大于或等于零的累计概率。

以净现值指标的分析为例,设某方案的寿命期为 n 年,在各种不确定因素综合影响下,该方案的净现金流量序列呈 k 种状态,于是在第 I 种状态下,方案的净现值为:

$$\text{NPV}(i) = \sum_{t=1}^{n} Y_t^{(j)} (1 + i_0)^{-t} \tag{4.7}$$

这里

$$Y_t^{(j)} = \{Y_t | t = 0, 1, 2, \cdots n\} \quad j = 1, 2, \cdots k \tag{4.8}$$

(4.8)式中 Y_t 为第 t 年的净现金流量;K 为自然数,其值为各个输入变量能取值的个数的连乘积。

假定 j 种状态发生概率是已知,或可计算、预测,且有 $\sum_{t=1}^{k} P_j = 1$,于是方案净现值的期望值计算公式为:

$$\text{E(NPV)} = \sum_{t=1}^{k} \text{NPV}^{(j)} \cdot P_j \tag{4.9}$$

式中:E(NPV)——NPV 的期望值;

　NPV$^{(j)}$——各种现金流量情况下的净现值;

　P_j——对应各种现金流量情况的概率值。

概率分析的一般计算步骤是:

①列出各种应考虑的不确定因素,如投资、经营成本、销售价格等;

②设想各种不确定因素可能发生的变化情况,即确定其数值发生变化个数;

③分别确定各种情况出现的可能性及概率,并保证每个不确定因素可能发生的情况的概率之和等于1;

④分别求出各种不确定因素发生变化时,方案净现金流量各状态发生的概率和相应状态下的净现值 NPV,然后求出净现值的期望值;

⑤求出净现值大于或等于零的累计概率;

⑥对概率分析结果作出说明。

例4.10 某房地产开发项目的现金流量如表4.10,根据预测和经验判断,开发成本、租售收入(两者相互独立)可能发生的变化及其概率见表4.11。试对此项目进行概率分析并求净现值大于或等于5 000万元的概率,取基准折现率为12%。

表 4.10　现金流量表

单位:元

年份	1	2	3	4	5
租售收入	1 600	6 400	8 800	8 800	8 200
开发成本	4 500	5 900	6 900	1 800	200
其他支出	–	–	–	2 500	3 000
净现金流量	– 2 900	500	1 900	4 500	500

表 4.11　因素变动及概率

概率　　变幅　　　因素	– 20%	0	+ 20%
租售收入	0.3	0.6	0.1
开发成本	0.1	0.4	0.5

解　参照以下步骤进行分析和计算。

①欲分析的不确定因素为开发成本和租售收入。

②这两个不确定因素可能发生的变化及其概率见表4.11。

③利用概率树图列出本项目净现金流量序列的全部可能状态,共9种状态,如图4.15所示。

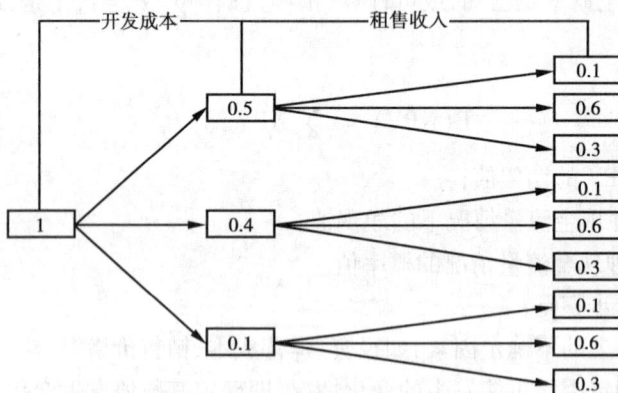

图4.15　概率状态图

④分别计算项目净现金流量序列各状态的概率 $P_j(j=1,2,\cdots,9)$:

$$P_1 = 0.5 \times 0.1 = 0.05$$
$$P_2 = 0.5 \times 0.6 = 0.30$$

余类推,结果见图中。

⑤分别计算个各状态下的项目净现值 $NPV^{(j)}(j=1,2,\cdots,9)$

$$\text{NPV}^{(1)} = \sum_{t=1}^{5} (\text{CI}_t - \text{CO}_t)^{(1)} (1 + 12\%)^{-t} = 7\,733.2 \text{ 万元}$$

$$\text{NPV}^{(2)} = \sum_{t=1}^{5} (\text{CI}_t - \text{CO}_t)^{(2)} (1 + 12\%)^{-t} = 2\,106.3 \text{ 万元}$$

其余类似可得,结果列于表4.12。

⑥计算加权净现值 $\text{NPV}^{(j)} \cdot P_j (j = 1, 2, \cdots, 9)$,结果见表4.12,然后依式求得项目净现值的期望值 $E(\text{NPV}) = 3\,098.66$ 万元。

⑦由式算得项目净现值为非负的概率是

$$P(\text{NPV} \geq 0) = 1 - F(0) = 1 - 0.15 = 0.85$$

同理可行项目净现值大于或等于5000万元的概率为

$$P(\text{NPV} \geq 5\,000) = P1 + P4 + P5 + P7 + P8 =$$
$$0.05 + 0.04 + 0.06 + 0.24 + 0.01 = 0.4$$

⑧结论:因 $E(\text{NPV}) = 3\,098.66$ 万元 > 0,故本项目是可行的;又 $P(\text{NPV} \geq 0) = 0.85$ 以及 $P(\text{NPV} \geq 5\,000) = 0.4$,说明项目具有较高的可靠性,且获得可观经济效果的可能性是不小的。

表4.12 净现值表

j	P_j	$\text{NPV}^{(j)}$/万元	$\text{NPV}^{(j)} \cdot P_j$/万元
1	0.05	7 733.2	386.66
2	0.35	2 106.3	631.89
3	0.15	−3 054.7	−458.21
4	0.04	10 602.7	424.11
5	0.24	5 441.7	1 306.01
6	0.12	280.8	33.70
7	0.01	13 938.1	139.38
8	0.06	8 777.2	526.63
9	0.03	3 616.2	108.49
合 计	1.00		3 098.66

练 习 题

1. 什么叫不确定性分析?为什么要对建设项目进行不确定性分析?

2. 某建设项目拟定产品销售单价为6.5元,生产能力为2 000 000单位,单位生产成本中可变费用为3.5元,总固定费用为3 280 000元,试用产量、销售收入、生产能力利用率表示盈亏平衡点并求出具体数值。

3. 拟兴建某项目,由于采用机械化程度的不同有三种方案可供选择。参数如下表

方 案	A	B	C
产品可变成本/(元·件$^{-1}$)	80	40	20
产品固定成本/元	1 500	3 000	6 000

试进行方案比较。

4. 某制造厂生产产品需购买 X、Y、Z 中任一设备。这些设备的价格均为10万元。设备的运转成本和能力如下表。

	设备 x	设备 y	设备 z
年固定成本/元	40 000	70 000	90 000
单位可变成本/元	0.59	0.20	0.05
设备生产能力/元	150 000	150 000	200 000

产品的销售价格为每个1.30元,该厂预计开始时每年销售100 000个,在五年内直线升到130 000个。根据上述数据,应购买哪种设备?

5. 在习题4中,若设备 X 的单位可变费用降低10%,设备 Z 增加10%,再选择设备。

6. 某化工项目的投资、其现金流量如下表:

单位:万元

项 目	年 份		
	1	2~9	10
现金流入			
1. 产品销售收入		1 000×8	1 000
2. 固定资产残值			32
3. 流动资金回收			200
现金流出			
1. 固定资产收投入	800		
2. 流动资金	200		
3. 经营成本		600×8	600
其中固定成本		130×8	130
可变成本		470×8	470
4. 销售税金及附加		110×8	100

表中的数据均为预测估计值、估计产品方量、产品价格和固定资产投资三个因素可能在20%的范围内变化。$i=15\%$(基准收益率),试对上述不确定因素分别进行单因素敏感性分析;

7. 某项目的总投资为450万元,年经营成本为36万元,年销售收入为9万元,项目寿命周期为10年,基准折现率为13%。

(1)试找出敏感性因素;

（2）试就投资与销售收入同时变动进行敏感性分析。

8. 某投资项目其主要经济参数的估计值为：初始投资 1 500 万，寿命为 20 年，残值为 0，年收入为 350 万元，年支出为 100 万元，投资收益率为 15%，试分析初始投资、年收入与寿命三参数同时变化时对净现值的敏感性。

9. 某项目需投资 250 万元，建设期为 1 年。根据预测，项目生产期的每年收入为 5 万元、10 万元和 12.5 万元的概率分别为 0.3、0.5 和 0.2，在每一收入水平下生产期为 2 年、3 年、4 年和 5 年的概率分别为 0.2、0.2、0.5 和 0.1，按折现率为 10% 计算，试进行概率分析。

第5章　工程项目的经济评价

5.1　工程项目经济评价概述

为了把有限的资源用于经济效益和社会效益真正最优的工程项目中,需要通过工程项目的经济评价预先估算拟建项目的经济效益,避免由于依据不足、方法不当、盲目决策所导致的失误。进行工程项目经济评价还有利于引导投资方向,控制投资规模,提高计划质量。

工程项目的经济评价是项目可行性研究和评估的核心内容和决策的重要依据,包括财务评价和国民经济评价两个层次。

财务评价根据国家现行财务制度和价格体系,分析计算项目直接发生的财务效益和费用,编制财务报表,计算评价指标,考察项目的盈利能力、清偿能力以及外汇平衡等财务状况,据此判别项目的财务可行性。

国民经济评价按照资源合理配置的原则,从国家整体角度考察项目的效益和费用,用货物的影子价格、影子工资、影子汇率和社会折现率等经济参数分析、计算项目对国民经济的净贡献,评价项目的经济合理性。

基于我国的基本国情,项目评价后的取舍应以国民经济的结论为主。对那些国民经济评价好,财务评价不好但确实是国计民生所必须的建设项目,国家和有关部门可考虑给予优惠政策或进行补贴,使其在财务方面变成可行而加以实施。

我国于1981年开始组织力量对建设项目经济评价技术的基础理论和方法进行研究。1987年10月,由国家计委组织编写,中国计划出版社出版的《建设项目经济评价方法与参数》填补了我国建设项目经济评价的空白。1993年4月,《建设项目经济评价方法与参数》修改后再版。修改后的《建设项目经济评价方法与参数》成为我国各工程咨询公司、规划设计单位进行投资项目评价、评估的指导性读物,是各级计划部门审批设计任务书(可行性研究报告)和全能机构审查投资贷款的基本依据。

5.2　财务评价

5.2.1　财务评价的目的和主要内容

企业是独立的经营单位,是投资后果的直接承担者。财务评价是从投资项目或企业角度进行经济分析的,是企业投资决策的基础。

(1)财务评价的主要目的

1)从企业或项目角度出发,分析投资效果,判明企业投资所获得的实际利益;

2）为企业制定资金规划；

3）为协调企业利益和国家利益提供依据。

（2）财务评价的主要内容

1）在对投资项目的总体了解和对市场、环境、技术方案充分调查与掌握的基础上，收集预测财务分析基础数据，用若干基础财务报表（如投资估算表、折旧表、成本表、利润表等）归纳整理；

2）编制资金规划与计划；

3）计算和分析财务效果。

5.2.2　费用与收益的识别

识别费用与收益是编制财务报表的前提。企业对项目投资，其目的是在向社会提供有用产品或劳务的同时追求最大利润。因此，项目的盈利性是识别费用与收益的标准，在判断费用与收益的计算范围时，只计入企业的支出与收入。对工业投资项目来说，建设投资、流动资金投资、销售税、经营成本等是费用；而销售收入、资产回收、补偿等是收益。

折旧是固定资产价值转移到产品中的部分，是产品成本的组成部分。但由于设备和建筑物等固定资产与原材料等不同，不是一次随产品的出售而消失的，而是随产品的一次次销售，以折旧的形式将其回收并积累起来，形成补偿基金，到折旧期满，原有固定资产投资得到全部回收。因此，折旧是固定资产投资的回收。无形资产、递延资产的摊销费也具有与折旧相同的性质。利息是项目利润的一种转化，财务评价时用基准收益率表示预期收益目标。因此，折旧费和摊销费不能作为支出。

5.2.3　价格和汇率

财务分析中的收益和费用的计算都涉及到价格，使用外汇或产品（服务）出口的项目还涉及汇率问题。财务分析的价格一律采用预期的成交价格（市场价格或计划价格）。汇率采用预期的实际结算的汇率，一般可按国家公布的官方汇率计算。

5.2.4　资金规划

（1）资金结构与财务杠杆效应

使用不同来源的资金所需付出的代价是不同的。资金结构指投资项目的资金来源与数量构成。如何选择资金的来源与数量，不仅与项目所需的资金量有关，而且与项目的经济效益有关。

项目全部投资（自有资金与负债资金之和）的盈利能力基本上（除所得税外）不受融资方案的影响，可以反映项目方案本身的盈利水平，可供企业投资者和债权人决策是否值得投资或贷款。自有资金的盈利能力反映企业投资者的出资的盈利水平，反映企业从项目中获得的经济效果。因此，在有负债资金的情况下，一般来说，全部投资的效果与自有资金投资的效果是不相同的。

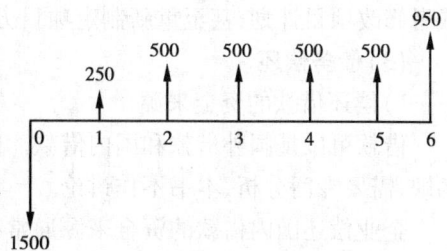

图 5.1　全部投资净现金流量图

99

例如某投资项目,其全部投资的净现金流量如图5.1所示,若初始投资中750万元向银行借款,年利率为10%,借款条件是:从投产当年开始,分五年等额偿清本利。那么,五年等额还本付息额 A 为

$$A = 750(A/P,10\%,5) \text{ 万元} = 197.85 \text{ 万元}$$

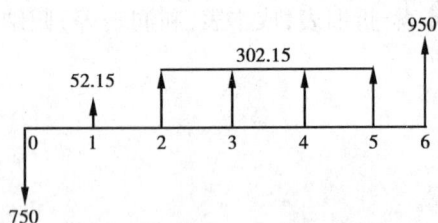

从图5.1中减去借款的还本付息,得到自有资金投资的净现金流量如图5.2所示。由计算可得全部投资的内部收益率

$$IRR_全 = 22.35\%$$

以及自有资金投资的内部收益率

$$IRR_自 = 29.56\%$$

图 5.2　自有资金投资净现金流量图

由本例的计算可知,如果项目投资的1 500万元都是自有资金,可以得到的内部收益率是22.35%;如果项目投资的一半资金采用借款,自有资金的内部收益率便上升到29.56%。显然,采用借款企业的经济效果更好。

通常,全部投资利润率等于贷款利率,二者差额的后果将由企业所承担,从而使自有资金投资的经济效果变好或变坏。下面以投资利润率指标为例来说明这个问题。

设全部投资为 K,自有资金为 K_0,贷款为 K_L,全部投资收益率为 R,自有资金收益率为 R_0,贷款利率为 R_L,由投资收益率的公式可得

$$R_0 = R + \frac{K_L}{K_0} \cdot (R - R_L) \tag{5.1}$$

由式(5.1)可知,当 $R > R_L$ 时,$R_0 > R$;当 $R < R_L$ 时,$R_0 < R$;而且全部投资收益率与贷款利率的差别 $(R - R_L)$ 被资金构成比 K_L/K_0 所放大,这种放大效应称为财务杠杆效应,K_L/K 称为债务比。可见,由于 R 不受融资方案的影响,对于一个确定的技术方案,所选择的资金构成比不同,对企业的利益会产生不同的影响。

(2)资金运行的可行性

资金运行的可行性是指项目的资金安排必须使每期(年)资金能够保证项目每期(年)的正常运转,即每期的资金来源加上上期的结余必须足以支付本期所需要的使用资金。否则,即使项目的经济效果很好,也无法实施。项目寿命周期内的资金来源与资金运用由资金来源与运用表(表5.4)给出。该表由"资金来源"、"资金运用"、"盈余资金"、"累计盈余资金"四项构成。满足资金运行可行性的条件是

(各年的)"累计盈余资金"≥0

如果某期的累计盈余资金出现负值,表明该期出现资金短缺,必须事先筹集资金弥补缺口或者修改项目计划,甚至重新制定项目方案。

(3)债务偿还

1)偿还借款的资金来源

借款可以是国外借款和国内借款。国外借款通常要用外汇来偿还。外汇比国内资金更为稀缺,需要专门分析,本书不作讨论。

企业偿还国内借款的资金来源通常有所得税后利润、折旧费、摊销费、营业外收入等其他收入。企业必须按照政府部门对偿还借款的资金规定及有关法规,计算出每年可用于还款的资金数额。

2）借款利息计算

借款利息如果按实际提款、还款日期计算将十分繁杂。通常可简化为长期借款的当年贷款按半年计算，当年归还的贷款按全年计息。利息计算公式如下：

$$建设期年利息额（纯借款期）=\left(年初借款累计+\frac{本年借款额}{2}\right)\times 年利率$$

$$生产期年利息额（还款期）=年初借款累计\times 年利率$$

流动资金借款及其他短期借款，当年均按全年计算。

3）借款偿还期

借款偿还期指从开始借款到偿清借款本息所经历的时间。借款的还款方式有许多种，不同的还款方式每期的还本付息额不同，因而借款偿还期可能不同。如果计算出的借款偿还期大于银行规定的期限，则说明企业还款能力不足。此时，要进行项目分析，并在财务上、甚至技术方案及投资计划上采取措施，直至偿债能力与银行的限定期一致。

5.2.5 财务基本报表

为了计算评价指标，考察项目的盈利能力、清偿能力以及外汇平衡等财务状况，需先编制财务报表。下面我们讨论几个主要的财务基本报表。

（1）现金流量表

现金流量表反映项目计算期内各年的现金收支（现金流入及流出），用以计算各项动态和静态评价指标，进行项目财务盈利能力分析。按投资计算基础的不同，现金流量表又分为全部投资现金流量表和自有资金现金流量表。

1）全部投资现金流量表

全部投资现金流量表如表5.1所示。该表不分投资资金来源，以全部投资作为计算基础用以计算全部投资所得税前及所得税后的财务内部收益率、净现值及投资回收期等评价指标，考察项目全部投资的盈利能力，为各个投资方案进行比较建立共同基础。

表5.1　全部投资现金流量表

单位：万元

序号	年末　　　　　科目	建设期		投产期		达到设计能力生产期				合计
		0	1	2	3	4	5	…	n	
	生产负荷 /%									
1 1.1 1.2 1.3	现金流入 产品销售（营业）收入 回收固定资产余值 回收流动资金									
2 2.1 2.2 2.3 2.4 2.5	现金流出 建设投资 流动资金 经营成本 销售税金及附加 所得税									
3	净现金流量（1－2）									

101

2）自有资金现金流量表

自有资金现金流量表如表 5.2 所示。该表从直接投资者角度出发,以投资者的出资额作为计算基础,把借款本金偿还和利息支付作为现金流出,用以计算自有资金内部收益率、净现值等评价指标,考察项目自有资金的盈利能力。

表 5.2　自有资金现金流量表

单位:万元

序号	科　目　＼　年　末	建设期	投产期		达到设计能力生产期				合计
		0	1	2	3	4	5	…	n	
	生产负荷/%								
1	现金流入								
1.1	产品销售(营业)收入								
1.2	回收固定资产余值								
1.3	回收流动资金								
2	现金流出								
2.1	自有资金								
2.2	借款本金偿还								
2.3	借款利息支付								
2.4	经营成本								
2.5	销售税金及附加								
2.6	所得税								
3	净现金流量(1－2)								

(2)损益与利润分配表

损益与利润分配表如表 5.3 所示。该表反映项目计算期内各年的利润总额、所得税和税后利润的分配情况,用以计算投资利润率、投资利税率和资本金利润率等指标。

表 5.3　损益与利润分配估算表

单位:万元

序号	科　目　＼　年　末	投产期		达到设计能力生产期			合计
		2	3	4	…	n	
	生产负荷/%						
1	产品销售(营业)收入						
2	销售税金及附加						
3	总成本费用						
4	利润总额(1－2－3)						
5	所得税						
6	税后利润(4－5)						
7	盈余公积金						
8	应付利润						
9	未分配利润						
	累计未分配利润						

(3) **资金来源与运用表**

资金来源与运用表见表5.4。该表通过"累计盈余资金"项反映项目计算期内各年的资金是否充裕(是盈余还是短缺),是否有足够的能力清偿债务。若累计盈余大于零,表明当年有资金盈余;若累计盈余小于零,则表明当年会出现资金短缺,需要筹措资金或调整借款及还款计划。因此,该表主要用于选择资金的筹措方案,制定适宜的借款及偿还计划,并为编制资产负债表提供依据。

表5.4 资金来源与运用表

单位:万元

序号	年末 科目	投产期	生产经营期			合计	期末余值
		0	1	2	···	n		
1	资金来源						
1.1	利润总额						
1.2	折旧与摊销费						
1.3	长期借款						
1.4	短期借款						
1.5	自有资金						
1.6	回收固定资产余值						
1.7	回收流动资金						
1.8	其他						
2	资金运用						
2.1	固定投资						
2.2	建设期利息						
2.3	流动资金						
2.4	所得税						
2.5	应付利润						
2.6	长期借款本金偿还						
2.7	短期借款本金偿还						
3	盈余资金(1-2)						
4	累计盈余资金						

(4) **资产负债表**

资产负债表和前面介绍的现金流量表(包括利润表、损益表、资金来源与运用表)的根本区别在于前者记录的是现金存量而后者是现金流量,如表5.5所示。所谓存量是指某一时刻的累计值;流量反映的是某一时段(通常为一年)发生的现金流量,或者说增量存量。资产负债表综合反映项目计算期内各年年末资产、负债和所有者权益的增减变化及对应关系,以考察项目资产、负债、所有者权益的结构是否合理,用以计算资产负债率、流动比率及速动比率,进行清偿能力和资金流动性分析。

(5) **外汇平衡表**

外汇平衡表适用于有外汇收支的项目,用以反映项目计算期内各年外汇余缺程度,进行外汇平衡分析,本书不讨论。

表5.5　资产负债表

序号	年末 科目	投产期		生产经营期				
		0	1	2	3	4	…	n
1	资产							
1.1	流动资产总额							
1.1.1	应收账款							
1.1.2	存货							
1.1.3	现金							
1.1.4	累计盈余资金							
1.2	在建工程							
1.3	固定资产净值							
1.4	无形资产及递延资产净值							
2	负债及所有者权益							
2.1	流动负债总额							
2.1.1	应付账款							
2.1.2	短期借款							
2.2	长期负债							
	负债合计							
2.3	所有者权益							
2.3.1	资本金							
2.3.2	资本公积金							
2.3.3	累计盈余公积金							
2.3.4	累计未分配利润							

5.2.6　财务评价指标

(1)盈利能力分析的静态指标

1)全部投资回收期

项目的全部投资包括自有资金出资部分和债务资金(包括借款、债券发行收入和融资租赁)的投资。对应的投资收益是税后利润、折旧与摊销以及利息。其中利息可以看作是债务资金的盈利。在研究全部投资的盈利能力时,按前面介绍的全部投资现金流量表计算投资回收期(计算方法见第三章第三节),根据基准投资回收期作出可行与否的判断。

全部投资的盈利能力指标基本上不受融资方案的影响,可以反映项目方案本身的盈利水平。

2)投资利润率

投资利润率是指项目达到设计生产能力后的一个正常生产年份的年利润总额或年平均利润总额与项目总投资的比率。对生产期内各年的利润总额变化幅度较大的项目,应计算生产期的年平均利润总额与项目总投资的比率。

$$投资利润率 = \frac{年利润总额（或年平均利润总额）}{项目总投资} \times 100\% \tag{5.2}$$

投资利润率可根据损益与利润分配估算表中的有关数据求得,与行业平均投资利润率对比,以判别项目的单位投资盈利能力是否达到本行业的平均水平。

3)投资利税率

投资利税率是指项目达到设计生产能力后的一个正常生产年份的年利税总额或项目生产期内的年平均利税总额与项目总投资的比率。

$$投资利税率 = \frac{年利税总额（或年平均利税总额）}{项目总投资} \times 100\% \tag{5.3}$$

$$年利税总额 = 年利润总额 + 销售税金及附加 =$$
$$年销售收入 - 年总成本费用$$

投资利税率可由损益与利润分配估算表中的有关数据求得,与行业平均投资利税率对比,以判别项目的单位投资对国家积累的贡献水平是否达到本行业的平均水平。

4)资本金利润率

资本金利润率是项目的利润总额与资本金总额的比率,有所得税前与所得税后之分。资本金是项目吸收投资者投入企业经营活动的各种财产物资的货币表现。

$$资本金利润率 = \frac{利润总额}{资本金总额} \times 100\% \tag{5.4}$$

资本金利润率是衡量投资者投入项目的资本金的获利能力。在市场经济条件下,投资者关心的不仅是项目全部资金所提供的利润,更关心投资者投入的资本金所创造的利润。资本金利润率指标越高,反映投资者投入项目资本金的获利能力越大。资本金利润率还是向投资者分配股利的重要参考依据。一般情况下,向投资者分配的股利率要低于资本金利润率。

(2)盈利能力分析的动态指标

1)财务内部收益率 FIRR

财务内部收益率(包括全部投资内部收益率和自有资金内部收益率)是指项目在整个计算期内各年净现金流量现值累计等于零时的折现率,它反映项目所占用资金的盈利率。

$$\sum_{t=0}^{n} (CI_t - CO_t)(1 + FIRR)^{-t} = 0 \tag{5.5}$$

财务内部收益率可根据财务现金流量表(全部投资现金流量表和自有资金现金流量表)中的净现金流量数据,用线性插值法计算求得(请参阅第3章3.3),与行业的基准收益率或设定的折现率 i_0 比较,当 $FIRR \geqslant i_0$ 时,即认为其盈利能力已满足最低要求,财务上是可以考虑接受的。

2)财务净现值 FNPV

财务净现值是指按行业的基准收益率或设定的折现率,将项目计算期内各年净现金流量折现到建设期初的现值之和,其表达式为

$$FNPV = \sum_{t=0}^{n} (CI_t - CO_t)(1 + i_0)^{-t} \tag{5.6}$$

财务净现值可根据财务现金流量表的数据计算求得。如果 $FNPV \geqslant 0$,项目是可以考虑接受的。

（3）清偿能力分析的指标

1）借款偿还期

借款偿还期是指在国家财政规定及项目具体财务条件下，以项目投产后可用于还款的资金，偿还建设投资国内借款本金和建设期利息（不包括已用自有资金支付的建设期利息）所需要的时间。

$$I = \sum_{t=1}^{P_t} R_t \tag{5.7}$$

式中：I—— 建设投资国内借款本金和建设期利息之和；

P_t—— 建设投资国内借款偿还期，从借款开始年计算；

R_t—— 第 t 年可用于还款的资金，包括税后利润、折旧费、摊销费及其他还款资金。

借款偿还期可由资金来源与运用表及国内借款还本付息表的数据直接推算，通常用"年"表示。从开始借款年份算起的偿还期的详细计算公式是

$$借款偿还期 = \left[\begin{array}{c} 借款偿还后首次 \\ 出现盈余的年份数 \end{array} \right] - 开始借款年份 + \frac{当年偿还借款额}{当年可用于还款的资金额} \tag{5.8}$$

当借款偿还期满足贷款机构的要求期限时，即认为项目有清偿能力。

2）资产负债率

资产负债率是负债与资产之比，它衡量企业利用债权人提供的资金进行经营活动的能力，反映项目各年所面临的财务风险程度及债务清偿能力，因此，也反映债权人发放贷款的安全程度。计算资产负债率所需要的相关数据可在资产负债表中获得。

$$资产负债率 = \frac{负债合计}{资产合计} \times 100\% \tag{5.9}$$

一般认为资产负债率为 0.5～0.7 是合适的。由于财务杠杆效应的存在，权益的所有者从盈利出发，希望保持较高的债务比，赋予资本金有较高的杠杆力，用较少的资本来控制整个项目。但是，资产负债比越高，项目风险也越大。当资产负债率太高，可通过增加自有资金出资和减少利润分配等途径来调节。

3）流动比率

流动比率是反映项目各年偿付流动负债能力的指标，衡量项目流动资产在短期债务到期以前可以变为现金用于偿还流动负债的能力。所需相关数据可在资产负债表中获得。

$$流动比率 = \frac{流动资产总额}{流动负债总额} \times 100\% \tag{5.10}$$

存货是一类不易变现的流动资产，所以流动比率不能确切反映项目的瞬时偿债能力。

4）速动比率

速动比率反映项目快速偿付（用可以立即变现的货币资金偿付）流动负债的能力。

$$速动比率 = \frac{流动资产总额 - 存货}{流动负债总额} \times 100\% \tag{5.11}$$

一般认为，流动比率应不小于 1.2～2.0；速动比率应不小于 1.0～1.2。

5.3　财务评价案例分析

本节以一个新建项目为例，说明基础财务报表、主要财务报表编制方法及财务效果计算方

法。

5.3.1 案例的财务预测及基础财务报表

(1)数据资料

新建一个化肥厂,预计从此项目建设开始寿命期为 15 年。项目建设期为 3 年,第 4 年投产,第 5 年开始达到设计生产能力。

1)固定投资(固定资产投资)8 000 万元,其中自有资金投资为 4 000 万元。分年投资情况如下表,不足部分向银行借款。银行贷款条件是年利率 $i_{借} = 10\%$,建设期间只计息不还款,第四年投产后开始还贷,每年付清利息并分 10 年等额偿还建设期利息资本化后的全部借款本金。

项目 年初	1	2	3	合　计
固定投资/万元	2 500	3 500	2 000	8 000
其中自有资金投资/万元	1 500	1 500	1 000	4 000

2)流动资金投资约需 2 490 万元,全部用银行贷款,年利率 10%。

3)销售收入、销售税金及附加和经营成本的预测值如下,其他支出忽略不计。

单位:万元

项目 年末	4	5	6	…	15
销售收入	5 600	8 000	8 000	…	8 000
销售税金及附加	320	480	480	…	480
经营成本	3 500	5 000	5 000	…	5 000

(2)要　求

进行全部投资和自有资金投资盈利能力分析和清偿能力分析。(设基准折现率 $i_0 = 12\%$)

(3)基础财务报表

1)借款需要量计算表(表 5.6)

表 5.6　借款需要量计算表

单位:万元

内　容 年初	1	2	3	4	合　计
固定投资总数	2 500	3 500	2 000		8 000
流动资金				2 490	2 490
自有资金	1 500	1 500	1 000		4 000
借款需要量	1 000	2 000	1 000	2 490	6 490

2)固定资产投资借款建设期利息计算表(表 5.7)

107

表 5.7　建设期利息计算表

单位:万元

内　容 ＼ 年　份	1	2	3	4	附　注
年初欠款	0	1 050	3 255	4 630.5	
当年借款	1 000	2 000	1 000		建设期利
当年利息	50	205	375.5		息约为 630
年末欠款累计	1 050	3 255	4 630.5		

当年借款额只计一半利息。第四年初累计的欠款即为利息资本化后的总本金。

3)固定资产投资还款计划与利息计算表(表 5.8)

表 5.8　固定资产投资还贷计划与利息计算表

单位:万元

内　容 ＼ 年　初	4	5	6	7	8	9	10	11	12	13
年初欠款	4 630	4 167	3 704	3 241	2 778	2 315	1 852	1 389	926	463
当年利息支付	463	417	370	324	278	232	185	139	93	46
当年还本	463	463	463	463	463	463	463	463	463	463
年末欠款	4 167	3 704	3 241	2 778	2 315	1 852	1 389	926	463	0

根据与银行商定的条件,第四年开始支付每年的利息再还本金的 1/10,10 年内还清,利息可计入当期损益。

(4)固定资产折旧计算

平均折旧年限为 15 年,残值率 5%。建设期利息计入固定资产原值内:

$$年折旧额 = \frac{(8\,000 + 630) \times (1 - 5\%)}{15} = 547\ 万元$$

第 15 年回收固定资产余值为

$$(8\,000 + 630)\ 万元 - 547 \times 12\ 万元 = 2\,066(万元)$$

5.3.2　主要财务报表

1)损益及利润分配表(表 5.9)

表 5.9　损益及利润分配表

单位:万元

内　容 ＼ 年　初	4	5	6	7	8	9	10	11	12	13	14	15
销售收入	5 600	8 000	8 000	8 000	8 000	8 000	8 000	8 000	8 000	8 000	8 000	8 000
经营成本	3 500	5 000	5 000	5 000	5 000	5 000	5 000	5 000	5 000	5 000	5 000	5 000
折旧	547	547	547	547	547	547	547	547	547	547	547	547
建设投资借款利息	463	417	370	324	278	232	185	139	93	46	0	0

年初 内容	4	5	6	7	8	9	10	11	12	13	14	15
流动资金借款利息	249	249	249	249	249	249	249	249	249	249	249	249
销售税金及附加	320	480	480	480	480	480	480	480	480	480	480	480
利润总额	521	1 307	1 354	1 400	1 446	1 492	1 539	1 585	1 631	1 678	1 724	1 724
所得税	172	431	447	462	477	492	508	523	538	554	569	569
盈余公积金	35	88	91	94	97	100	103	106	109	112	116	116
公益金	18	44	45	47	48	50	52	53	55	56	58	58
应付利润	296	744	771	797	824	850	876	903	929	956	981	981
未分配利润	0	0	0	0	0	0	0	0	0	0	0	0

注:所得税假定为33%

2)全部投资现金流量表(表5.10);
3)自有资金现金流量表(表5.11);
4)资金来源与运用表(表5.12);
5)资产负债表(表5.13)。

5.3.3 分析与说明

(1)盈利能力分析

在全部投资现金流量表(表5.10)中,列出了所得税后的净现金流量,由此可计算所得税后的各项经济效果指标。

投资回收期(静态) $T_全 = 8.31$ 年

财务内部收益率 $FIRR_全 = 12.94\%$

财务净现值 $FNPV_全(12\%) = 522.121\ 9$ 万元

由表5.11可计算自有资金投资的经济效果指标。

投资回收期(静态) $T_自 = 7.56$ 年

财务内部收益率 $FIRR_自 = 16.27\%$

财务净现值 $FNPV_自(12\%) = 1\ 267.971\ 1$ 万元

本例中,$FIRR_全 > i_0$,$FNPV_全 > 0$,表明方案本身的经济效果好于投资者的最低预期,方案可行。$FNPV_自 > FNPV_全$,$FIRR_自 > FIRR_全$,表明在总投资中采用借款可以使企业获得更好的经济效果,这是因为 $FIRR_全 > i_借$,债务比越高,财务杠杆效应使自有资金的经济效果变得越好。自有资金投资的经济效果一部分来自自有资金本身,另一部分来自债务资金。

(2)资金平衡及偿债能力分析

由表5.12(资金来源与运用表)可以看出,用项目筹措的资金和项目的净收益足可支付各项支出,不需用短期借款即可保证资金收支相抵有余。表现在表5.12中,各年的累计盈余资金均大于零,可满足项目运行要求。

由表5.13(资产负债表)的资产负债率、流动比率两项指标来看,项目的负债比率除个别

表 5.10　全部投资现金流量表

单位:万元

年末　内容	建设期				投产期	达产期										
	0	1	2	3	4	5	6	7	8	9	10	11	12	13	14	15
(一)现金收入																
1.销售收入					5 600	8 000	8 000	8 000	8 000	8 000	8 000	8 000	8 000	8 000	8 000	8 000
2.回收固定资产																2 066
3.回收流动资金																2 490
(二)现金流出																
1.固定投资	2 500	3 500														
2.流动资金			2 000	2 490												
3.经营成本					3 500	5 000	5 000	5 000	5 000	5 000	5 000	5 000	5 000	5 000	5 000	5 000
4.销售税金及附加					320	480	480	480	480	480	480	480	480	480	480	480
5.所得税					172	431	447	462	477	492	508	523	538	554	569	569
(三)净现金流量	−2 500	−3 500	−2 000	−2 490	1 608	2 089	2 073	2 058	2 043	2 028	2 012	1 997	1 982	1 966	1 951	6 507

表 5.11　自有资金投资现金流量表

单位:万元

年末 / 内容	建设期				投产期	达产期										
	0	1	2	3	4	5	6	7	8	9	10	11	12	13	14	15
(一)现金流入																
1. 销售收入					5 600	8 000	8 000	8 000	8 000	8 000	8 000	8 000	8 000	8 000	8 000	8 000
2. 回收固定资产																2 066
3. 回收流动资金																2 490
(二)现金流出																
1. 固定投资中的自有资金	1 500	1 500														
2. 流动资金中的自有资金			1 000													
3. 经营成本					3 500	5 000	5 000	5 000	5 000	5 000	5 000	5 000	5 000	5 000	5 000	5 000
4. 销售税金及附加					320	480	480	480	480	480	480	480	480	480	480	480
5. 所得税					172	431	447	462	477	492	508	523	538	554	569	569
6. 固定投资本金偿还					463	463	463	463	463	463	463	463	463	463	0	0
7. 固定投资利息支付					463	417	370	324	278	232	185	139	93	46	0	0
8. 流动资金本金偿还																2 490
9. 流动资金利息支付					249	249	249	249	249	249	249	249	249	249	249	249
(三)净现金流量	-1 500	-1 500	-1 000		433	960	991	1 022	1 053	1 084	1 115	1 146	1 177	1 208	1 702	3 768

表 5.12 资金来源与运用表

单位：万元

序号	内容	建设期				生产经营期												期末余值
		0	1	2	3	4	5	6	7	8	9	10	11	12	13	14	15	
1	资金来源	2 500	3 500	2 000	2 490	1 068	1 854	1 901	1 947	1 993	2 039	2 086	2 132	2 178	2 225	2 271	2 271	4 556
1.1	利润总额					521	1 307	1 354	1 400	1 446	1 492	1 539	1 585	1 631	1 678	1 724	1 724	
1.2	折旧与摊销费					547	547	547	547	547	547	547	547	547	547	547	547	
1.3	长期借款	1 000	2 000	1 000														
1.4	短期借款				2 490													
1.5	自有资金	1 500	1 500	1 000														
1.6	回收固定资产余值																	2 066
1.7	回收流动资金																	2 490
2	资金运用	2 500	3 500	2 000	2 490	931	1 638	1 681	1 722	1 764	1 805	1 847	1 889	1 930	1 973	1 550	1 550	2 490
2.1	固定资产投资	2 500	3 500	2 000														
2.2	建设期利息																	
2.3	流动资金				2 490													
2.4	所得税					172	431	447	462	477	492	508	523	538	554	569	569	
2.5	应付利润					296	744	771	797	824	850	876	903	929	956	981	981	
2.6	长期借款本金偿还					463	463	463	463	463	463	463	463	463	463	0	0	
2.7	短期借款本金偿还																	2 490
3	盈余资金(1-2)	0	0	0	0	137	216	220	225	229	234	239	243	248	252	721	721	2 066
4	累计盈余资金	0	0	0	0	137	353	573	798	1 027	1 261	1 500	1 743	1 991	2 243	2 964	3 685	5 751

表 5.13　资产负债表

序号	项目	建设期			生产经营期												
		1	2	3	4	5	6	7	8	9	10	11	12	13	14	15
1	资产	2 550	6 255	11 120	10 710	10 379	10 052	9 730	9 412	9 099	8 791	8 487	8 188	7 893	8 067	8 241
1.1	流动资产总额			2 490	2 627	2 843	3 063	3 288	3 517	3 751	3 990	4 233	4 481	4 733	5 454	6 175
1.1.1	流动资产			2 490	2 490	2 490	2 490	2 490	2 490	2 490	2 490	2 490	2 490	2 490	2 490	2 490
1.1.2	累计盈余资金				137	353	573	798	1 027	1 261	1 500	1 743	1 991	2 243	2 964	3 685
1.2	在建工程	2 550	6 255	8 630												
1.3	固定资产净值				8 083	7 536	6 989	6 442	5 895	5 348	4 801	4 254	3 707	3 160	2 613	2 066
2	负债与所有者权益	2 550	6 255	11 120	10 710	10 379	10 052	9 730	9 412	9 099	8 791	8 487	8 188	7 893	8 067	8 241
2.1	流动负债总额			2 490	2 490	2 490	2 490	2 490	2 490	2 490	2 490	2 490	2 490	2 490	2 490	2 490
2.1.1	短期借款			2 490	2 490	2 490	2 490	2 490	2 490	2 490	2 490	2 490	2 490	2 490	2 490	2 490
2.2	长期负债	1 050	3 255	4 630	4 167	3 704	3 241	2 778	2 315	1 852	1 389	926	463	0	0	0
	负债小计	1 050	3 255	7 120	6 657	6 194	5 731	5 268	4 805	4 342	3 879	3 416	2 953	2 490	2 490	2 490
2.3	所有者权益	1 500	3 000	4 000	4 053	4 185	4 321	4 463	4 607	4 757	4 912	5 017	5 235	5 403	5 577	5 751
2.3.1	资本金	1 500	3 000	4 000	4 000	4 000	4 000	4 000	4 000	4 000	4 000	4 000	4 000	4 000	4 000	4 000
2.3.2	累计盈余公积金	0	0	0	35	123	214	308	405	505	608	714	823	935	1 051	1 167
2.3.3	累计盈余公益金	0	0	0	18	62	107	154	202	252	304	357	412	468	526	584
	资产负债率	0.41	0.52	0.64	0.62	0.60	0.57	0.54	0.51	0.48	0.44	0.40	0.36	0.32	0.31	0.30
	流动比率	—	—	1.0	1.1	1.1	1.2	1.3	1.4	1.5	1.6	1.7	1.8	1.9	2.2	2.5

年份外,均在60%以下,随着生产经营的继续,两项指标将更为好转。从整体看,该项目偿债能力较强。

从总体看,该项目投资效果较好。

5.4 改扩建和技术改造项目的经济评价

改扩建和技术改造项目具有一般的新建项目的共同特征,但其经济评价比新建项目要复杂。这主要表现为①改扩建和技改项目在不同程度上利用了原有资产和资源;②原来已在生产经营,而且其状况还会发生变化,因此项目效益与费用的识别和计算较复杂;③改扩建和技改项目的目标可以是增加产量、扩大品种、提高质量、降低能耗、合理利用资源、提高技术装备水平、改善劳动条件、保护环境和综合利用等,但有的目标是难以定量计算的。因此,在进行经济评价时,应着重考察其增量投资的经济效益(增量法),来判定项目的可行性。

增量现金流的计算是对增量投资进行数量效果评价的关键。常见的计算方法有"前后法",即将投资后和投资前的效益差视为投资引起的效益。还有一种方法叫"有无法",即分别考察有投资和无投资两种情况下的效益。对于新建项目,这两种方法是一致的,因为所有效益都是由新投资产生的。而在研究改扩建和技改项目时,"前后法"采用投资前和投资后的效益相减,是不满足时间可比性原则的。因此,前后法是一种不正确的方法。如图5.3,我们可以分析采用前后法计算增量效果时可能出现的错误。

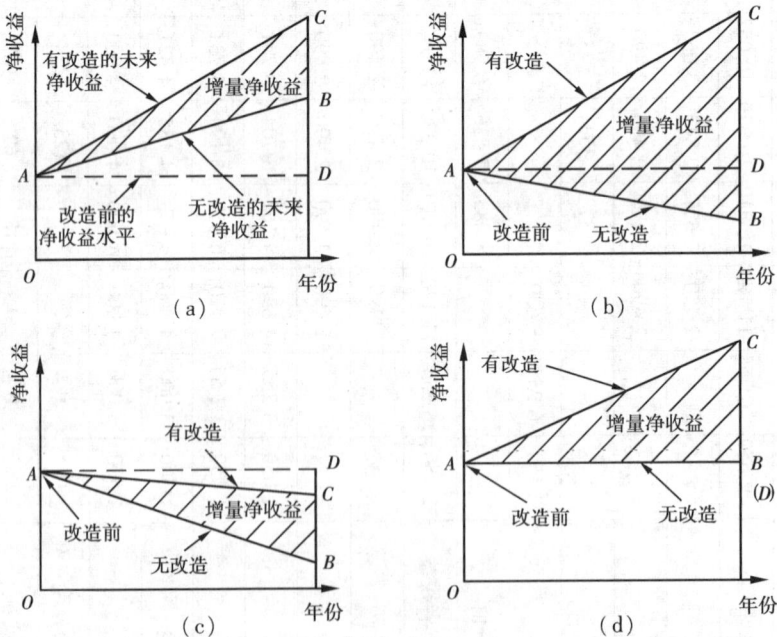

图5.3 "有无法"与"前后法"的比较图

第一种情况:有改造和无改造的净收益都增长,其增量净收益为有、无改造时的净收益之差,如图5.3(a)所示,技术改造的增量净收益为 ABC 部分,是用"有无比较法"计算的结果。而用"前后比较法"计算的技术改造效益则是 ADC 部分,多算了 ADB 部分,这样就过高地估计了技术改造项目的增量净收益。

— 114 —

第二种情况:有改造净收益逐年增长,无改造净收益逐年下降,如图 5.3(b)所示。"有无法"其增量净收益为 ABC 部分,而"前后法"为 ADC 部分,又少算了效益 ABD。这样用"前后法"就低估了技改项目的增量净收益。

第三种情况:有改造和无改造时的净收益都逐年下降,但有改造项目延缓了净收益的下降速度,如图 5.3(c)所示。如果用"前后法"就会错误地认为,技术改造不但没有产生增量净收益,而是负效益。

第四种情况:无改造净收益不变,有改造净收益增加如图 5.3(d)所示,只有在这种情况下,前后法与有无法之间才没有差别,因此可以说,前后法只是有无法的一种特殊情况。由此可见,"有无对比法"是计算增量指标有关数据的正确方法,从而得出的评价结论也是准确科学的。

例 5.1 某厂现有固定资产估价为 500 万元,流动资金 200 万元,若不进行技术改造,未来 5 年的收入、费用如表 5.14,如果进行技术改造,需投资 120 万元,改造当年开始生效,其未来 5 年的数据如表 5.15 所示,试分析技术改造效果。

表 5.14 某厂不改造的未来 5 年预测

单位:万元

年 份	1	2	3	4	5
销售收入	600	600	550	550	500
总成本费用	450	460	430	440	410
销售税金	30	30	27.5	27.5	25
利润总额	120	110	92.5	82.5	65

表 5.15 某厂改造的未来 5 年预测

单位:万元

年 份	1	2	3	4	5
销售收入	650	650	650	650	650
总成本费用	470	470	470	475	480
销售税金	32.5	32.5	32.5	32.5	32.5
利润总额	147.5	147.5	147.5	142.5	137.5

解 为了简便起见,只用增量投资利润率来分析技术改造效果。

不改造:由表 5.14 可得出 5 年累计利润为 470 万元,平均年利润 94 万元。

改造:由表 5.15 得出 5 年累计利润 722.5 万元,平均年利润 144.5 万元。

由此得出技术改造平均年利润增量为 50.5 万元,新增投资 120 万元,故增量投资利润率为 $\frac{50.5}{120} = 42.1\%$,效果是比较好的。

由本例可见:用增量方法考察的是新投入资金的效果。另外增量方法还有一个优点,可以回避原有资产估价的困难。

5.5 国民经济评价

国民经济评价与财务评价共同组成了完整的项目经济分析。但由于这两类分析所代表的利益主体不同,使得这两类分析在分析目的、任务和作用上不尽相同。

5.5.1 国民经济评价与财务评价的关系

(1)国民经济评价的目的和作用

1)国民经济评价是宏观上合理配置国家有限资源的需要。国家的资源(包括资金、外汇、土地、劳动力以及其他自然资源)总是有限的,必须在资源的各种相互竞争的用途中作出选择。而这种选择必须借助于国民经济评价,从国家整体的角度来考虑。我们可以把国民经济作为一个大系统,项目的建设作为这个大系统中的一个子系统,分析项目从国民经济中所吸取的投入以及项目产出对国民经济这个系统的经济目标的影响,从而选择对大系统目标最有利的项目或方案。

2)国民经济评价是真实反映项目对国民经济净贡献的需要。我国和大多数发展中国家一样,不少商品的价格不能反映价值,也不能反映供求关系。在这种商品价格严重"失真"的条件下,按现行价格计算项目的投入或产出,不能确切地反映项目建设给国民经济带来的效益与费用。因此,就必须运用能反映资源真实价值的影子价格,借以计算建设项目的费用和效益,以便得出该项目的建设是否对国民经济总目标有利的结论。

3)国民经济评价是投资决策科学化的需要。这主要体现在以下三个方面:①有利于引导投资方向。运用经济净现值、经济内部收益率等指标及体现宏观意图的影子价格、影子汇率等参数,可以起到鼓励或抑制某些行业或项目发展的作用,促进国家资源合理分配。②有利于控制投资规模。最明显的是国家可以通过调整社会折现率这个重要的国家参数调控投资规模。当投资规模膨胀,可以适当提高社会折现率,控制一些项目的通过。③有利于提高计划质量。

(2)国民经济评价与财务评价的关系

企业财务评价和国民经济评价构成一个完整的投资项目经济评价。二者之间的共同之处在于:

1)评价目的相同。两者都是寻求以最小的投入获得最大的产出。

2)评价的基础工作相同。两者都是在完成产品需求预测、厂址选择、工艺技术路线和工程技术方案论证、投资估算和资金筹措基础上进行的。

3)基本分析方法和主要指标的计算方法类同,两者都采用现金流量分析方法,通过基本报表计算净现值、内部收益率等指标。

企业财务评价与国民经济评价的区别在于:

1)研究的经济系统的边界不同。财务评价从项目自身利益出发,分析项目的盈利能力和贷款偿还能力等内部经济效果,系统分析的边界就是项目自身;国民经济分析从国民经济的整体利益出发,分析项目对整个国民经济以至整个社会产生的效益,也就是分析国民经济对这个项目付出的代价(成本),以至这个项目建成之后可能对国民经济作出的贡献(效益)。国民经济分析不仅需要识别项目自身的内部经济效果,而且需要识别项目对国民经济其他部门和单位产生的外部效果。既要识别可用货币计量的有形效果,而且应当识别难以用货币计量的无形效果,其系统分析的边界是整个国家。

2)追踪的对象不同。财务分析追踪的对象是货币的流动。凡是由项目之外流入项目之内的货币就是财务收益;凡是由项目之内流出项目之外的货币就是财务费用。国民经济分析追踪的对象是资源的变动,实现资源最优配置,保证国民收入最大增长。对一个投资项目来说,项目资源的投入减少了这些资源在国民经济其他方面的可用量,从而减少了国民经济其他方面的最终产品产出量,即该项目对资源的使用产生了国民经济费用。同理,项目的产出品能够增加社会资源,即项目的产出是国民经济收益。由此不难理解,凡是减少社会资源的项目投入都产生国民经济费用;凡是增加社会资源的项目产出都产生国民经济收益。

3)财务评价的基本指标是项目的"利润"。国民经济评价的基本指标是项目的"净产值"(即国民收入)或"纯收入"(即税金和利润)。

4)采用的价格体系不同。财务评价对投入物和产出物采用财务价格。财务价格是以现行价格(市场交易价格)体系为基础的预测价格。国民经济评价采用影子价格体系来代替不合理的国内市场价格。这种影子价格反映资源(货物)的价值及稀缺程度,可以使有限的资源得到最佳的分配,从而带来最大的经济增长,或者说实现最高的经济效益。

5)采用的主要参数不同。财务评价采用官方汇率和行业基准收益率。国民经济评价采用国家统一测定的影子汇率和社会折现率。

5.5.2 国民经济评价的费用和效益识别

(1)基本原则

费用和效益都是相对于目标而言的。效益是对目标的贡献;费用是对目标的负贡献。国民经济分析以社会资源的最优配置从而使国民收入最大化为目标,凡是增加国民收入的就是国民经济收益;凡是减少国民收入的就是国民经济费用。

(2)直接效益与直接费用

1)直接效益

项目的直接效益是指由项目本身产生,由其产出物提供,并用影子价格计算的产出物的经济价值。

项目直接效益的确定分为两种情况:

①如果项目的产出物用以增加国内市场的供应量,其效益就是所满足的国内需求,用消费者支付意愿来确定。

②如果国内市场的供应量不变:a. 项目产出物增加了出口量,其收益为所获得的外汇;b. 项目产出物减少了总进口量,即替代了进口货物,其收益为节约的外汇;c. 项目产出物顶替了原有项目的生产,致使其减产或停产的,其效益为原有项目减产或停产向社会释放出来的资源,其价值也就等于这些资源的支付意愿。

2)直接费用

项目的直接费用主要指国家为满足项目投入(包括固定资产投资、流动资金及经常性投入)的需要而付出的代价。这些投入物用影子价格计算的经济价值即为项目的直接费用。

项目直接费用的确定,也分为两种情况:

①如果拟建项目的投入物来自国内供应量的增加,即增加国内生产来满足拟建项目的需求,其费用就是增加国内生产所消耗的资源价值。

②如果国内总供应量不变:a. 项目投入物来自国外,即增加进口来满足项目需求,其费用就是所花费的外汇;b. 项目的投入物本来可以出口,为满足项目需求,减少了出口量,其费用就是减少的外汇收入;c. 项目的投入物本来用于其他项目,由于改用于拟建项目将减少对其他项目的供应,因此而减少的效益,也就是其他项目对该投入物的支付意愿。

(3)间接费用与间接效益

项目的费用和效益不仅体现在它的直接投入物和产出物中,还会在国民经济相邻部门及社会中反映出来。这就是项目的间接费用(外部费用)和间接效益(外部效益),也可统称为外部效果。

工程项目的外部效果通常有以下几种情况:

1)由价格"失真"造成的外部效果

例如,一项节能水泵的技术改造项目。节能水泵将使使用单位节省可观的能源,而水泵制造厂需要为此付出一定的费用(研制费和制造成本的增加等)。如果水泵在使用期内所节省能源的费用足以补偿制造厂增加的各种费用,显然这是有利于国民经济的。由于制度上的原因,新水泵的销售价格还是与老水泵一样,或者是新水泵的销售价格的增加不能补偿制造厂增加的各种费用在每件产品上的分摊额,那么新水泵的效益就不能全部反映到工程项目的效益上,因而对使用水泵的项目产生一个正的外部效果。

2)由于价格的合理升降造成的外部效果

例如,某一生产化纤原料的大型工程项目的投产,项目产出物将使这种化纤原料的价格下降。采用这种化纤原料的化纤纺织部门的利润会因此增加。同理可推,服务加工部门、服装商店直至服装消费者都因此得到好处。这一系列的连锁效益并没有全部反映到该项目的直接效益中。

3)技术性外部效果

例如,在建设一个钢铁厂的同时,又修建了一套厂外运输系统,它除了为钢铁厂服务外,还使当地的工业生产和人民生活得益,产生技术外溢效益;然而,工业项目产生的废水、废气和废渣引起的环境污染及对生产平衡的破坏,项目并不支出任何费用,而国民经济付出了代价,产生技术外溢费用。

4)乘数效果(相邻部门效果)

乘数效果是指由于某一类工程项目上马后,可以使其前继部门或后续部门的资源或生产能力得到充分地利用而产生的外部效果。譬如,某地区的电机加工厂生产能力过剩,设备劳力闲置。由于建立了一个电风扇厂,对电机的需求增加,使原来的电机工厂生产能力得以充分利用,产生前继效益。反过来,若电风扇工厂原来就有,但因电机供应不足,使生产不饱满,那么建个电机厂就有一生产能力以及由此带来的一系列资源节约效果,就是项目的乘数效果。

外部效果通常难以计量,为了减少计量上的困难,应力求明确项目的"边界"。一般情况下可扩大项目的范围,特别是一些相互关联的项目可合在一起作为"联合体"进行评价,这样可使外部费用和效益转化为直接费用和效益。另外,在确定投入物和产出物的影子价格时,已在一定范围内考虑了外部效果,用影子价格计算的费用和效益在很大程度使外部效果在项目内部得到了体现,通过扩大项目范围和调整价格两步工作,实际上已将很多外部效果内部化了。因此,在国民经济评价中,既要考虑项目的外部效果,又要防止外部效果扩大化。

(4)转移支付

在识别费用与效益范围的过程中,将会遇到税金、国内借款利息和补贴的处理问题。这些都是企业经济评价中的实际收入或支出,但是从国民经济的角度看,企业向国家缴纳税金,向国内银行支付利息,或企业从国家得到某种形式的补贴,都未造成资源的实际耗费和增加,它们只是国民经济各部门之间的转移支付,因此不能作为项目的费用或效益。常见的转移支付有税金、补贴和利息。

1)税　金

包括产品税、增值税、资源税、关税等。税金从拟建项目来说是一项支出,从国家财政来说就是一项收入。这是企业与国家之间的一项资金转移。税收并未减少国民收入,也未发生社会资源的变动,即税金不是项目使用淘汰的代价。因此,所有财政性的税金,既不是经济费用也不是经济收益。

2)补　贴

补贴是一种货币流动方向与税金相反的转移支付,包括出口补贴,价格补贴等。补贴虽然增加了拟建项目的财务收益,但从社会资源变动的角度看,补贴既未增加社会资源,也未减少社会资源,国民收入未曾因补贴的存在而发生变化,而是国家从国民收入中批出一部分资金转给了企业。所以,国家提供的各种形式的补贴都不能视作国民经济分析中的费用和收益。

3)利　息

利息是利润的转化形式。是企业与银行之间的一种资金转移,并不涉及资源的增减变化,所以利息也不能作为经济成本或经济收益。

5.5.3　国民经济评价的价格

(1)影子价格概念

影子价格的概念是 20 世纪 30 年代末至 40 年代初由荷兰数理经济学、计量经济学创造人之一詹恩·丁柏根和前苏联数学家、经济学家、诺贝尔经济学奖金获得者康托罗维奇分别提出来的。

影子价格是指当社会经济处于某种最优状态时,能够反映社会劳动的消耗,资源稀缺程度和最终产品需求情况的价格。可见,影子价格是人为确定的、比交换价格更为合理的价格。这里所说的"合理"的标志,从定价原则来看,应该能更好地反映产品的价值,反映市场供求状况,反映资源稀缺程度;从价格产出的效果来看,应该能使资源配置向优化的方向发展。

影子价格反映在项目的产出上是一种消费者"支付意愿"或"愿付原则"。只有在供求完全均衡时,市场价格才代表愿付价格。影子价格反映在项目的投入上是资源不投入该项目,而投在其他经济活动中所能带来的效益。也就是项目的投入是以放弃了本来可以得到的效益为代价的。西方经济学家称作"机会成本"。根据"支付意愿"或"机会成本"的原则确定影子价格后,就可以测算出拟建项目要求经济整体支付的代价和为经济整体提供的效益,从而得出拟建项目的投资真正能给社会带来多少国民收入增加额或纯收入增加额。

根据简便实用的原则,我们把资源分为货物、生产要素(土地、资金和劳动力)。

(2)货物的影子价格

在确定某种货物的影子价格之前,首先要区分该货物的类型。一个项目的产出和投入,必然会对国民经济产生各种影响。就产出物的产量来看,可能会增加国民经济的总消费,减少国民经济其他企业的生产,减少进口或增加出口。就投入物的消耗来看,可能会减少国民经济其他部门的消费,增加国民经济内部的产量,增加进口或减少出口。如果主要影响国家的进出口水平,应划为外贸货物;如果主要影响国内供求关系,应划为非外贸货物。只有在明确了货物类型之后,才能针对货物的不同类型、采取不同的定价原则。

对外贸货物和非外贸货物的划分有三种做法:

1)凡是国家有进出口额的货物,都划为外贸货物。

2)凡是项目的产出或投入中直接进出口的货物,才算外贸货物。

3)凡是直接进出口的,都作为外贸货物。产出品中不直接出口,但确能替代进口,或供应其他企业,使其产品增加出口的;投入物中使用国内生产而确有出口机会的货物,均作为外贸货物处理。

外贸货物的影子价格是按照各项产出和投入对国民经济的影响,以口岸价格为基础,根据港口、项目所在地、投入物的国内产地、产出物的主要市场所在地和交通运输条件的差异,对流通领域的费用支出进行调整而分别制定的。所以不要以为同一种货物只有一个影子价格。

非外贸货物是指我国不进口(或不出口)的货物。这类货物如果是项目的产出,不论是供应市场或被项目使用,都不会对我国的国际贸易产生影响。一种货物所以成为非外贸货物,大多是由于运输费用太大,以致它的出口成本将高于可能的离岸价格,或者运到使用地的进口成本将高于当地的生产成本。也有的是限于国内或国外贸易政策的限制,还有一些是边远地区的自给产品和低质量产品,所以不同地区非外贸货物的比重也不同。大致越往内地,非外贸货物的比重越大。

对项目产出物中的非外贸货物,在考虑是否增加国内供应数量或替代相同产出物以及国内市场的供求关系、产出品质量等因素的基础上确定其影子价格。项目投入物中的非外贸货物若是通过企业挖潜(不增加投资)增加供应的,按可变成本分解定价;若通过增加投资扩大生产规模来满足拟建项目需要的,按全部成本(包括固定成本和可变成本)分解定价。

(3)土地的影子价格

在我国,投资项目占用的土地可能具有也可能不具有直接费用(征购费等)。但是占用土地的经济费用几乎总是存在的。因为项目占用土地,将致使这些土地对国民经济的其他潜在贡献不能实现,这种因有了项目而不能实现的贡献就是项目占用土地的经济费用。因此,土地的影子价格也是建立在被放弃的收益这一机会成本的概念上的。

1)土地费用的计算原则

项目占用土地,国民经济要付出代价,这一代价就是土地费用,也就是土地的影子价格。一般来说,土地的影子价格包括两个部分:①土地用于建设项目而使社会放弃的原有效益;②土地用于建设项目而使社会增加的资源消耗。

2)土地费用的计算方法

项目占用农村地区的土地,可以根据土地的农业生产率来计算其影子价格。项目占用城市地区的土地,一般说来大大高于农村地区的租金,而且差别很大。因为城市地块的机会成本更可能取决于它在某个可供选择的非农用途的生产率。大多数城市项目的发展初期占用农业土地,地价比较低,人口的增多,地价会不断地上升,因此,典型的城市地区的地价含有历史的因素,作价基础可能不同。对于一个荒山的矿物资源,初始开发时的地价可能为零。矿山建成发展以后,地价会上升,矿区都市化以后,矿区的地价应按某个非农业用途上的生产率来推算。

(4)劳动力的影子价格

劳动力的影子价格是项目工资成本的影子价格,即影子工资。影子工资是从项目招收职工会使国民经济其他部门付出多大代价,这一机会成本的角度而被视作国民经济费用的,是指该项目所雇用的工人在被雇以前对国民经济生产所作的贡献。

影子工资包含在调整为经济价格的经营成本之中,由两部分内容组成:1)职工从别处转移到项目中来而使别处放弃劳动力边际产出价值,亦即别处所减少的国民收入;2)劳动力转移所增加的社会资源消耗。

5.5.4 社会折现率

社会折现率是社会对资金时间价值的估值,是投资项目的资金所应达到的按复利计算的最低收益水平,即资金的影子利率。对以优化配置资源为目的的国民经济分析来说,社会折现率是从整个国民经济角度对资金的边际投资内部收益率的估值。主要用来作为计算净现值时的折现率,或用作评判项目国民经济内部收益率高低的基准。

社会折现率作为一个基本的国家经济参数,是国家评价和调控投资活动的重要杠杆之一。社会折现率取值的高低对国民经济的发展具有不可忽视的作用。与财务评价的基准贴现率类似,社会折现率的取值直接影响项目经济可行性判断的结果和项目的优选与方案的排序结果。因此,可以作为国家总投资规模的控制参数,需要缩小投资规模时,就提高社会折现率。

国家计委首次于 1987 年颁布的社会折现率为 10% ,近期为 12% 。

5.5.5 影子汇率

影子汇率是指不同于官方汇率,能反映外汇转换为国民经济真实价值的汇率。实际上,也就是外汇的机会成本,即项目投入或产出所导致的外汇的减少或增加给国民经济带来的损失或收益。

影子汇率是一个重要的经济参数,应当由国家统一制定和定期调整。国家可以利用影子汇率作为杠杆,影响项目投资决策,影响项目方案的选择和项目的取舍。当项目要引进国外设备或零部件时,都要与国内设备,技术或零部件进行对比。因此,影子汇率直接影响进口设备、技术或零部件的影子价格计算,从而影响对比结果。外汇影子价格较高,不利于引进方案,有利于国产设备的方案。而对于产出物为外贸货物的建设项目,外汇影子价格高时,较有利于这些项目获得批准实施。

5.5.6 收益与费用的比较

(1)现金流量的构成

项目的国民经济效果也利用现金流量表进行指标计算与评价。由于其着眼点是资源变动而不是货币流动,所以现金流量表的内容是不同的。

1)全部投资国民经济效果的净现金流量 $ENB_全$

$ENB_全 = $ 销售收入 + 寿命期末回收的固定资产余值和流动资金 + 外部收益 −

固定资产投资 − 新增流动资金 − 经营成本 − 外部费用　　　　(5.12)

2)国内投资国民经济效果的净现金流量 $ENB_内$

$ENB_内 = $ 销售收入 + 国外贷款 + 寿命期末回收的固定资产余值与流动资金 +

外部收益 - 固定资产投资 - 新增流动资金 - 经营成本 -

偿还国外贷款本金和利息 - 外部费用   (5.13)

(2)评价指标

1)经济净现值 ENPV

经济净现值是反映项目对国民经济净贡献的绝对指标。它是指用社会折现率将项目计算期内各年的净现金流量折算到建设期初的现值之和:

$$\text{ENPV} = \sum_{t=0}^{n} (\text{ECI}_t - \text{ECO}_t)(P/F, i_s, t) \qquad (5.14)$$

式中:i_s—— 社会折现率;

ECI_t—— 效益流入量;

ECO_t—— 效益流出量;

n—— 计算期。

经济净现值等于或大于零,就认为项目是可以考虑接受的。

经济净现值等于或大于零的经济意义是:国家为拟建项目付出代价后,可以得到符合社会折现率的社会盈余,或除得到符合社会折现率的社会盈余外,还可以得到以现值计算的超额社会盈余。

2)经济内部收益率 EIRR

经济内部收益率是反映项目对国民经济净贡献的相对指标,它是项目在计算期内各年经济净现金流量的现值累计等于零时的折现率。

$$\sum_{t=0}^{n} (\text{ECI}_t - \text{ECO}_t)(P/F, \text{EIRR}, t) = 0 \qquad (5.15)$$

经济内部收益率等于或大于社会折现率,说明项目是可以考虑接受的。

3)经济换汇成本 EFC

经济换汇成本是指项目生产出口产品及替代进口产品时,用货物影子价格、影子工资和社会折现率计算的为生产出口产品而投入的国内资源现值(以人民币表示)与生产出口产品的经济外汇净现值(通常以美元表示)之比,亦即获取 1 美元净外汇收入或节省 1 美元耗费所需消耗的国内资源价格(人民币元)。

$$\text{EFC} = \frac{\sum_{t=0}^{n} \text{DR}_t (P/F, i_s, t)}{\sum_{t=0}^{n} (\text{FI}_t - \text{FO}_t)(P/F, i_s, t)} \qquad (5.16)$$

式中:DR_t—— 项目在第 t 年为生产出口产品及替代进口品所投入的国内资源价格(按影子价格计算);

FI_t—— 第 t 年的外汇流入量(美元);

FO_t—— 第 t 年的外汇流出量(美元)。

经济换汇成本若小于影子汇率(SER),表明项目生产出口品及替代进口品的经济效益好。经济换汇成本是分析评价项目实施后在国际上的竞争力,进而判断其产品是否应出口的指标。

练 习 题

1. 对工程项目为什么要进行经济评价？其主要内容有哪些？
2. 简述工程项目财务评价的指标与方法。
3. 工程项目的财务评价与国民经济评价有何异同？
4. 什么叫社会折现率、影子汇率？
5. 简述工程项目国民经济评价的指标与方法。
6. 对技术改造项目进行经济评价时往往采用"有无法"而不采用"前后法"，为什么？
7. 市场价格向影子价格转化的基本思路是什么？
8. 国民经济评价的出发点是什么？有哪些主要参数？

第6章 综合评价

在建设项目技术经济评价工作中,方案的优劣在许多情况下不能仅以价值形式表示的个别指标来衡量,而需用多目标的综合评价来确定。例如,建设项目方案的取舍常常不能仅取决于经济评价,还要综合考虑政治、国防、社会、技术、环境生态、自然资源等方面;又如,对某些公共建筑设计方案的评价不仅要看工程造价是否低廉,还要综合考虑满足城市建设规划要求的程度、建筑构思、使用功能、结构技术、材料设备供应等因素;再如,新增建筑机械的选择,往往不能只考虑其经济方面的指标,还要综合考虑在可靠性、维修、安全、环境影响等方面的因素。

6.1 技术方案多目标评分综合评价

6.1.1 评价步骤

多目标综合评价的困难在于,不同目标的指标的性质不同,比如耐久与美观,难以相互比较;不同指标的计量单位互异,比如钢筋与木材的计量单位,难以彼此换算;用不同指标衡量同一方案可能会得出相反的结论等。

为了把定性指标定量化,并使性质和计量单位不同的多个指标能够进行综合评价,最基本而又易行的方法是评分综合评价法。

这种方法的基本思路是使不同指标具有运算性,将多指标转化为一个综合单指标,以其评分值的大小作为评价的依据。

评分综合评价法的步骤是:根据不同方案对各个指标所规定的标准的满足程度,采用百分制、十分制、五分制或某种比数予以评分;根据各个指标在综合评价中的重要程度给予权重值;采用某种计算方法得出每个方案的单指标评分值;根据综合单指标分值的大小选优。

综合单指标评分值的计算,只是为了达到综合评价的目的,数值本身并无实际意义。

6.1.2 计算综合单评分值的一般方法

(1) 加 法

加法计算公式如下:

$$F_1 = \sum_{i=1}^{n} w_i f_i \tag{6.1}$$

或

$$\overline{F_1} = \frac{1}{n} \sum_{i=1}^{n} w_i f_i \tag{6.2}$$

式中,f_i——第 i 项指标得分;

w_i——第 i 项指标的权重值;

n—— 评价指标数目；

F_1、$\overline{F_1}$—— 加法综合单指标评分值。

用加法计算综合单指标评分值,适合于各项指标重要程度和得分差异都不大,或者重要程度差异很大而得分差异程度不大的情况。

(2) 乘 法

乘法计算公式如下:

$$F_{\mathrm{I}} = \prod_{i=1}^{n} w_i f_i \qquad (6.3)$$

或

$$\overline{F_{\mathrm{I}}} = \left[\prod_{i=1}^{n} w_i f_i \right]^{\frac{1}{n}} \qquad (6.4)$$

式中,F_{I}、$\overline{F_{\mathrm{I}}}$—— 乘法综合单指标评分值。

用乘法计算综合单指标评分值,适合于各项指标重要程度和得分差异都不大,或者得分差异较大而重要程度差异不大的情况。因为采用乘法计算,即使各项指标的权重值差距很小,综合单指标评分值所受的影响仍很敏感。另外,若某个方案有某项指标得分为零,其综合单指标评分值必为零,就等于该方案被否定。

(3) 加乘混合法

加乘混合法计算公式如下:

$$F_{\mathrm{III}} = F_{\mathrm{I}} + F_{\mathrm{II}} \qquad (6.5)$$

或

$$\overline{F_{\mathrm{III}}} = \overline{F_{\mathrm{I}}} + F_{\mathrm{II}} \qquad (6.6)$$

用加乘混合法计算综合单指标评分值,兼有加法和乘法的优点,故适合于各种情况,尤其是当各项指标的重要程度和得分差异都很大时,更宜采用这种方法。

(4) 除 法

设置多项指标对技术方案进行综合评价时,常常有一些指标要求越大越好,如反映使用价值的指标,而另一些指标则要求越小越好,如反映劳动消耗和劳动占用的指标。在这种情况下,采用除法计算综合单指标评分值,能更加直观地反映评分值的大小。除法计算公式为

$$F_N = \frac{\sum\limits_{i=1}^{m} w_i f_i}{\sum\limits_{j=1}^{n} w_j \cdot f_j} \qquad (6.7)$$

式中,F_N—— 除法综合单指标评分值;

f_i、w_i—— 分别表示要求越大越好的指标的得分和权重值;

f_j、w_j—— 分别表示要求越小越好的指标的得分和权重值;

m、n—— 分别表示要求越大越好和要求越小越好的指标的数目。

采用除法计算综合单指标评分值,评价方案的指标应能区分出越大越好和越小越好两类。

(5) 最小二乘法

这种方法是先对每个指标设定一个理想值,然后按(6.8)式计算综合单指标评分值。计算结果数值越小,说明方案越好。

$$F_V = \sqrt{\sum_{i=1}^{n} w_i \left(\frac{A_i - A_{i0}}{A_{i0}} \right)^2} \qquad (6.8)$$

式中，F_V—— 最小二乘法综合单指标评分值；

　　A_{i0}—— 第 i 项指标的理想值；

　　A_i—— 第 i 项指标的实际值。

　　最小二乘法既反映了指标的重要程度，又反映了指标实际值与理想值之间的差距，用来进行方案综合评价是比较准确的。但是这种方法要求各目标都得预先确定出理想值。

　　在综合评价时，应根据具体情况灵活运用以上所介绍的方法，按照评价对象的性质，选择综合单指标评分值最大或最小的方案。

6.1.3　权重值的确定

　　由于每个指标在具体评价中的权重值对评价结果影响很大，因此，必须正确选择衡量系统中各项指标相对重要性的方法，以便确定它们的相对权重。权重值确定的方法有许多，下面介绍两种简便易行、适应性广而比较合理的方法。

　　(1)04 评分法

　　将所有指标一对一地进行比较，非常重要的一方给 4 分，另一方给 0 分；比较重要的一方给 3 分，另一方给 1 分；双方同样重要，各给 2 分。以上每种情况里双方都共得 4 分。然后，按每一指标的评分值占所有指标评分值总和的百分比确定其权重。

　　例 6.1　系统中有 A、B、C、D、E 五个指标，用 04 评分法确定相对权重如表 6.1 所示。例如，C 和 E 比，C 得 3 分，记在表中 C 行 E 列位置上；E 得 1 分，记在表中 E 行 C 列上。

表 6.1　04 评分法确定相对权重

指　标	一对一比较结果					评分值	权重值
	A	B	C	D	E		
A	–	1	2	2	3	8	0.200
B	3	–	3	3	4	13	0.325
C	2	1	–	2	3	8	0.200
D	2	1	2	–	3	8	0.200
E	1	0	1	1	–	3	0.015
合计		40	1.000				

　　(2)比例分配法

　　用比例分配法确定权重时，采用五级分制或十级分制评分。当用五级分制时，两个指标对比按其重要程度分别给分，但两个指标得分之和必须为 5 分。相对权重确定的步骤是：先以第一个指标与其他指标对比，将每组中两个指标按其重要程度分别给分，并算出每组指标的比值；然后用同样方法确定其他指标与以后各指标的比值，如遇小数采取四舍五入以简化计算；最后以每个指标与其他指标对比所得总分占所有指标共得分数的比重确定其权重值。

　　例 6.2　系统中有 A、B、C、D、E 五个指标，按五级分制对比其相对重要性。指标 A 与指标 B、C、D、E 对比给分分别为 $1:4$、$2:3$、$3:2$、$4:1$。采用比例分配法确定所有指标相对权重如下：

　　先计算指标 A 与其他指标的比值：

$$\frac{A}{B} = \frac{\frac{1}{5}}{\frac{4}{5}} = \frac{1}{4}; \frac{A}{C} = \frac{\frac{2}{5}}{\frac{3}{5}} = \frac{2}{3}; \frac{A}{D} = \frac{3}{2}; \frac{A}{E} = \frac{1}{4}$$

再计算其他指标与以后指标的比值：

因为 $\dfrac{B}{C} = \dfrac{A}{C} \times \dfrac{B}{A} = \dfrac{2}{3} \times \dfrac{4}{1} = \dfrac{8}{3}$　　　　所以 $B = \dfrac{8}{8+3} \times 5 = 4; C = 1$

因为 $\dfrac{B}{D} = \dfrac{A}{D} \times \dfrac{B}{A} = \dfrac{3}{2} \times \dfrac{4}{1} = \dfrac{6}{1}$　　　　所以 $B = \dfrac{6}{7} \times 5 = 4; D = 1$

因为 $\dfrac{B}{E} = \dfrac{A}{E} \times \dfrac{B}{A} = \dfrac{4}{1} \times \dfrac{4}{1} = \dfrac{16}{1}$　　　所以 $B = \dfrac{16}{17} \times 5 = 5; E = 0$

因为 $\dfrac{C}{D} = \dfrac{A}{D} \times \dfrac{C}{A} = \dfrac{3}{2} \times \dfrac{3}{2} = \dfrac{9}{4}$　　　　所以 $C = \dfrac{9}{13} \times 5 = 3; D = 2$

因为 $\dfrac{C}{E} = \dfrac{A}{E} \times \dfrac{C}{A} = \dfrac{4}{1} \times \dfrac{3}{2} = \dfrac{6}{1}$　　　　所以 $C = \dfrac{6}{7} \times 5 = 4; E = 1$

因为 $\dfrac{D}{E} = \dfrac{A}{E} \times \dfrac{D}{A} = \dfrac{4}{1} \times \dfrac{2}{3} = \dfrac{8}{3}$　　　　所以 $D = \dfrac{8}{11} \times 5 = 4; E = 1$

权重值确定结果如表6.2所示。例如，因为 A：B = 1：4，故 A 得1分，B 得4分；又如，A：C = 2：3，故 A 得2分，C 得3分。

表6.2　比例分配法确定相对权重

指　　标	A	B	C	D	E	总　　分	权重值
A	–	1	2	3	4	10	0.20
B	4	–	4	4	5	17	0.34
C	3	1	–	3	4	11	0.22
D	2	1	2	–	4	9	0.18
E	1	0	1	1	–	3	0.06
合　　计		50	1.000				

6.2　模糊集理论在综合评价中的应用

6.2.1　基本概念

(1) 模糊集的概念

普通集合可以表达概念，如{1,2,…}表达了自然数这一概念。但普通集合不能表达所有的概念，例如"好"、"较好"、"适当"……就不能用普通集合表达，因为这种概念具有一种外延的不确定性。当对一个技术方案进行评价时，有时很难作出肯定或否定的回答，比如说在"较好"和"一般"之间就没有一个确定的界限。这种概念外延的不确定性称为模糊性。要表达这些模糊概念，以解决具有模糊性的实际问题，就必须把普通集合的概念加以推广，这就是模糊子集(简称模糊集合)。

（2）模糊矩阵的概念及运算

1）模糊矩阵

矩阵 $\boldsymbol{R} = (r_{ij})_{n \times m}$ 叫做一个模糊矩阵，如果对于任意的 $i \leqslant n$ 及 $j \leqslant m$ 都有 $r_{ij} \in [0,1]$。

2）模糊矩阵的合成

定义：一个 n 行 m 列模糊矩阵 $\boldsymbol{Q} = (q_{ij})_{n \times m}$，对一个 m 行 l 列的模糊矩阵 $\boldsymbol{R} = (r_{jk})_{m \times l}$ 的合成 $\boldsymbol{Q} \circ \boldsymbol{R}$ 为一个 n 行 l 列的模糊矩阵 $\boldsymbol{S}$，$\boldsymbol{S}$ 的第 i 行第 k 列的元素等于 $\boldsymbol{Q}$ 的第 i 行元素与 $\boldsymbol{R}$ 的第 k 列元素的对应元素两两先取小者，然后再在所得的结果中取较大者，即

$$S_{ik} = \bigvee_{j=1}^{m} (q_{ij} \wedge r_{jk}), \begin{pmatrix} 1 \leqslant i \leqslant n \\ 1 \leqslant k \leqslant l \end{pmatrix} \tag{6.9}$$

其中，$\vee$、$\wedge$ 均为扎德算子，"$\vee$"表示取最大，"$\wedge$"表示取最小。"$\circ$"为运算符，模糊矩阵的合成 $\boldsymbol{Q} \circ \boldsymbol{R}$ 也叫做 $\boldsymbol{Q}$ 对 $\boldsymbol{R}$ 的模糊乘积。

（3）隶属度的概念

要对 u_0 是否属于 $\underset{\sim}{A}_*$ 做 n 次模糊统计试验（如对"60 岁的人"是否属于"老年人"做一次意见调查），我们就可以得出 u_0 对 $\underset{\sim}{A}_*$ 的隶属频率 $\triangleq \dfrac{"u_0 \in \underset{\sim}{A}_* 的次数"}{n}$。只要试验次数 n 足够大，该隶属度频率就会稳定地趋于某一个值，这个值就称为 u_0 对 $\underset{\sim}{A}_*$ 的隶属度，记为

最大隶属度原则：若有 $i \in \{1,2,\cdots,n\}$，使

$$\mu_{Ai}(u_0) = \max(\mu_{A1}(u_0), \cdots, \mu_{An}(u_0)) \tag{6.10}$$

则认为 u_0 相对隶属于 $\underset{\sim}{A}_i$。

6.2.2　模糊综合评价

模糊综合评价就是一个模糊变换，其模型可分为一级和多级模型。

（1）一级模型

利用一级模型进行模糊综合评价的步骤大致如下：

1）确定评价对象的因素集

确定评价对象因素集 $X = \{x_1, x_2, \cdots, x_n\}$ 亦即确定指标体系。

例如，对某种住宅建筑体系进行综合评价时，可以从设计、施工、使用等方面考虑，对设计单位、施工单位和用户进行调查分析。由于三方面考虑的着眼点不同，可以建立如下评价指标集合。

施工单位：$X_1 = \{$工期、造价、施工单位难易程度、人工用量$\}$

设计单位：$X_2 = \{$造价、工期、材料消耗、人工用量、使用年限、美观$\}$

用户：$X_3 = \{$使用面积、舒适程度、房租$\}$

2）确定评价集

评价集 $Y = \{y_1, y_2, \cdots, y_m\}$ 又称决策集、评语集，就是对各项指标的满足程度确定可能出现的几种不同的评价等级，例如：

$Y = \{$很好、较好、一般、不好$\}$

3）单因素模糊评价

单因素模糊评价就是建立一个从 x 到 y 的模糊映射

$$f: \ X \rightarrow f(Y)$$

$$x_i \to r_{i1}/y_1 + r_{i2}/y_2 + \cdots + r_{im}/y_m$$
$$0 \leqslant r_{ij} \leqslant 1; i = 1, 2, \cdots, n; j = 1, 2, \cdots, m$$

由 f 可诱导出模糊关系,用矩阵

$$\underset{\sim}{\boldsymbol{R}} = \begin{pmatrix} r_{11} & r_{12} & \cdots & r_{1m} \\ r_{21} & r_{22} & \cdots & r_{2m} \\ \vdots & \vdots & & \vdots \\ r_{n1} & r_{n2} & \cdots & r_{nm} \end{pmatrix}$$

表示,称 $\underset{\sim}{\boldsymbol{R}}$ 为单因素模糊评价矩阵。

例如针对前述某种住宅建筑体系的综合评价,我们可邀请若干有经济的施工管理人员、技术人员和工人从施工单位的角度进行单因素评价。比如对工期这项指标,有 50% 的人认为很好,30% 的人认为较好,20% 的人认为一般,没有人认为不好,则得出统计结果:

工期 $\mapsto$ (0.5,0.3,0.2,0)

若对造价、施工难易程度、人工用量三项指标的指标的统计结果为

造价 $\mapsto$ (0.6,0.2,0.1,0.1)

施工难易程度 $\mapsto$ (0.3,0.2,0.4,0.1)

人工用量 $\mapsto$ (0.2,0.3,0.2,0.3)

我们便可得到单因素模糊评价矩阵:

$$\underset{\sim}{\boldsymbol{R}_1} = \begin{pmatrix} 0.5 & 0.3 & 0.2 & 0 \\ 0.6 & 0.2 & 0.1 & 0.1 \\ 0.3 & 0.2 & 0.4 & 0.1 \\ 0.2 & 0.3 & 0.2 & 0.3 \end{pmatrix}$$

4）确定权重值

这是指对因素集中的各因素（即指标体系中各项指标）的重要程度作出权重分配。

仍按上例,假定我们采用本章 6.1.3 中介绍的权重值确定方法得知从施工单位考虑的权重分配为

$$\underset{\sim}{\boldsymbol{A}_1} = (0.2,0.4,0.2,0.2)$$

对应着因素集:

$$x_i = \{工期、造价、施工难易程度、人工用量\}$$

5）模糊综合评价

按照模糊综合评价数学模型进行模糊合成,就可得出综合评价结果。

前例中,施工单位对某种住宅建筑体系的模糊综合评价为

$$\underset{\sim}{\boldsymbol{B}_1} = \underset{\sim}{\boldsymbol{A}_1} \circ \underset{\sim}{\boldsymbol{R}_1} = (0.2,0.4,0.2,0.2) \cdot$$

$$\begin{pmatrix} 0.5 & 0.3 & 0.2 & 0 \\ 0.6 & 0.2 & 0.1 & 0.1 \\ 0.3 & 0.2 & 0.4 & 0.1 \\ 0.2 & 0.3 & 0.2 & 0.3 \end{pmatrix} =$$

(0.4,0.2,0.2,0.2) =

(0.4/很好,0.2/较好,0.2/一般,0.2/不好)

由于 max(0.4,0.2,0.2,0.2) = 0.4,即对"很好"这一评价的隶属度最大。根据最大隶属度原则,得到施工单位对该种住宅建筑体系的评价结果为"很好"。

采用同样的方法,还可以得到设计单位和用户的综合评价结果 B_{II}、B_{III}。

将三方面的综合评价提供给最高决策者参考,从而做出总的综合评价结论。

(2)多级模型

1)问题的提出

假定有某种预制构件,其质量由九个指标 $x_1, x_2, \cdots, x_9$ 确定,构件的级别分为一级、二级、等外、废品,由有关专家、检验人员、用户组成一个单因素评价小组,得单因素模糊评价矩阵:

$$\underset{\sim}{R} = \begin{pmatrix} \underset{\sim}{R_1} \\ \underset{\sim}{R_2} \\ \underset{\sim}{R_3} \end{pmatrix}$$

其中,$\underset{\sim}{R_1} = \begin{pmatrix} 0.36 & 0.24 & 0.13 & 0.27 \\ 0.20 & 0.32 & 0.25 & 0.28 \\ 0.40 & 0.22 & 0.26 & 0.12 \end{pmatrix}$ $\underset{\sim}{R_2} = \begin{pmatrix} 0.30 & 0.28 & 0.24 & 0.18 \\ 0.26 & 0.36 & 0.12 & 0.26 \\ 0.22 & 0.42 & 0.16 & 0.10 \end{pmatrix}$

$\underset{\sim}{R_3} = \begin{pmatrix} 0.38 & 0.24 & 0.08 & 0.20 \\ 0.34 & 0.25 & 0.30 & 0.11 \\ 0.24 & 0.28 & 0.30 & 0.18 \end{pmatrix}$

若按指标的重要性给出的权重分配为

$\underset{\sim}{A} = (0.10, 0.12, 0.07, 0.07, 0.16, 0.10, 0.10, 0.10, 0.18)$

采用一级模型进行模糊综合评价,

$$\underset{\sim}{B} = \underset{\sim}{A} \circ \underset{\sim}{R} = (0.18, 0.18, 0.18, 0.18)$$

则得不出结果。原因于 $\underset{\sim}{B}$ 是由 $\underset{\sim}{A}$ 和 $\underset{\sim}{R}$ 的对应行列先取小后取大得到的,而权重 $\underset{\sim}{A}$ 的因素必须满足 $\sum\limits_{i=1}^{9} a_i = 1$,当指数数量多时,每个 a_i 一般说都很小,这样在取小运算中就容易被取上;另外,指标数量多时,要使各指标间的权重分配做到合理比较困难。

2)利用多级模型进行模糊综合评价的一般步骤

①将因素集 X 分成若干子集

因素集 X 按某种属性分成 s 个子集,记作

$$X_1, X_2, \cdots, X_3$$

满足 $\bigcup\limits_{i=1}^{s} X_i = X, X_i \cap X_j = \phi \quad (i \neq j)$。$\cup$、$\cap$ 分别为集合运算中并和交的运算符号,ϕ 表示空集,即 X_i 与 X_j 不相交。

设每个子集 $X_i = \{X_{i1}, X_{i2}, \cdots, X_{in}\} \quad (i = 1, 2, \cdots, s)$

$$\sum\limits_{i=1}^{9} n_i = n$$

其中,n 为因素集中全部因素数目。

②对每个子集 X_i 利用一级模型分别进行模糊综合评价

假定评价集 $Y = \{y_1, y_2, \cdots, y_m\}$,$X_i$ 中的各指标的权重分配为 $\underset{\sim}{A_i} = (a_{i1}, a_{i2}, \cdots, a_{in})$ 这里只要求 $\sum\limits_{j=1}^{n_i} a_{ij} = 1$。$X_i$ 的单因素模糊评价矩阵为 $\underset{\sim}{R_i}$,于是第一级模糊综合评价为

$$B_i = A_i \circ R_i = (b_{i1}, b_{i2}, \cdots, b_{im}) \qquad (i = 1, 2, \cdots, s)$$

③进行多级模糊综合评价

将每个 X_i 当作一个因素对待,用

$$R = \begin{pmatrix} B_1 \\ B_2 \\ \vdots \\ B_s \end{pmatrix} = (b_{ij})_{s \times m}$$

作为 $\{X_1, X_2, \cdots, X_s\}$ 的单因素模糊评价矩阵,而每个 X_i 作为 X 中的一部分,反映 X 的某种属性,并按相对重要性给出权重分配 $A = \{A_1^*, A_2^*, \cdots, A_s^*\}$,于是二级模糊综合评价

$$B = A \circ R \qquad (6.11)$$

二级模糊综合评价的模型框图如图 6.1 所示。

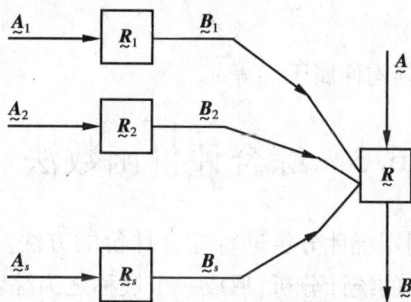

图 6.1　二级模糊综合评价模型框图

对于三级、四级以至更多级的模糊综合评价,均是在 R_i 的基础上再细分来完成的。此时可将指标利用模糊聚类分析先行分类,然后从最低一级评价逐步做到最高一级评价,从而得出结论。

现将前面所述某种预制构件的级别评定问题改用多级模型来解决。该问题的因素集 $X = \{x_1, x_2, \cdots, x_9\}$,评价集 $Y = \{$一级、二级、等外、废品$\}$,单因素模糊评价矩阵为

$$R = \begin{pmatrix} R_1 \\ R_2 \\ R_s \end{pmatrix}_{9 \times 4}$$

假定按某种属性将 X 分为 $X_1 = \{x_1, x_2, x_3\}$,$X_2 = \{x_4, x_5, x_6\}$,$X_3 = \{x_7, x_8, x_9\}$,它们所对应的单因素模糊综合评价矩阵分别为 R_1, R_2, R_3,得出第一级模糊综合评价结果如表 6.3 所示。

取 $R = \begin{pmatrix} B_1 \\ B_2 \\ B_3 \end{pmatrix}$ 为 $X = \{X_1, X_2, X_3\}$ 的单因素模糊综合评价矩阵,若采用本章 6.1.3 中权重值确定方法得出权重分配 $A_1 = (0.2, 0.35, 0.45)$。

表 6.3 预制构件质量级别评定的第一级模糊综合评价

表 6.3 预制构件质量级别评定的第一级模糊综合评价

因素集	权重分配	第一级模糊综合评价 $\underset{\sim}{B_i} = \underset{\sim}{A_i} \circ \underset{\sim}{R_i}$
X_1	$\underset{\sim}{A_1} = (0.3, 0.42, 0.38)$	$\underset{\sim}{B_1} = \underset{\sim}{A_1} \circ \underset{\sim}{R_1} = (0.3, 0.32, 0.26, 0.27)$
X_2	$\underset{\sim}{A_2} = (0.2, 0.5, 0.3)$	$\underset{\sim}{B_2} = \underset{\sim}{A_2} \circ \underset{\sim}{R_2} = (0.26, 0.36, 0.2, 0.2)$
X_3	$\underset{\sim}{A_3} = (0.3, 0.3, 0.4)$	$\underset{\sim}{B_3} = \underset{\sim}{A_3} \circ \underset{\sim}{R_3} = (0.3, 0.28, 0.3, 0.2)$

第二级综合评价

$$\underset{\sim}{B} = \underset{\sim}{A} \circ \underset{\sim}{R} = (0.2, 0.35, 0.45)\begin{pmatrix} 0.3 & 0.32 & 0.26 & 0.27 \\ 0.26 & 0.36 & 0.2 & 0.2 \\ 0.3 & 0.28 & 0.3 & 0.2 \end{pmatrix} =$$

$$(0.3, 0.35, 0.3, 0.2)$$

根据最大隶属度原则,该种预制构件属于二等品。

6.3 综合评价函数法

综合评价函数法是一种利用统计分析进行综合评价的方法。这种方法的基本思路是:通过对每个技术方案各项指标值的统计分析,形成一个被称之为综合评价函数的数学模型;然后将每个方案的各项指标值代入综合评价函数,求得每个方案的综合评价函数值作为综合单指标评价值;根据该值的大小来比较各方案的优劣,为决策提供科学的依据。

6.3.1 基本内容与特点

(1)评价指标的无量纲化

设有 m 个定量评价指标 $x_1, x_2, \cdots, x_m$,且已取得 n 个技术方案 m 项评价指标的观测数据 $x_{ij}(i=1,2,\cdots,n; j=1,2,\cdots,m)$ 作为以下研究的基础。

为了尽可能地反映实际情况,排除由于量纲不同带来的困难以及数据大小悬殊对计算精度的影响,可先将指标无量纲化,即取

$$x_{ij}^* = \frac{x_{ij} - \bar{x}_j}{s_j} \quad (i=1,2,\cdots,n; j=1,2,\cdots,m) \tag{6.12}$$

式中, $\bar{x}_j = \frac{1}{n}\sum_{i=1}^{n} x_{ij} \quad (j=1,2,\cdots,m)$

$$s_j = \sqrt{\frac{1}{n}\sum_{i=1}^{n}(x_{ij} - \bar{x}_j)} \quad (j=1,2,\cdots,m)$$

$\bar{x}_j$ 和 s_j 分别表示第 j 个指标的样本平均值和样本均方差。显然, x_{ij}^* 的样本平均值为 0,样本均方差为 1,以后仍记 x_{ij}^* 为 x_{ij},并称为"标准观测值"。

(2)综合评价函数的产生

取指标向量 $x = (x_1, x_2, \cdots, x_m)^\tau$ 的线性函数

$$y = \sum_{j=1}^{m} b_j x_j = \boldsymbol{b}^{\tau} \boldsymbol{x} \qquad (6.13)$$

为技术方案的综合评价函数。$\boldsymbol{b} = (b_1, b_2, \cdots, b_m)^{\tau}$ 是 m 维持定向量。如用第 i 个技术方案的 m 个观测值 $x_i = (x_{i1}, x_{i2}, \cdots, x_{im})^{\tau}$ 代替(6.13)式中的 $\boldsymbol{x}$，则第 i 个技术方案的综合单指标评价值 y_i 为

$$y_i = \boldsymbol{b}^{\tau} \boldsymbol{x}_i \quad (i = 1, 2, \cdots, n) \qquad (6.13)'$$

令

$$\boldsymbol{y} = \begin{pmatrix} y_1 \\ y_2 \\ \vdots \\ y_n \end{pmatrix} \qquad \boldsymbol{X} = \begin{pmatrix} x_{11} & x_{12} & \cdots x_{1m} \\ x_{21} & x_{22} & \cdots x_{2m} \\ \vdots & \vdots & \vdots \\ x_{n1} & x_{n2} & \cdots x_{nm} \end{pmatrix}$$

则(6.13)′式可写成

$$\boldsymbol{y} = \boldsymbol{X}\boldsymbol{b} \qquad (6.14)$$

确定向量 $\boldsymbol{b}$ 的准则是：能最大限度地体现出"质量"不同的技术方案之间的差异，用数学语言来说，就是求指标向量 $\boldsymbol{x}$ 的线性函数 $\boldsymbol{b}^{\tau}\boldsymbol{x}$，使此函数对 n 个技术方案取值的分散程度或方差尽可能地大。而变量 $\boldsymbol{y} = \boldsymbol{b}^{\tau}\boldsymbol{x}$ 按 n 个技术方案取值构成的样本方差为

$$\sigma^2 = \frac{1}{n} \sum_{i=1}^{n} (y_i - \bar{y})^2 = \frac{1}{n} \boldsymbol{y}^{\tau} \boldsymbol{y} - \bar{y}^2$$

将 $\boldsymbol{y} = \boldsymbol{X}\boldsymbol{b}$ 代入上式，并注意到原始数据标准化处理使 $\bar{y} = 0$，于是有

$$n\sigma^2 = \boldsymbol{b}^{\tau} \boldsymbol{X}^{\tau} \boldsymbol{X} \boldsymbol{b} = \boldsymbol{b}^{\tau} \boldsymbol{H} \boldsymbol{b} \qquad (6.15)$$

式中，$\boldsymbol{H} = \boldsymbol{X}^{\tau}\boldsymbol{X}$，$\boldsymbol{H}$ 为对称正定矩阵。

显然，对 $\boldsymbol{b}$ 不加限制时，(6.15)式可取任意大的值。这里限定 $\boldsymbol{b}^{\tau}\boldsymbol{b} = 1$，求(6.15)式的最大值，实际上就是求

$$\boldsymbol{b}^{\tau} \boldsymbol{H} \boldsymbol{b} / \boldsymbol{b}^{\tau} \boldsymbol{b}$$

取值最大的向量 $\boldsymbol{b}$。

可以证明，取 $\boldsymbol{b}$ 为对称正定矩阵 $\boldsymbol{H}$ 的最大特征值所对应的特征向量时，方差 $\boldsymbol{b}^{\tau}\boldsymbol{H}\boldsymbol{b}$ 取值最大。

（3）运算步骤框图

如果待评价比较的方案很多，且每一方案涉及的指标也很多时，宜用计算机来帮助解决计算上的困难。综合评价函数法计算机计算程序框图如图6.2：

（4）方法的特点

综合评价函数法是一种加权综合评价法，但其权重分配 $\boldsymbol{b}$ 是按照观测数据在最大限度内

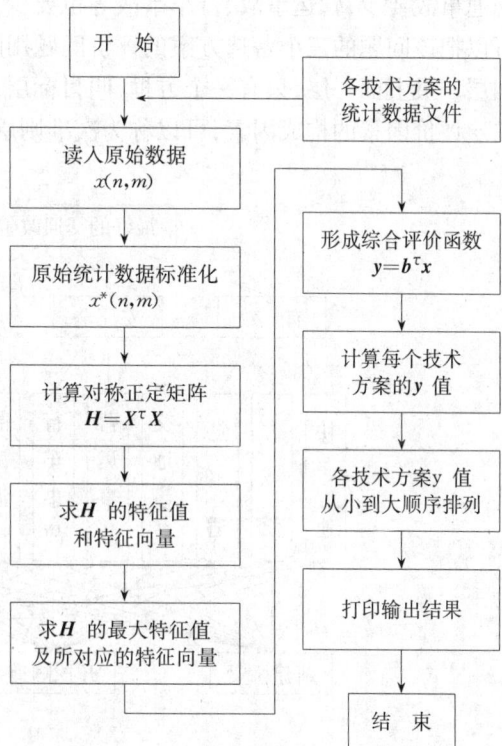

图6.2　综合评价函数法计算程序框图

体现方案之间差异的原则下产生的,因此,不依赖于人们的主观意识,而是充分利用客观数据所提供的信息进行客观的评价,因而结果更具有说服力。

此外,这种方法主要适用于技术方案定量指标的综合评价,如果方案涉及定性指标,则可采用本章6.1中所介绍的方法将定性指标转化为定量的描述,然后再运用此法进行评价。

6.4　层次分析法

层次分析法也是一种多方案多评价因素的评价方法,又叫 AHP 法。AHP 法是 70 年代提出的,从 80 年代开始在我国流行。时至今日,仍有许多人对此法进行改进和完善。AHP 法是一种定性与定量评价相结合的方法,特别适用于评价因素难以量化且结构复杂的评价问题。

AHP 法的基本做法是,首先把评价因素分解成若干层次,接着自上而下对各层次诸评价因素两两比较(类似于环比评分法),得出评价结果。然后,通过计算,自下而上把各层次的评价结果综合在一个评价因素,即评价目标下,即可得到诸系统方案的优劣顺序,供决策者决策时参考。

例6.3　某城市被一河流分为两部分,两岸间的交通需要改善。现提出了三个方案:再架一桥;在河床下挖一隧道和建设渡轮码头。这三个方案中要选出最好的一个实施。因此评价目标是"最好的交通改善方案"。那么怎样才算是最好的呢? 可以提出下述四个评价因素:有效、安全、经济和环境协调。那么,如何才算有效呢? 快速、方便、舒适;安全又应怎样理解呢? 交通事故要少,营运事故、行车事故等也要少。同样,经济的含义也有几个方面。这样,我们就可以把该问题的三个备选方案的评价问题用图表示出来(见图 6.3)。图 6.3 从上到下共分了四层。最上面一层,只有一个方框,叫目标层;第二层有三个评价因素,叫准则层;第三层是第二层评价因素的构成因素,可以称为次准则层;最下面一层,叫方案层。

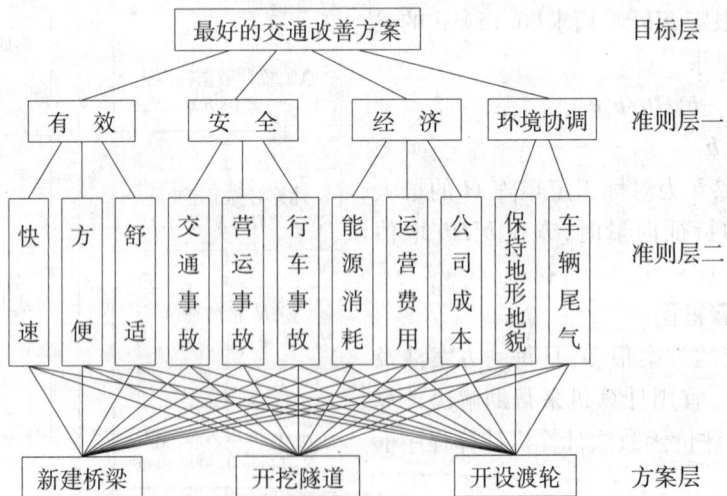

图 6.3　AHP 评价模型

一般说来,要处理这样复杂的评价问题,AHP 的做法是:先对问题所涉及的因素进行分类,然后构造一个各因素之间相互的联结的层次结构模型。因素可分三类。第一是目标类,如上面例中的"最好的交通改善方案";第二为准则类,是衡量各方案是否符合目标的标准,如"有效","快速","安全","交通事故少"等等;第三是方案措施类,即实现目标的方案、方法、手段等等,如再架一桥。

建立多因素多层次评价模型是一项很细致的工作,要有丰富的知识和一定经验,要进行认真的分析。

在具体说明 AHP 法的计算过程之前,先介绍一下 n 个因素的重要性程度的排序与其中任意两个重要性之比的关系。设有 n 个因素 $F_1, F_2, \cdots, F_n$,其重要性大小用 $\omega_1, \omega_2, \cdots, \omega_n$ 表示,其中任意两个的重要性之比可排成一个 $n \times n$ 的矩阵 A,即

$$A = \begin{pmatrix} \omega_1/\omega_1 & \omega_1/\omega_2 & \cdots & \omega_1/\omega_n \\ \omega_2/\omega_1 & \omega_2/\omega_2 & \cdots & \omega_2/\omega_n \\ \cdots & \cdots & \cdots & \cdots \\ \omega_n/\omega_1 & \omega_n/\omega_2 & \cdots & \omega_n/\omega_n \end{pmatrix}$$

若用 a_{ij} 表示 ω_i/ω_j,则矩阵 A 有下列性质:

(1) $a_{ii} = 1$,

(2) $a_{ij} = 1/a_{ji}$,　$1 \leqslant i, j \leqslant n$

(3) $a_{ij} = a_{ik}/a_{kj}$,　$1 \leqslant i, j \leqslant n$

另外,若用 $W = (\omega_1, \omega_2, \cdots, \omega_n)^T$ 表示这 n 个因素的重要性程度向量,则有

$$AW = \begin{pmatrix} \omega_1/\omega_1 & \omega_1/\omega_2 & \cdots & \omega_1/\omega_n \\ \omega_2/\omega_1 & \omega_2/\omega_2 & \cdots & \omega_2/\omega_n \\ \cdots & \cdots & \cdots & \cdots \\ \omega_n/\omega_1 & \omega_n/\omega_2 & \cdots & \omega_n/\omega_n \end{pmatrix} \begin{pmatrix} \omega_1 \\ \omega_2 \\ \vdots \\ \omega_n \end{pmatrix} = n \begin{pmatrix} \omega_1 \\ \omega_2 \\ \vdots \\ \omega_n \end{pmatrix} = nW \tag{6.16}$$

或
$$(A - nI)W = 0$$

这就是说,W 是 A 的特征向量,n 是特征值。若 W 事先未知,则可根据决策者对 n 个评价因素之间两两相比的关系,主观作出比值的判断矩阵 $\overline{A}$。

若判断矩阵 $\overline{A}$ 具有上述性质(1) - (3),则 $\overline{A}$ 具有惟一非零的最大特征值 $\lambda_{max} = n$。然而,人们对复杂的 n 个因素,两两比较时,不可能做到判断的完全一致性,这必然会造成特征值及特征向量中的偏差,这对 $AW = nW$ 变成了 $\overline{A}W' = \lambda_{max}W'$,这里 λ_{max} 是 $\overline{A}$ 的最大特征值,一般不会等于 n,W' 是带有偏差的重要程度向量。

为了衡量两两比较的一致性,我们定义一致性指标 CI:

$$CI = \frac{\lambda_{max} - n}{n - 1} \tag{6.17}$$

当完全一致时,$\lambda_{max} = n$,$CI = 0$;CI 值越大,判断矩阵的一致性越差。一般只要 $CI \leqslant 0.1$,就可以认为判断的一致性可以接受,否则重新进行两两比较判断。

评价因素越多,即判断矩阵的维数 n 越大,判断的一致性将越差,故应放宽对高维判断矩阵一致性的要求。于是引入修正值 RI,见表6.4。修正后的一致性指标用 CR 表示,则

$$CR = CI/RI$$

表6.4

维 数	1	2	3	4	5	6	7	8	9
RI	0	0	0.58	0.96	1.12	1.24	1.32	1.41	1.45

为了量化各因素间的两两比较结果,引入1~9标度。根据心理学家的研究结果;人们区分信息等级的极限能力为7±2,因此采用表6.5中的1~9标度。从表6.5中可以看到,在构造判断矩阵 A(为了简化,省略 A 顶上的一横)时只要给出 $n(n-1)/2$ 个判断数值就行了。除了表6.5中的1~9标度法外,还有许多别的标度法。

表6.5

标度 a_{ij}	定 义
1	i 因素与 j 因素同等重要
3	i 因素比 j 因素略重要
5	i 因素比 j 因素重要
7	i 因素比 j 因素重要得多
9	i 因素比 j 因素绝对重要
2,4,6,8	介于以上两种判断之间的状态的标度
倒 数	若 j 因素与 i 因素比较,得到的结果为 $a_{ji} = 1/a_{ij}$

介绍完了判断矩阵及标度法之后,就可以讨论 W(为了方便,省略 W' 右肩上的一撇)和 $\lambda_{\max}$ 的计算了。

一般而言,AHP 法中判断矩阵 A 的最大特征值与特征向量用近似方法计算就行了。下面只介绍其中最简单的一种。

$$W = (\omega_1, \omega_2, \cdots, \omega_n)^T$$

$$\omega_i \approx \sum_{j=1}^{n} a_{ij} / \sum_{i=1}^{n} \sum_{j=1}^{n} a_{ij}, 1 \leqslant i \leqslant n$$

$$\lambda_{\max} = \frac{1}{n} \sum_{i=1}^{n} \frac{(AW)_i}{\omega_i} \tag{6.18}$$

以上 W 只是 AHP 评价模型某一层次上各因素相对于上一层某一具体因素的重要性向量,最终都要自下而上组合起来,变成各系统方案相对于评价目标的重要性向量,组合方法通过下面一个具体例子来说明。

例6.4 某投资公司有一笔资金可用于4种方案:投资房地产;购买股票;投资工业实业和高技术产业。这4个投资方案哪个最好? 所谓好,指收益大,风险低和周转快。

解 此例的 AHP 评价模型不难构造,已画在图6.4中。

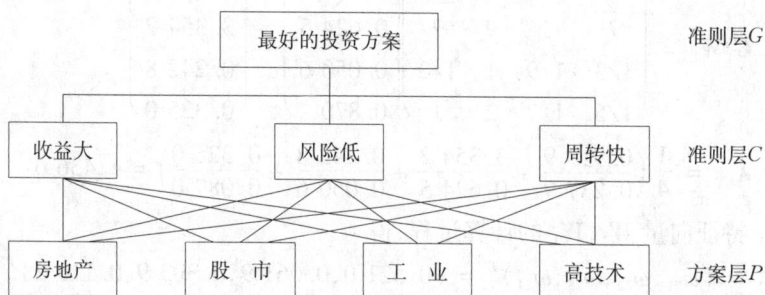

图 6.4

第一步,先形成准则层三个因素相对于目标层的判断矩阵 G

$$G = \begin{pmatrix} 1 & 1/3 & 3 \\ 3 & 1 & 5 \\ 1/3 & 1/5 & 1 \end{pmatrix}$$

第二步,再分别形成方案层四个方案相对于准则层三个因素的判断矩阵 C_1, C_2, C_3

$$C_1 = \begin{pmatrix} 1 & 1/7 & 3 & 5 \\ 7 & 1 & 9 & 7 \\ 1/3 & 1/9 & 1 & 1/2 \\ 1/5 & 1/7 & 2 & 1 \end{pmatrix}, \quad C_2 = \begin{pmatrix} 1 & 5 & 3 & 7 \\ 1/5 & 1 & 1/5 & 1/2 \\ 1/3 & 5 & 1 & 3 \\ 1/7 & 2 & 1/3 & 1 \end{pmatrix}, \quad C_3 = \begin{pmatrix} 1 & 1/7 & 3 & 5 \\ 7 & 1 & 9 & 7 \\ 1/3 & 1/9 & 1 & 1/2 \\ 1/5 & 1/7 & 2 & 1 \end{pmatrix}$$

第三步,分别计算 G, C_1, C_2, C_3 的特征向量和特征值,得到

$$W_G = (\omega_1, \omega_2, \omega_3)^T$$

其中

$$\omega_1 = (1 + 1/3 + 3)/(1 + 1/3 + 3 + 3 + 1 + 5 + 1/3 + 1/5 + 1) = 0.291\ 5$$

$$\omega_2 = (3 + 1 + 5)/(1 + 1/3 + 3 + 3 + 1 + 5 + 1/3 + 1/5 + 1) = 0.605\ 4$$

$$\omega_3 = (1/3 + 1/5 + 1)/(1 + 1/3 + 3 + 3 + 1 + 5 + 1/3 + 1/5 + 1) = 0.103\ 1$$

$$GW_G = \begin{pmatrix} 1 & 1/3 & 3 \\ 3 & 1 & 5 \\ 1/3 & 1/5 & 1 \end{pmatrix} \begin{pmatrix} 0.291\ 5 \\ 0.605\ 4 \\ 0.103\ 1 \end{pmatrix} = \begin{pmatrix} 0.802\ 6 \\ 1.995\ 4 \\ 0.321\ 3 \end{pmatrix}$$

$$\lambda_G = \frac{1}{3}\left(\frac{0.802\ 6}{0.291\ 5} + \frac{1.995\ 4}{0.605\ 4} + \frac{0.321\ 3}{0.103\ 1}\right) = 3.055\ 4$$

$$W_1 = (\omega_{11}, \omega_{12}, \omega_{13}, \omega_{14})^T$$

其中

$$\omega_{11} = (1 + 1/7 + 3 + 5)/(1 + 1/7 + 3 + 5 + 7 + 1 + 9 + 7 + 1/3 +$$
$$1/9 + 1 + 1/2 + 1/5 + 1/7 + 2 + 1) = 0.237\ 9$$

$$\omega_{12} = 0.624\ 5$$

$$\omega_{13} = 0.050\ 6$$

$$\omega_{14} = 0.870$$

$$C_1 W_1 = \begin{pmatrix} 1 & 1/7 & 3 & 5 \\ 7 & 1 & 9 & 7 \\ 1/3 & 1/9 & 1 & 1/2 \\ 1/5 & 1/7 & 2 & 1 \end{pmatrix} \begin{pmatrix} 0.237\ 9 \\ 0.624\ 5 \\ 0.050\ 6 \\ 0.870 \end{pmatrix} = \begin{pmatrix} 0.913\ 9 \\ 3.354\ 2 \\ 0.242\ 8 \\ 0.325\ 0 \end{pmatrix}$$

$$\lambda_{C1} = \frac{1}{4}\left(\frac{0.913\ 9}{0.237\ 9} + \frac{3.354\ 2}{0.624\ 5} + \frac{0.242\ 8}{0.050\ 6} + \frac{0.325\ 0}{0.087\ 0}\right) = 4.436\ 6$$

以下省去 C_2,C_3 特征向量 W_2,W_3 的计算过程,得

$$W_2 = (\omega_{21},\omega_{22},\omega_{23},\omega_{24})^T = (0.521\ 0,0.061\ 9,0.303\ 9,0.113\ 2)^T$$

$$C_2 W_2 = \begin{pmatrix} 1 & 5 & 3 & 7 \\ 1/5 & 1 & 1/5 & 1/2 \\ 1/3 & 5 & 1 & 3 \\ 1/7 & 2 & 1/3 & 1 \end{pmatrix} \begin{pmatrix} 0.521\ 0 \\ 0.061\ 9 \\ 0.303\ 9 \\ 0.113\ 2 \end{pmatrix} = \begin{pmatrix} 2.534\ 6 \\ 0.283\ 5 \\ 1.126\ 7 \\ 0.412\ 7 \end{pmatrix}$$

$$\lambda_{C2} = \frac{1}{4}\left(\frac{2.534\ 6}{0.521\ 0} + \frac{0.283\ 5}{0.061\ 9} + \frac{1.126\ 7}{0.303\ 9} + \frac{0.412\ 7}{0.113\ 2}\right) = 4.199\ 5$$

$$W_3 = (\omega_{31},\omega_{32},\omega_{33},\omega_{34})^T = (0.237\ 9,0.624\ 5,0.050\ 6,0.087\ 0)^T$$

$$C_3 W_3 = C_1 W_1 = \begin{pmatrix} 0.913\ 9 \\ 3.354\ 2 \\ 0.242\ 8 \\ 0.325\ 0 \end{pmatrix}$$

$$\lambda_{C3} = \lambda_{C1} = 4.436\ 6$$

第四步,对各级各因素判断矩阵进行一致性检验,得

$$G:CR = \frac{3.055\ 4 - 3}{3 - 1} \times \frac{1}{0.58} = 0.05 < 0.1,可以。$$

$$C_1:CR = \frac{4.436\ 6 - 4}{4 - 1} \times \frac{1}{0.96} = 0.15 > 0.1,一致性差一些,按理应重新构造判断矩阵,但$$

在本例中,要求放松些,就算一致性检验通过。

$$C_2:CR = \frac{4.195\ 5 - 4}{4 - 1} \times \frac{1}{0.96} = 0.07 < 0.1,可以。$$

C_3:情况与 C_1 相同。

第五步,自下而上组合评价结果

$$W = \omega_1 W_1 + \omega_2 W_2 + \omega_3 W_3 = 0.291\ 5 \times \begin{pmatrix} 0.237\ 9 \\ 0.624\ 5 \\ 0.050\ 6 \\ 0.087\ 0 \end{pmatrix} + 0.605\ 4 \times \begin{pmatrix} 0.521\ 0 \\ 0.061\ 9 \\ 0.303\ 9 \\ 0.113\ 2 \end{pmatrix} +$$

$$0.103\ 1 \times \begin{pmatrix} 0.237\ 9 \\ 0.624\ 5 \\ 0.050\ 6 \\ 0.087\ 0 \end{pmatrix} = \begin{pmatrix} 0.409\ 3 \\ 0.283\ 9 \\ 0.204\ 0 \\ 0.102\ 8 \end{pmatrix}$$

根据 W 中各方案的相对重要性大小可知,在我国目前(1990 年以来)房地产投资是收益大、风险低、资金周转快最好的投资方案,而投资股市次之,投资工业第三,投资高技术最差。

当然,如果换一个人,而不是本书编者来构造判断矩阵,结论会有所不同。

从上面对 AHP 法的介绍和本节例 6.4 可以看出,AHP 法的评价结果是强烈依赖该法使用者个人的知识、经验和判断的。现在有不少人在研究如何使该法更客观。但无论如何,AHP 法是一个很好的评价方法,其主要优点就是把其他方法难以量化的评价因素通过两两比较加以量化,把复杂的评价因素构成化解为一目了然的层次结构,使评价过程程序化,易于使用。正因为如此,AHP 法在我国得到了广泛使用。

练 习 题

1. 施工项目投标报价的选择问题是一个多目标综合评价问题,根据你的专业知识,设计一道投标报价选择的习题,并运用本章所介绍的方法求解,得出基本结论。

第7章 价值工程

7.1 价值工程概述

7.1.1 价值工程的起源

价值工程(Valua Engineering)简称VE,是1947年由美国通用电器公司工程师拉里·迈尔斯首先提出并研究的。在第二次世界大战期间,他在寻找急需而无法获得的石棉板时,找到了它的替代物并降低了成本,从中发现了商品的功能与成本之间的关系。由此,他提出:"如果得不到所需的材料或物品,可以想办法得到它的功能"的思想。经过研究他认为,要设计出物美价廉的产品,必须认识到:用户需要的不是产品本身,而是它的功能,并且是按照功能的必要程度来付款的,因此要以研究用户对产品所要求的功能为基础进行产品设计。于是设计物美价廉的产品这一问题,变成以最低费用(成本)提供用户所要求的功能的问题,改变了以产品为中心的传统观念,确立了以功能分析为中心的新思想。迈尔斯对此进行了大量研究,创立了功能分析、功能定义和功能评价的方法——价值工程(VE)。

战后的实践证明:价值工程是一种新兴的工程经济方法,它用"价值"的概念,把技术和经济统一起来,谋求用最低的成本,获得必要的功能。在满足使用者需要的同时,可以使企业和社会都获得最佳的经济效果,使得有限的资源得到充分合理的利用。

7.1.2 基本概念

(1)什么是价值工程

价值工程是着重功能分析,力求以最低的寿命周期费用,可靠地实现对象的必要功能的有组织的创造性活动。价值工程有三个方面的含义。

1)VE的目的是提高对象的价值。即用最低的寿命周期成本实现产品的必要功能,使用户和企业都得到最大的经济效益。这里的寿命周期费用是指产品从开发、设计、制造、使用、维修直至报废的经济寿命周期的总费用。

2)VE的核心是对产品进行功能系统分析。即对功能与成本之间的关系进行定性和定量的分析,搞清产品的基本功能和辅助功能,哪些是用户需要的,哪些是用户不需要的,分析各功能之间的关系,找出新的解决办法。

3)VE的组织特性是依靠集体智慧进行有组织的创造性活动。VE活动不应该是个别人或个别科室的独立活动,而是依靠由各方面人员组织起来的智慧和力量,开展有组织有领导、按一定工作程序进行的集体设计活动。因为,提高VE对象价值的任务是一项系统工程,它涉及企业生产经营的各个部门、各个环节,需要依据各方面的专家和有经验的职工,运用多种学科的知识和经验,进行有组织的共同努力才能获得成功。

(2)价值的含义

VE 中的"价值"是指对象(产品、工作或服务)的功能同获得该功能所花费的全部费用之比。表达式为:

$$V = \frac{F}{C} \tag{7.1}$$

式中:V——价值(价值系数);

F——功能(对象的效用);

C——成本(寿命周期成本)。

VE 中"价值"的含义比较接近人们通常口语中"价值"的概念。例如,我们在日常生活中购买商品,特别是消费品,首先要看看或了解该商品有什么作用、是干什么的、质量如何,再看看要花多少钱,然后两者比较一下,看看值不值得买。如果质量很好、价钱还可以,或者质量一般但价钱便宜,就认为值得买,否则就不买。这就是说,顾客(用户)在购买商品时,一般要同时考虑商品的质量和价格,来评定商品的价值。

如果从企业的角度来对产品价值评定时,往往把公式中的成本(C)看做为制造该产品所投入的人力、物力资源,即"输入";把功能(F)看做产品能满足用户的效用,即"输出"。那么,"价值"就相当于从产品中所获得的经济效益,即

$$价值 = \frac{F}{C} = \frac{输出}{输入} = 经济效益$$

由此可见,VE 是根据功能与成本比值来判断产品的经济效益,其目的是提高对象(产品)的价值。而要提高价值,只有在功能和成本上下功夫。

(3)提高价值的基本途径

VE 致力于提高价值,如前所述,根据 $V = \dfrac{F}{C}$ 公式,只能在功能与成本两个方面下功夫。但是,采取什么途径来提高产品的价值,不仅是一个技术和经济问题,而且更重要的是一个经营思想和策略问题。以下是提高价值的五种基本途径。

1)通过改进设计,保证功能不变,而使实现功能的成本有所下降,即

$$\frac{F \rightarrow}{C \downarrow} = V \uparrow$$

2)通过改进设计,保持成本不变,即使功能有所提高,如提高产品的性能、可靠性、寿命、维修性等,以及在产品中增加某些用户希望的功能,即

$$\frac{F \uparrow}{C \rightarrow} = V \uparrow$$

3)通过改进设计,虽然成本有所上升,但换来功能大幅度的提高,即

$$\frac{F \uparrow \uparrow}{C \uparrow} = V \uparrow$$

这种情况下,顾客可以用稍高的价钱买到比原来质量高很多的产品。这种途径适用于中、高档产品和多功能产品,特别是升级换代产品。因为只要使产品具有某些独特的功能,就会比同类产品更具有竞争力,这种产品即使价格稍贵些,顾客也愿意购买。

4)对于某些消费品,在不严重影响使用要求的情况下,适当降低产品功能的某些非主要

方面的指标,以换取成本较大幅度的降低,即

$$\frac{F\downarrow}{C\downarrow\downarrow} = V\uparrow$$

这样的商品在当前人们生活水平还比较低,讲究"实惠",对价格较为敏感的情况下,还是有广阔市场的。

5)通过改进设计,即提高功能,又降低成本从而使价值大幅度提高,即

$$\frac{F\uparrow}{C\downarrow} = V\uparrow\uparrow$$

这是最理想的途径,也是对资源最有效的利用。这样的产品才是真正的"物美价廉",最受人们欢迎的产品。当然,要做到这一点,需要在技术上有所突破,在管理上有所改善。

以上运用价值公式和经营管理常识,分析了提高价值的几种可能途径。但是,每个企业究竟应该采用哪一种,要从本企业的实际条件出发,加强市场调查,分析消费者的心理及对产品特性的要求,然后才能作出正确的决策。

7.1.3 *VE* 的工作程序

VE 的工作程序,按一般的决策过程划分为分析问题、综合研究与方案评价三个阶段,以及选择对策、收集情报、功能分析与研究、方案创造、方案评价与选择、方案实施与成果评价六个具体步骤。把三个阶段和六个具体步骤及 7 个提问分别对应列于表 7.1。

表 7.1　VE 的阶段、步骤与提问

阶　　段	具 体 步 骤	VE 提 问
分析问题	选择对象 收集情报 功能分析与评价	VE 的对象是什么? 它的作用是什么? 它的成本是多少? 它的价值是多少?
综合研究	方案创造	有无其他方法实现其功能
方案评价	方案评价与选择 方案实施与成果评价	新方案的成本是多少? 新方案能可靠地实现所要求的功能吗?

分析问题是将研究对象进行详细分解,从各个侧面进行分析,弄清是否有问题? 是什么问题? 有多大问题? VE 以功能为中心来分析问题,采用功能分析的方法,包括功能定义、功能整理和功能评价,对 VE 对象的功能、成本、价值进行定性和定量分析,为 *VE* 对象的改进提供依据。

综合研究是综合各方面情况来制订解决问题的方案。

方案评价阶段是对提出的多种设想和方案进行评价、筛选、择优,以确定和选择最佳方案。最后,方案还要付诸实施,以达到改进 VE 对象、满足用户要求的目的。

7.2 VE 对象的选择与情报收集

7.2.1 对象的选择

VE 的对象就是生产中存在的问题,它可以是一个系统、一种产品、一台设备或一项工程,也可以是它们中的某些组成部分。选择对象的范围很广,题目可大可小,应根据用户与企业对产品改进的实际需要与可能而定。一般 VE 对象的确定大致可从下列几个方面考虑。

1)成本大的产品。成本大的产品有两种情况:一是指某种产品占本厂成本大的,只要这种产品成本降低,本厂成本就降低;另一种是指与同类产品相比成本较大的产品。

2)产量大的产品。对于产量大而收益低,产量大而工艺复杂,产量大而消耗高,产量大而废品率高的产品可选为 VE 对象。由于这类产品生产数量大,每个产品只要成本略有降低或收益略有增加,积累的效益就很大。

3)用户意见多的产品。由于产品质量差,用户针对存在的问题,来信来函或提出索赔,这类产品可作为 VE 对象。要搞清楚是什么问题,提出解决问题的方法,提高产品质量,以满足用户的要求。

4)结构复杂的产品。对于结构复杂的产品,通过功能分析可达到简化结构,减少、合并零件,降低成本,提高功能的目的。

5)投入人力、物力、财力不多,预计可在较短时期内取得一定经济效果的项目。

6)情报资料较齐全或易于获得,目标较明确,预计发展前景较好的项目。

7)具有该方面的技术人才和管理人才,预计成功可能性较大项目。

8)同企业的发展方针、产品方向关系密切,适应社会需要且亟待改进的项目。

初次进行 VE 的单位,选择对象应本着先易后难、先小后大的原则,从比较熟悉、改进潜力较大的方面着手,取得经验后,再逐步扩大应用范围。

7.2.2 选择 VE 对象的方法

常用的方法有以下几种,每种方法均有自己的优缺点和适用范围,应根据具体情况灵活运用或组合应用。

(1)经验分析法

经验分析法指根据上述选择对象的几个方面进行分析,区别轻重主次,既要考虑需要,又要考虑可能,由 VE 人员凭经验确定对象。

这是一种主观的定性分析方法,在时间比较紧迫或资料不齐全的情况下,利用此法较为方便。

(2)ABC 分类法

这是通过主次因素分析来确定 VE 对象的方法。它是根据"关键的少数,次要的多数"的思想,对复杂事物的分析提供了一种抓主要矛盾的简明而有效的定量方法。

在 VE 中,ABC 分类法又称为成本比重分析法,其原理是:按零件成本在整个产品成本中的比重大小来选择 VE 对象。具体

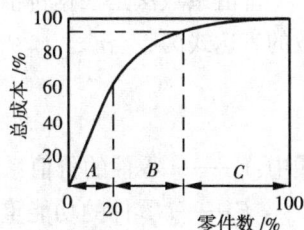

图 7.1 ABC 分类

做法是:把产品零件按其成本大小顺序排列,进行 *ABC* 分类,然后选取前边 10% ~20% 的 *A* 类零件(其成本占产品总成本的 60% ~80%)作为 VE 对象。如果人力和时间许可选取 *A* 类作为 VE 对象,*B* 类作为一般对象,*C* 类则不作对象。成本在零件上的分配情况如图 7.1 所示。

例 7.1 某产品由 42 种共 100 件零件组成。根据零件成本大小顺序排列,经计算,即可得 *A*、*B*、*C* 三类,如表 7.2 所示。

表 7.2 *ABC* 分类计算表

零件序号（1）	件数（2）	累 计		成本/元（5）	累 计		备 注
		件数（3）	占零件总数/%（4）		金额/元（6）	占全部成本/%（7）	
001	1	1	1	40	40	20	*A* 类
002	2	3	3	38	78	39	
003	1	4	4	16	94	47	
004	2	6	6	15	109	54.5	
005	2	8	8	14	123	61.5	
006	3	11	11	12	135	67.5	
007	2	13	13	9	144	72	*B* 类
008	4	17	17	8	152	76	
009	4	21	21	8	160	80	
010	2	23	23	7	167	83.5	
011	1	24	24	6	173	86.5	
012	4	28	28	4	177	88.5	
013	3	31	31	3	180	90	*C* 类
…	…	…	…	…	…	…	
041	1	98	98	1	199	99.5	
042	2	100	100	1	200	100	
合计	100			200			

(3)价值系数法

价值系数法是根据价值系数大小判断各零件的价值,将价值低者选为 VE 对象。价值系数的表达式为:

$$V_i = \frac{F_i}{C_i}$$

式中:V_i——i 零件的价值系数;

F_i——i 零件的功能重要性系数;

C_i——i 零件的成本系数。

设从某产品的 8 个零件中选择对象,具体做法如下。

1)求零件的功能重要性系数 F_i

首先,对每个零件的功能重要性进行评价打分。打分的方法很多,这里仅以 FD 法(01 评分法)为例。

FD 法的评分法则:请 5～15 个对产品熟悉的人员参加,各自评分,然后取平均值;所有零件两两对比,分别评价功能的相对重要性,功能重要者打 1 分,相对不重要者打 0 分;两零件比较,不许认为两者同样重要都打 1 分,也不许认为同样不重要都打 0 分。

评分过程:首先将 8 个零件按任意顺序填入表 7.3 中,然后根据用户的要求评价零件的功能重要性;A 与 A 自身比较没有意义,用 × 号表示,A 比 B 重要则 A 打 1 分,B 打 0 分,其余类推。为避免出现某个零件在"得分小计"一栏中得 0 分,表 7.3 已给每一个零件加了 1 分底分,见表 7.3。

功能重要性系数按下式计算:

$$功能重要性系数 = \frac{某零件得分数}{全部零件得分数之和}$$

即

$$F_i = \frac{n_i}{\sum_{i=1}^{m} n_i} \tag{7.2}$$

式中:m——零件数;

F_i——第 i 个零件的重要性在全部零件重要性中占的比重;

n_i——第 i 个零件的得分。

表 7.3 F_i 计算表

零件名称	一对一比较								得分小计 (n_i)	功能重要性系数 (F_i)
	A	B	C	D	E	F	G	H		
A	×	1	1	0	1	1	1	1	7	$\frac{7}{36} = 0.194$
B	0	×	1	0	1	1	1	1	6	0.167
C	0	0	×	0	1	1	1	0	4	0.111
D	1	1	1	×	1	1	1	1	8	0.222
E	0	0	0	0	×	0	1	0	2	0.056
F	0	0	0	0	1	×	1	0	3	0.083
G	0	0	0	0	0	0	×	0	1	0.028
H	0	0	1	0	1	1	1	×	5	0.139
合计									36	1.00

2)求零件的成本系数 C_i

将每个零件的目前实际成本 C_i(表 7.4 第(2)栏)除以全部零件的实际成本之和,将结果汇入第(3)栏。

①预计成本指标

$$成本系数 = \frac{某零件实际成本}{产品整体实际成本}$$

即

$$C_i = \frac{C_i}{\sum_{i=1}^{m} C_i} \tag{7.3}$$

式中:C_i——为第 i 个零件的成本在全部零件成本中占的比重。

表 7.4 V_i 和降低成本指标的计算

零件名称	功能重要性系数(F_i)	目前成本(C_i)	成本系数(C_i)	价值系数(V_i)	按重要性系数分配目前成本	按重要性系数分配预计成本	降低成本目标
	(1)	(2)	$(3)=\frac{(2)}{7218}$	$(4)=\frac{(1)}{(3)}$	$(5)=$ (1)×7 218	$(6)=$ (1)×4 050	$(7)=$ (2)－(6)
	0.194	1 828	0.253	0.768	1 400	786	1 024
B	0.167	3 000	0.416	0.401	1 206	676	2 324
C	0.111	285	0.040	2.775	801	450	－165
D	0.222	284	0.039	5.692	1 602	899	－615
E	0.056	612	0.085	0.659	404	227	385
F	0.083	407	0.056	1.482	599	336	71
G	0.028	82	0.011	2.545	202	113	－31
H	0.139	720	0.100	1.39	1 004	563	157
合计	1.00	7 218	1.00	－	7 218	4 050[①]	3 168

3)求价值系数 V_i

$$V_i = \frac{F_i}{C_i} \tag{7.4}$$

4)判断与确定 VE 对象

$V_i \approx 1$,说明其功能重要性与花费成本的比重相适应,可不作为 VE 对象。

$V_i < 1$,说明零件的功能重要性较差而相应花费的成本比例较大,这就要研究如何对该零件进行改进,将这些零件选为重点 VE 对象,例如表 7.4 中的零件 A、B 和 E。

$V_i > 1$,说明零件的功能重要性较高,而所花费的成本比例相应较小,这些零件可列为 VE 对象,主要审查是否保证了功能,或者分析是否可能提高功能,例如表 7.4 中的 C、D、F、G 和 H 零件。

(4)比重分析法

比重分析法是根据不同的指标(或目标),通过计算不同对象的相对比重来选择 VE 对象的方法。在目标明确、资料比较齐全的情况下,利用此法较为方便。

例 7.2   如表 7.5 中所示数据,以降低能源消耗为目标,通过计算产品及项目占总费用的比重,以此来选择 VE 对象。本例中,A、B 产品的能源消耗费用比重分别为 35% 和 20%,因此可将该两种产品列为 VE 对象。

表 7.5　能源消耗费用比重表

项　　目	产　　品					管理设施		生活设施	
	A	*B*	*C*	*D*	*E*	*F*	*G*	*H*	*I*
能源消耗费用比重/%	35	20	10	9	6	4	1	10	5

例 7.3　如表 7.6 中所示数据,以提高成本利润为目标,通过计算各产品的成本利润比,找出该比重较低的产品列为 VE 对象,本例中 *D* 产品的成本利润比为 12%,可将该产品列为 VE 对象。

表 7.6　成本利润对比表

名　　称	*A*	*B*	*C*	*D*	*E*	*F*	合　计
成本/千元	85.0	10.0	5.0	25.0	8.0	7.0	140.0
利润/千元	28.0	4.0	2.0	3.0	5.0	4.0	46.0
利润/成本	0.33	0.40	0.40	0.12	0.63	0.57	

7.2.3　情报收集

在 VE 活动中,收集情报的工作是非常重要的。一般说,情报收集得越多,提高价值的可能性就越大。因为通过情报,可以对有关问题进行分析对比,而通过对比往往使 VE 人员受到启发,打开思路,发现问题和找出差距,可以找到解决问题的方向和方法,可以从情报中找到提高价值的依据和标准。因此,在一定意义上可以说 VE 成果的大小在很大程度上取决于情报收集的质量、数量与适宜的时间。

由于 VE 对象不同,需要收集的情报也有所不同。原则上讲应将产品研制、生产、流通、交换、消费全过程中的有关情报都收集起来,并对其进行整理和分析。VE 的情报内容大致有如下几个方面。

(1)使用方面的情报

1)用户使用目的、使用环境和使用条件;

2)用户对产品性能及外观等方面的要求;

3)故障和事故的实际情况;

4)用户对产品价格、交货期、配件供应及技术服务方面的要求。

(2)销售方面的情报

1)销售特点、销售量与需求预测;

2)竞争产品的规格、产量、质量、价格、成本和利润等情况;

3)市场划分和占有率情况。

(3)科学技术方面的情报

1)现产品的研制设计历史和演变;

2)国内外同类产品的有关技术资料,如图纸、说明书、技术标准、质量标准等;

3)有关新结构、新材料、新元器件、新工艺、新技术、标准化和三废处理方面的科技资料。

(4)供应和生产方面的情报

1）原材料、元器件的供应与外协情况及问题；

2）零件、产品加工工艺、装配工艺、工装的要求及有关情报；

3）劳动定额及行业水平；

4）废次品及返修品情况；

5）生产中存在的问题。

(5)成本方面的情报

1）原材料、元器件及外购件的成本及各种材料消耗定额；

2）外协件成本；

3）加工与装配成本；

4）包装、存贮、运输费用等。

(6)政府和社会部门的有关法规和条例等方面的情报

需要收集的情报很难一一列举，但收集情报时要注意目的性、可靠性、适时性。收集情报要事先明确目的，避免无的放矢。要力争无遗漏又无浪费地收集必要的情报。情报是行动和决策的依据，错用了不可靠的情报会导致 VE 活动的失败。准确的情报只有在需要使用时提出才有价值，过时的情报毫无用处，如果不能及时得到必要的情报，VE 活动就无法进行下去。

7.3　功能分析与研究

功能分析是价值工程的核心，依靠功能分析来达到降低成本、提高价值的目的。

功能分析是价值工程的重要手段，通过功能分析可以对 VE 对象应具备的功能加以确定，并加深理解和搞清各类功能之间的关系，适当调整功能比重，使产品的功能结构更加合理。功能分析包括功能分类、功能定义、功能整理和功能评价四部分内容。

7.3.1　功能分类

所谓功能是指某个产品（作业）或零件（工序）在整体中所担负的职能或所起的作用。任何产品都具备相应的功能，假如产品不具备功能则产品将失去存在的价值，如钟表的基本功能要求走时准确，电冰箱的基本功能是冷藏食物，卡车的基本功能是运载货物。如果钟表不能准确反映时间，卡车不能运载货物，那么它们就失去存在的价值。

不同的产品有不同的功能，功能分类可以从基本功能、辅助功能、使用功能、外观功能四个方面进行。

基本功能是要达到这种产品的目的所不可缺少的功能，如果其作用发生变化则相应的工艺和零件也一定会随之而变，产品的性质也发生了变化。换句话说，正是为了实现这个基本功能，才设计和制造这种产品。

辅助功能是相对基本功能而言的，如自行车的基本功能是代替步行，而自行车的书包架只起一个辅助作用，没有书包架，自行车也完全可以起到代替步行的功能。辅助功能可以从它是不是对基本功能起辅助作用，是不是实现基本功能所必需的方面来确定。

使用功能是每个产品都具有的使用价值，最容易为用户了解，并通过产品的基本功能和辅助功能表现出来。

外观功能也称为美学功能,有的产品除了在性能上满足要求之外,还应按用户的需要在造型、图案、色泽、式样等方面加以美化。

7.3.2　功能定义

所谓功能定义就是把 VE 对象及其组成部分所具有的功能一个一个地加以区分和限定,然后把它们的效用一一弄清楚。功能定义的方法如下。

(1)用一个动词和一个名词表达一个功能

对功能下定义,要求用简明精确的语言对分析对象的功能进行描述。通常用一个动词和一个名词表达一个功能。例如:

主词	动词	名词
桌子	支撑	重物
电线	传导	电流
传动轴	传递	扭矩

(2)一个功能下一个定义

对功能定义时,首先从总体上对 VE 对象的功能下定义;其次,把 VE 对象分解为若干组成部分(部件、组件或零件),并分别对它们的功能下定义。

(3)动词要尽可能抽象化

功能定义中的动词部分必须准确概括,因为它决定改进方案的方向和实现这一功能的手段。动词改变了,会引起整个方案的变动。如果把功能定义为"提供光源",那么实现的手段是各种发光体,如电灯、油灯、汽灯等;如果把功能定义为"反射光源",则实现的手段将是各种反光镜、反光板之类。

动词部分要尽可能抽象化,便于在方案创造阶段扩大思路,增加构思出价值高的方案的可能性。

(4)名词部分要尽量使用可定量的词汇

功能或方案的成本高低是与功能的实现水平相联系的,因此,如果能表明功能的定量要求,就能保证在评价功能或方案成本的高低,以及研究功能实际需要水平时具有定量的依据。例如:支撑××公斤重物,传导××安培电流等。

(5)对功能定义必须全小组一致同意

7.3.3　功能整理

功能整理是按一定的逻辑关系,将 VE 对象各个组成部分的功能相互连接起来,形成一个有机整体——功能系统图,以便从局部功能与整体功能的相互关系中分析研究问题。

功能之间存在上下位关系和并列关系。上下位关系是指在一个功能系统中,某些功能存在着"目的"与"手段"的关系,我们把目的功能称为"上位功能",把手段功能称为"下位功能"。例如白炽灯的功能系统之间的功能关系见图 7.2。并列关系是指在一个上位之后,有几个手段功能并列存在,它们是实现同一功能的手段,相互间不存在从属关系,而彼此独立,所以又称为独立关系。例如暖水瓶功能系统中,减少热传导、热对流、热辐射即为独立关系,见图7.3。

```
┌────────┐   ┌────────┐   ┌────────┐   ┌────────┐
│ 提供光源 │──│  发  光  │──│ 加热灯丝 │──│ 供给电力 │
└────────┘   └────────┘   └────────┘   └────────┘
        目的(上) …… 手段(下)
                目的(上) …… 手段(下)
                        目的(上) …… 手段(下)
```

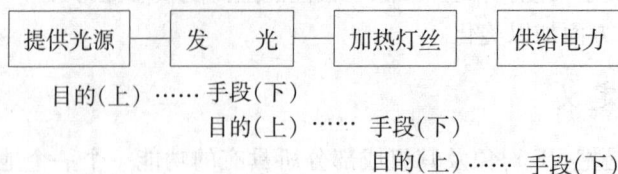

图 7.2　功能关系

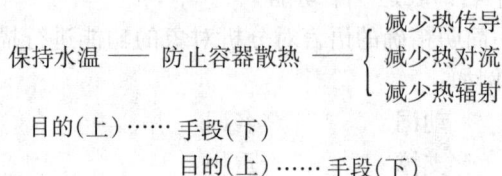

```
                                ┌── 减少热传导
保持水温 ── 防止容器散热 ──┤── 减少热对流
                                └── 减少热辐射

        目的(上) …… 手段(下)
                目的(上) …… 手段(下)
```

图 7.3　暖水瓶的功能关系

将 VE 对象功能系统中的各个功能,按照上位功能在左、下位功能在右的原则,顺序排列,即可组成功能系统图,其一般形式如图 7.4 所示。

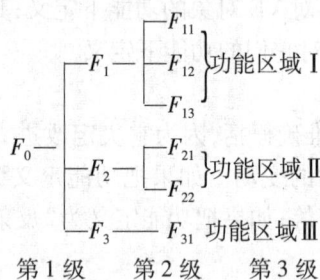

$$
F_0 \begin{cases} F_1 \begin{cases} F_{11} \\ F_{12} \\ F_{13} \end{cases} \text{功能区域 I} \\ F_2 \begin{cases} F_{21} \\ F_{22} \end{cases} \text{功能区域 II} \\ F_3 \quad F_{31} \quad \text{功能区域 III} \end{cases}
$$

第 1 级　　第 2 级　　第 3 级

图 7.4　功能系统图形式

7.3.4　功能评价

功能评价就是对功能进行评价,评价实现功能的现行手段的成本和价值。它是在完成功能系统图之后,去寻找实现功能的最低费用,并以此作为标准(功能评价值)同实现功能的目前成本相比较的过程。两者的比值称为功能价值,计算公式为

$$V = \frac{F}{C} \tag{7.5}$$

式中:V——功能价值(系数);

F——功能评价值;

C——功能的目前成本。

(1)求目前成本

这里求的目前成本是以功能为对象进行的。在产品中一个零部件往往有几种功能,而一种功能也往往通过几个零部件才能实现。因此,要估算功能的目前成本,就需要把零部件的成本转移分配到功能上去。求功能的目前成本可以通过表格法进行,现举例说明。

某产品有 A、B、C、D 四个零部件组成,成本分别为 500 元、300 元、150 元和 80 元,共实现 $F_1 \sim F_5$ 五个功能。如表 7.7 所列。

— 150 —

表 7.7　功能成本分析表

零 部 件			功 能 区 域				
序号	名　称	成本/元	F_1	F_2	F_3	F_4	F_5
1	A	500	△200		△100		△200
2	B	300		△100		△100	△100
3	C	150	△50		△100		
4	D	80	△30			△50	
合　　计		1 030 (C)	280 (c_1)	100 (c_2)	200 (c_3)	150 (c_4)	300 (c_5)

　　首先根据功能系统图,确定每个零部件对实现哪些功能有贡献。例如,如果 A 零件是用来实现 F_1、F_3 和 F_5 的,就在相应的格子中作出记号"△",以此类推。

　　然后确定每个零件对各功能所起作用的大小(比例),并按比例将零部件的成本分配到各功能上去。例如,如果 A 零件对 F_1、F_3 和 F_5 所起作用的比例为 2∶1∶2,则将其成本 500 元分配给 F_1 200 元、F_2 100 元、F_5 200 元,以此类推。

　　再将各功能从各零部件分配到的成本合计起来,即得到了各功能成本。例如,功能 F_1 的成本为 280 元。

(2)求功能评价值

　　功能的目前成本较易确定,而功能评价值较难确定。求功能评价值的方法较多,这里仅介绍功能重要性系数评价法。

　　这种方法是把产品的功能划分为几个功能区,并根据各功能区的重要、复杂程序,定出各功能区在总功能中所占比重,即功能重要性系数,然后按各自的重要性系数确定该功能区的评价值。

　　确定功能的重要性系数可以用前面已介绍过的 FD 法,也可以用 DARE 法。FD 法是 0 和 1 之比,太绝对了,故近来多用 DARE 法,现以电冰箱为例,说明求解步骤。

　　第一步,绘制功能系统图,如图 7.5,确定功能区域并填入表 7.8 中。

表 7.8　功能重要性系数评价表

功能区(1)	功能重要性系数评价(DARE)法		
	相互比值(2)	修正后比值(3)	重要性系数 W_i
F_{A1}	1.5	9.0	$0.47\left(\dfrac{9}{19}\right)$
F_{A2}	2.0	6.0	0.32
F_{A3}	3.0	3.0	0.16
F_{A4}	—	1.0	0.05
合　　计	19.0	1.00	

　　图中,F_0 是电冰箱的总功能——冷藏食物。F_0 之后有四个功能区域:储放食品(F_{A1})、制

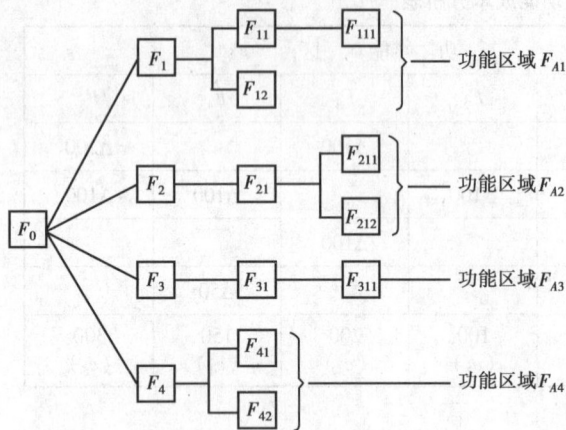

图 7.5　功能系统图

冷（F_{A2}）、隔热保温（F_{A3}）、控制温度（F_{A4}）。每个功能领域内部又有相应的下位功能。

第二步，确定暂定重要性系数。将上下相邻功能，从上到下两两对比作出比值，记入第（2）栏。例如评价 F_{A1} 重要性为 F_{A2} 的 1.5 倍，F_{A2} 为 F_{A3} 的 2 倍，F_{A3} 为 F_{A4} 的 3 倍。

第三步，对暂定重要性系数加以修正，即把最下面的功能区域 F_{A4} 的比值定为 1.0，则

$$F_{A3} = 3.0 \times 1.0 = 3.0$$
$$F_{A2} = 3.0 \times 2.0 = 6.0$$
$$F_{A1} = 6.0 \times 1.5 = 9.0$$

将这些数值记入第（3）栏，并合计求得总值（19.0）。

第四步，将总值（19.0）分别去除各功能区域的修正后比值，得出各功能区域的重要性系数（W_i），记入第（4）栏。

第五步，确定功能评价值（以下分两种情况）。

1）新产品设计

一般在产品设计之前，根据国家计划、价格政策、市场预测情况等，已经大致确定了产品的目标成本。所以，当功能重要性系数确定之后，就可以将产品的目标成本按功能重要性系数加以分配。如果还需细分到下位功能，则以同样的方法分下去。设预计总目标成本为 800 元，则分摊结果如表 7.9 所示。

表 7.9　功能评价值计算表

功能区（1）	重要性系数（W_i）（2）	功能评价值（F）（3）
F_{A1}	0.47	376
F_{A2}	0.32	256
F_{A3}	0.16	128
F_{A4}	0.05	40
合　计	1.00	800

2）老产品改进设计

老产品在改进设计之前已经有了目前成本，可以利用现实成本来求功能评价值，即确定功能的目标成本。老产品要改进设计，说明原来成本分配到各功能区域不一定合适，现在根据改进设计重新确定的功能重要性系数，重新分配老产品成本，就能发现各功能区域新分配的成本和原分配的成本之间的差异，求出各功能区域的评价值，具体步骤如表 7.10 所示。

如果老产品的目前成本为 300 元，重新分配的功能区域成本等于功能区域现实成本乘功能重要性系数。分配结果有三种情况。

152

第一种:功能区域新分配的成本等于目前成本,则以目前成本为功能评价值,如F_{A3}。

第二种:新分配的成本小于目前成本,则以新分配的成本作为功能评价值,如F_{A2}。

第三种:新分配的成本大于目前成本,这种情况比较复杂,要作具体分析。因功能重要性系数确定过高会存在多余功能,如果是这样,先调整功能重要性系数,再确定功能评价值。还要注意是否目前成本投入过低而不能保证必要功能,如果是这样,就要在确定功能评价值时允许超过目前成本。如果不属上述两种情况,就可以用目前成本作为功能评价值,如F_{A1}就是这样处理的。

表7.10 成本降低值计算表

功能区(1)	重要性系数 W_i(2)	目前成本 C(3)	重新分配的功能区域成本(4)	功能评价值 F(5)	$V = \dfrac{F}{C}$(6)	成本降低值 $C-F$(7)
F_{A1}	0.74	80	141	80	1	–
F_{A2}	0.32	130	96	96	0.47	34
F_{A3}	0.16	48	48	48	1	–
F_{A4}	0.05	42	15	15	0.36	27
合计	1.00	300	300	239	–	61

7.3.5 确定 VE 对象的改进范围

VE 对象经过以上各个步骤,特别是完成了功能评价,知道了价值的大小,就明确了改进的方向、目标和具体范围。确定改进对象的原则如下。

(1) F/C 值低的功能区域

计算出来的 $V < 1$ 的功能区域,基本上都应进行改进,特别是 V 值比 1 小得较多的功能区域,力求使 $V = 1$。

(2) C – F 值大的功能区域

$C - F = C_d$,它是成本降低期望值,也是成本应降低的绝对值。当 n 个功能区域的价值系数同样低时,就要优先选择 C_d 数值大的功能区域作为重点对象。

(3) 复杂的功能区域

复杂的功能区域,说明其功能是通过采用很多零件来实现的。一般说,复杂的功能区域其价值系数也较低。

7.4 VE 方案评价与实施

7.4.1 方案创造

为了实现产品的基本功能、辅助功能、使用功能、外观功能,任何设想都可以提出。提出各种设想不受任何时间空间的限制,不受任何权威意见的限制,只要符合这些功能的设想都可以尽开思想,自由提出。方案创造的基本原则与要求是:(1)鼓励积极思考,勇于创新;(2)多提设想,以便从中选出高价值的方案;(3)发挥各种专业人才的特长,依靠组织起来的力量;

(4)优先考虑从上位功能或价值低的功能区域提出改进设想。

提方案的方法有许多,现介绍下列几种方法。

(1)"头脑风暴法"(BS法)

这种方法是邀请5~10个熟悉产品的人员参加,会议的主持者头脑清楚,思想敏捷,作风民主,态度和气,既善于活跃会议气氛又善于启发引导,使到会者感到无拘无束,思路宽广,思想敞开。参加提方案的人员各自提案,互不批判评论,互相启发产生联想。会议应有记录人员会后参加提案整理。做到千方百计,不墨守成规,不迷信权威,不禁锢自己头脑,不怕讥笑,相信事物的改进是无止境的,这样可以提出几十个甚至上百个方案。

(2)哥顿法(Gordon法)

1964年由美国人哥顿所创,它也是以小组会方式,特点是:会议开始,主持人只提出一个抽象的功能概念,要解决的问题只有主持人知道,不告诉大家,以免思想受限制。例如要研究改进剪草机的方案,开始只是提出"用什么方法可以把一种东西断开?"当提出可以用剪切、刀切、扯断等不同方式后,再宣布研究剪草机的改进方案,这样就可以提出用旋转刀片、盘形刀片等各种方案,便于对比选择。

(3)特尔菲法(Delphi Technique)

特尔菲法是60年代初期由专家调查法发展而形成的,也称为函询调查法。即将所要咨询的问题和有关的背景资料,用通信的形式向专家们提出,征求得到答复后,把各种意见经过综合、归纳和整理再反馈给专家,并进一步征询意见,再次进行综合、归纳、整理、反馈,如此反复多次直到咨询的问题得到较为满意的结果。该方法的本质是利用专家的知识、经验、智慧等无法量化的带有很大模糊性的信息,通过多次信息交换,逐步取得较为一致的意见,达到方案创造的目的。

7.4.2 方案的评价与选择

对于提出的若干方案,需要进行评价。评价有概略评价和详细评价两种。

概略评价是对所提出的方案或改进设想进行粗略筛选,以减少详细评价的工作量。

详细评价是对经过筛选的少数方案再具体化,通过进一步的调查、研究和分析,最后选出最令人满意的方案。

方案评价不论概略评价和详细评价都包括技术性评价、经济性评价和社会评价三个方面。技术性评价主要评价方案能否实现程度(性能、质量、寿命等)、可靠性、安全性等。经济性评价包括费用的节约,对企业或公众产生的效益,同时还要考虑市场情况、销路以及同类产品竞争企业、竞争产品的情况。社会评价是指产品投产后对社会的影响,如污染、噪音、能源的耗费等。

方案评价的方法有很多,下面介绍两种。

(1)评分法

这种方法是邀请专家,对方案技术性和经济性方面进行综合评价。

1)技术性系数 技术性系数用X表示,

$$X = \frac{\sum P}{nP_{\max}} \tag{7.6}$$

式中:P——各方案满足功能的得分数;

P_{max}——满足功能的最高得分(4 分);

n——需满足的功能数。

2)经济性系数　经济性系数用 y 表示,

$$Y = \frac{H_{理} - H}{H_{理}} \tag{7.7}$$

式中:$H_{理}$——理想成本(可将老产品原成本作基数来计算);

　　H——新方案的预计成本。

3)综合评价系数　综合评价系数用 K 表示,

$$K = \sqrt{XY} \tag{7.8}$$

K 值最高的方案为最优方案。

(2)加权评分法

首先用 DARE 法(也可用 FD 法)定出评价因素重要性系数(W_i)和各方案对评价因素的满足程度系数(S_i),然后求出各方案的总评价值(A_i),A_i 最大者为最佳方案。

7.4.3　方案实施与成果评价

(1)提案

经上述步骤,选出最佳方案后,为确保质量和为以后的审批提供依据需进行试验,试验通过后可以正式提案。

为使提案能被接受,减少实施阻力,要将原产品的技术经济指标、用户要求、存在的主要问题、提高价值的必要性、预计达到的目的等作出具体说明,并附上功能分析、改进依据、试验数据、图纸、预计效果等资料,报主管部门审批。

(2)提案实施

在实施过程中,VE 小组要跟踪检查,并对提案负责。还必须与提案接受者很好合作,取得他们的信任和协助,保证提案的实施顺利进行。若发现提案内容有不合适的地方,VE 小组应再次进行研究,并把修改结果交给提案接受者。

(3)成果评价与总结

提案实施之后,要对 VE 活动的成果进行评价与总结。

1)经济效果评价　根据需要,计算提案实施对劳动生产率、原材料消耗、能源消耗、资金利用、设备利用率、产量、利润等指标的影响效果。一般要计算以下几项指标。

①成本降低率:

$$成本降低率 = \frac{VE\ 后单件成本降低额}{VE\ 前单位成本} \times 100\% \tag{7.9}$$

②年节约总额与年净节约额:

$$年节约总额 = VE\ 后单件成本降低额 \times 年预计销量 \tag{7.10}$$

$$年净节约额 = 年节约总额 - 实施附加费用 \tag{7.11}$$

③VE 投资倍数:

$$VE\ 投资倍数 = \frac{年净节约额}{VE\ 活动费用} \tag{7.12}$$

其中:VE 活动费用指 VE 人员的工资、实验费、调研费、资料费等。

2)社会效益评价 如填补国内外科学技术或品种发展的空白;满足国家经济或国防建设的需要;节约贵重稀缺物资;节约能源消耗;降低用户购买成本或其他费用;防止或减少污染公害;增加就业效果和外汇效果等方面的效益。

3)VE 工作总结 待全部工作结束之后,要进行总结。总结的内容是预订目标是否如期实现,与国内外同类产品相比还存在什么差距等;同时要对 VE 活动的计划安排、工作方法、人员组织等方面的优缺点、经验和教训进行总结,以便今后改进。

7.5 价值工程应用案例

我们以某种型号的矿灯更新方案为例,采用 ABC 分析法从矿灯的 125 个组成零件中,选出 47 个主要零件,并对其中 13 个关键零部件进行功能分析。

7.5.1 功能定义

(1)矿灯功能

随着眼睛移动而移动照明。

(2)三个部件功能

1)灯头部件:光源、安全、控制电能、灯头携带、电池充电等功能;

2)电缆、上盖:传输的功能;

3)蓄电池系统:充放电、注液、吸液、耐腐蚀、绝缘、化学性稳定等功能。

7.5.2 功能整理

根据功能定义,经过整理得到矿灯的功能系统图,如图 7.6 所示。

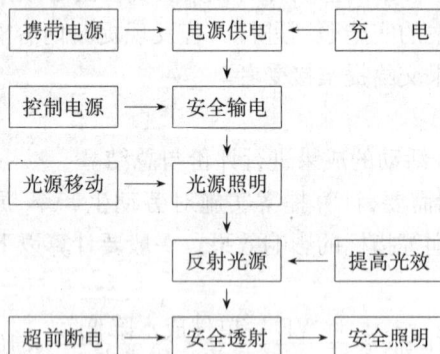

图 7.6 矿灯功能系统图

7.5.3 关键零部件的成本计算

详见表 7.11 所示。

表 7.11 矿灯关键零部件成本

序　号	零部件	现实成本 /元	成本系数
1	正 极 板 组	5.82	0.089 55
2	负 极 板 组	5.10	0.078 51
3	胶　槽	19.93	0.306 69
4	灯　泡	1.60	0.024 54
5	灯 头 壳	5.98	0.092 01
6	电　缆	5.58	0.085 87
7	反 射 器	1.32	0.020 24
8	灯 面 玻 璃	3.39	0.052 14
9	电 池 盖	1.99	0.030 66
10	盖 装 配	8.97	0.138 01
11	灯 头 圈	1.12	0.017 17
12	锁 装 配	2.91	0.044 78
13	带　套	1.29	0.019 81
合　　计		65.00	1.000 0

7.5.4　功能重要性系数的确定

应用 0~1 评分法,13 个主要零部件评价结果用功能重要性系数表示,9 位专家打分结果见表 7.12、表 7.13 所示。

表 7.12 某专家 0~1 评分法计算结果表

序号	零部件	灯头壳	灯头圈	反射器	灯面玻璃	灯泡	盖装配	锁装配	电缆	正极板组	负极板组	电池盖	胶槽	带套	评分值
1	灯头壳	×	1	1	1	0	1	1	1	0	0	1	1	1	9
2	灯头圈	0	×	1	0	0	0	1	0	0	0	1	0	1	4
3	反射器	0	0	×	0	0	1	1	1	0	0	1	0	1	5
4	灯面玻璃	0	1	1	×	0	1	1	0	0	0	1	0	1	5
5	灯　泡	1	1	1	1	×	1	1	1	0	0	1	1	1	10
6	盖装配	0	1	0	1	0	×	1	0	0	0	1	0	1	5
7	锁装配	0	0	0	0	0	0	×	0	0	0	0	0	1	1
8	电　缆	0	1	0	1	0	1	1	×	0	0	1	0	1	6
9	正极板组	1	1	1	1	1	1	1	1	×	1	1	1	1	12
10	负极板组	1	1	1	1	1	1	1	1	0	×	1	1	1	11

续表

序号	零部件	灯头壳	灯头圈	反射器	灯面玻璃	灯泡	盖装配	锁装配	电缆	正极板组	负极板组	电池盖	胶槽	带套	评分值
11	电池盖	0	0	0	0	0	0	1	0	0	0	×	0	1	2
12	胶 槽	0	1	1	1	0	1	1	1	0	0	1	×	1	8
13	带 套	0	0	0	0	0	0	0	0	0	0	0	×	0

表7.13 功能评价系数确定

序号	零部件	一	二	三	四	五	六	七	八	九	总计	平均分	功能评价系数
1	灯头壳	7	10	9	10	10	7	6	8	7	74	8.222 2	0.105 41
2	灯头圈	3	2	4	2	4	2	2	4	2	24	2.666 6	0.034 19
3	反射器	4	7	5	7	7	10	8	6	6	60	6.666 6	0.085 47
4	灯面玻璃	6	5	5	2	4	4	2	5	4	37	4.111 1	0.052 71
5	灯 泡	8	7	10	6	12	9	5	10	8	75	8.333 3	0.105 84
6	盖装配	2	1	5	4	5	2	5	2	6	32	3.555 5	0.045 58
7	锁装配	1	1	1	4	1	2	1	1	1	13	1.444 4	0.018 52
8	电 缆	10	7	6	9	6	9	7	6	8	68	7.555 5	0.086 87
9	正极板组	12	12	12	9	12	12	12	12	12	103	11.444 4	0.146 72
10	负极板组	11	11	11	9	11	9	11	11	11	95	10.555 5	0.135 33
11	电池盖	5	4	2	3	2	4	5	7	3	35	3.888 8	0.049 86
12	胶 槽	9	9	8	11	9	10	8	10	9	83	9.222 2	0.118 23
13	带 套	0	0	0	0	0	0	0	1	0	3	0.333 3	0.004 27
	合 计	78	78	78	78	78	78	78	78	78	702	77.999 4	1.000 0

7.5.5 矿灯产品更新提案选择

(1)方案一

在原矿灯的基础上,从差价表中分析出改进目标。

方案一零部件功能评价系统分配评价值与现实成本的差价表,见表7.14所示。

从表7.14可见,价值系数小于1的零部件有4个:胶槽、盖装配、锁装配和带套。由于它们的功能评价系数与成本系数相比相差甚远,应该重点降低成本。价值系数大于1的零部件有9个,其中有2个零部件(灯泡和反射器)的价值系数大于4,应该重点提高它们的功能。从降低成本的角度考虑,这9个价值系数大于1的零部件都不是考虑的对象。

方案一与原方案比较见表7.15。

表 7.14　预计成本与现实成本差价表(方案一)

单位:元

序号	零部件	功能评价系数(1)	成本系数(2)	价值系数(3)=(1)/(2)	现实成本(4)	功能评价值(5)=65·(1)	相差成本(6)=(5)-(4)
1	正极板组	0.146 72	0.089 55	1.638 41	5.82	9.54	3.72
2	负极板组	0.135 33	0.078 51	1.723 73	5.10	8.80	3.70
3	胶　槽	0.118 23	0.306 69	0.385 50	19.93	7.68	-12.25
4	灯　泡	0.106 84	0.024 54	4.353 30	1.60	6.94	5.34
5	灯头壳	0.105 41	0.092 01	0.145 64	5.98	6.85	0.87
6	电　缆	0.096 87	0.085 87	1.128 10	5.58	6.30	0.72
7	反射器	0.085 47	0.020 24	4.222 82	1.32	5.56	4.24
8	灯面玻璃	0.052 71	0.052 14	1.010 93	3.39	3.43	0.04
9	电池盖	0.049 86	0.030 66	1.626 22	1.99	3.24	1.25
10	盖装配	0.045 58	0.138 01	0.330 27	8.97	2.96	-6.01
11	灯头圈	0.034 19	0.017 17	1.991 26	1.12	2.22	1.10
12	锁装配	0.018 52	0.044 78	0.413 58	2.91	1.20	-1.71
13	带　套	0.004 27	0.019 81	0.215 54	1.29	0.28	-1.01
		1.000 0	1.000 0		65.00	65.00	

表 7.15　方案一与原方案比较

序号	零部件	原　方　案		方　案　一	
		项　目	规　格	项　目	规　格
1	胶　槽	材　料	硬橡胶	材　料	ABS
		成　本	19.93 元/个	预计成本	7.68 元/个
		重　量	0.485kg/个	预计重量	0.324kg/个
2	盖装配	材　料	耐酸不锈钢	材　料	ABS
		成　本	8.97 元/个	预计成本	2.96 元/个
		重　量	0.088 9kg/个	预计重量	0.064 7kg/个
3	锁装配	材　料	耐酸不锈钢	材　料	ABS
		成　本	2.91 元/个	预计成本	1.20 元/个
		重　量	0.017 5kg/个	预计重量	0.063 8kg/个
4	带　套	材　料	A_3	材　料	ABS
		成　本	1.29 元/个	预计成本	0.28 元/个
		重　量	0.046kg/个	预计重量	0.20kg/个

从方案一与原方案比较可以看出,在功能保持不变条件下,如果仅从降低成本考虑,每个矿灯可节约成本 20.98 元,即关键零部件通过价值工程的功能分析改进后,其成本可以预计减少 51.2%。如果年产量为 50 万个矿灯,则预计可以节约年成本 1 049 万元。

（2）第二方案

第二方案确定了主要零部件的目标成本为 43 元,这样在全灯成本和售价都下降的同时,利润有所增加,新产品的重量也较轻,详见表 7.16。

表 7.16　方案二的目标

单位:元

序号	产　品	重量/kg	主要零部件成本	全灯成本	售　价	利　润
1	原矿灯	2.25	65	76.47	95	18.53
2	第二方案矿灯	1.50	43	54.47	75	20.53
3	比　较	轻	下降 33.8%	下降 28.8%	下降 21.1%	上升 10.8%

原矿灯与用第二方案更新后矿灯的主要零部件的成本预计差价,见表 7.17。从表中可见,需要降低成本的零部件是胶槽、灯头壳、电缆、灯面玻璃、盖装配、锁装配和带套 7 个零部件,需要提高功能的零部件则是相差成本为正值的零部件,即正极板组、负极板组、灯泡、反射器、电池盖、灯头圈 6 个零部件。

表 7.18 是方案二与原方案的比较。

表 7.17　预计成本与现实成本差价表（方案二）

序　号	零部件	功能评价系数(1)	现实成本/元(2)	功能评价值(3)=43×(1)	相差成本/元(4)=(3)-(2)
1	正极板组	0.146 72	5.82	6.31	0.49
2	负极板组	0.135 33	5.10	5.82	0.72
3	胶　槽	0.118 23	19.93	5.08	-14.85
4	灯　泡	0.106 84	1.60	4.59	2.99
5	灯头壳	0.105 41	5.98	4.53	-1.45
6	电　缆	0.096 87	5.58	4.17	-1.41
7	反射器	0.085 47	1.32	3.68	2.36
8	灯面玻璃	0.052 71	3.39	2.27	-1.12
9	电池盖	0.049 86	1.99	2.14	0.15
10	盖装配	0.045 58	8.97	1.96	-7.01
11	灯头圈	0.034 19	1.12	1.47	0.35
12	锁装配	0.018 52	2.91	0.80	-2.11
13	带　套	0.004 27	1.29	0.18	-1.11
		1.000 0	65.00		

表 7.18　方案二与原方案比较

序号	零部件	原　方　案		方　案　二	
		项　目	规　格	项　目	规　格
1	锁装配	材　料	不锈钢	材　料	ABS
		成　本	2.91 元/个	预计成本	0.80 元/个
		重　量	0.017 5kg/个	预计重量	0.05kg/个
2	盖装配	材　料	不锈钢	材　料	ABS
		成　本	8.97 元/个	预计成本	1.96 元/个
		重　量	0.088 9kg/个	预计重量	0.05kg/个
3	灯头壳	材　料	胶木粉	材　料	改性聚苯乙烯
		成　本	5.98 元/个	预计成本	4.53 元/个
		重　量	0.068kg/个	预计重量	0.05kg/个
4	电　缆	材　料	$UM_2 \times 1.2mm^2$	材　料	$UM_2 \times 1.2mm^2$
		成　本	5.58 元/根	预计成本	4.17 元/根
		重　量	0.149kg/根	预计重量	0.1kg/根
5	灯面玻璃	材　料	钢化玻璃	材　料	钢化玻璃
		成　本	3.39 元/片	预计成本	2.27 元/片
		重　量	0.026kg/片	预计重量	0.017kg/片
6	胶　槽	材　料	硬橡胶	材　料	ABS
		成　本	19.93 元/个	预计成本	5.08 元/个
		重　量	0.485kg/个	预计重量	0.20kg/个
7	带　套	材　料	A_3	材　料	ABS
		成　本	1.29 元/个	预计成本	0.18 元/个
		重　量	0.046kg/个	预计重量	0.20kg/个
8	灯　泡	成　本	1.60 元/个	成　本	4.59 元/个
		重　量	0.003 6kg/个	预计重量	0.003 6kg/个
9	反射器	材　料	铝镁合金	材　料	铝镁合金
		成　本	1.32 元/个	预计成本	3.68 元/个
		重　量	0.004 55kg/个	预计重量	0.004kg/个
10	负极板组	材　料	铅锑合金	材　料	铅锑合金
		成　本	5.10 元/套	预计成本	5.82 元/套
		重　量	0.488kg/套	预计重量	0.4kg/套

序号	零部件	原　方　案		方　案　二	
		项　目	规　格	项　目	规　格
11	正极板组	材　料	铅锑合金	材　料	铅锑合金
		成　本	5.82 元/套	预计成本	6.31 元/套
		重　量	0.404kg/个	预计重量	0.4kg/套
12	灯头圈	材　料	低压聚乙烯	材　料	低压聚乙烯
		成　本	1.12 元/个	预计成本	1.47 元/个
		重　量	0.013kg/个	预计重量	0.008kg/个
13	电池盖	材　料	软橡胶	材　料	软橡胶
		成　本	1.99 元/个	预计成本	2.14 元/个
		重　量	0.034kg/个	预计重量	0.085kg/个

7.5.6　方案评价意见(以年产量为50万盏计算)

从技术经济效益上比较两个更新方案,方案二预计可以节约成本1100万元/年,而且功能有所提高,光通量可以提高9%~18%,重量可以减轻三分之一。可见,仅从经济效益看,第二方案就比第一方案每年节约51万元。所以,采用第二方案。

练　习　题

1. 什么叫价值工程?它对企业的生产经营起什么作用?

2. 提高产品价值的主要途径是什么?

3. 试举例说明新产品开发中的价值分析的重要性。

4. 某产品由12种零件组成,各种零件的个数和每个零件的成本如下表所示,用ABC分析法选择价值工程研究对象,并画出ABC分析图。

零件名称	a	b	c	d	e	f	g	h	i	j	k	l
零件个数	1	1	2	2	18	1	1	3	5	3	4	8
每个零件成本/元	5.63	4.73	2.05	1.86	0.15	0.83	0.76	0.33	0.35	0.19	0.15	0.10

5. 利用0~1评分法对习题4的产品进行功能评价,评价后零件的平均得分如下表所示。利用价值系数差别法,如果取价值系数最小的零件作为价值工程研究对象,应该选哪一种零件?

零件名称	a	b	c	d	e	f	g	h	i	j	k	l
平均得分	8	7	3	4	4	11	10	8	7	11	1	3

6. 为指示危险的装置提出四个方案,每个方案对6个功能的满足程度的评分和估计成本

如下表所示。试用理想系数法选择最优方案。

功能 方案	A	B	C	D	E	F	估计成本 /元
安全信号器	1	4	4	4	4	1	155
警报器	3	3	1	3	2	1	147
红灯	3	4	3	4	4	3	165
中心指示器	3	3	3	4	4	1	172
理想方案	4	4	4	4	4	4	180

7. 已知某产品由 7 个主要零部件组成,经过专家 0～1 评分法得到的各零部件功能评分值及其单件成本见下表。若产品目标成本为 49 元,试根据已知资料进行该产品零部件改善幅度目标计算。

项目 序号	零部件	功能评分值	目前单件成本/元
1	A	105	14.75
2	B	104	11.80
3	C	103.5	8.85
4	D	109.5	5.90
5	E	108	5.31
6	F	102	5.02
7	G	70	4.72
		702	56.35

第8章　市场调查与预测方法

8.1　技术经济预测概述

预测是决策的依据,没有科学的预测就不可能做出科学的决策。技术经济分析中对未来发生的费用和效益,可行性论证中对未来市场销售的测算,以及项目方案的选择和评价所依据的数据,都需要技术经济预测。因此,经济预测是技术经济分析中的关键环节,在技术经济预测中,针对不同的问题,应选择不同的预测方法,并对所选择的预测方法进行分析、检验与评价。

8.1.1　预测的基本概念

预测是指对事物未来的推测,是根据已知事件通过科学分析,对事物的未来作出科学的估计。它通常是根据过去和现在的实际资料,把事物的过去、现在和未来作为一个整体,运用已有的科学技术知识和工具,寻找事物的内在规律,从而推测事物未来状况或发展趋势。对预测的基本要求是,除了要有一整套科学的方法以外,还要能够在事后对预测结果进行检验,也就是可以知道它是否准确以及误差有多大。预测的科学性是随着科学技术的发展而提高的。在竞争激烈的情况下,企业力求对市场的需求、资源的供应状况和产品的发展方向等作出预测,以便少担风险,不断取得良好的经济效益,在竞争中求得发展。

预测与计划是具有不同职能的两个概念。预测是要描述未来将要发生的情况,例如产品销售的需求量;而计划是要利用各种预测值决定应该采取什么行动才能使企业处于有利形势。为了尽量减少计划工作所依据的条件的不确定性,以及在各项技术经济工作中尽可能地作出正确的决策,必须加强预测工作。

在技术经济工作中,经常要对各种技术方案在实践之前进行分析和评价,而分析和评价时采用的数据许多都要来自预测。因此,可以说预测是联接未来的桥梁,是探索未来的窗口,是决定今后发展的指南。近些年来,许多预测者把计量经济学、数理统计学、现代管理学、计算机技术,以及系统工程学、信息论、控制论、未来学等等学科的思想、理论和方法引进预测领域,建立和完善了一系列定性、定量预测方法,形成了一门综合性的独立学科。

预测的对象是具有不确定性的事物,影响预测对象的内、外部因素往往是复杂的,人们常常不能全面地认识它。因此,预测提供的信息不可能完全准确,必然带有一定的近似性,但它可以使事物发展的不确定性趋于最小,使我们对事物未来的发展状况有一个相对准确的把握。

8.1.2　预测的分类

(1)按预测时期的长短划分

1)近期预测。多以周或日计。

2）短期预测。1 到 5 年。

3）中期预测。5 到 15 年。

4）长期预测。15 到 30 年。

对不同的预测方案,其划分的标准不是固定的,也可以根据具体情况而另作规定。

（2）按预测内容划分

1）经济预测。可分为宏观经济预测和微观经济预测。宏观经济预测是指对整个国民经济范围的经济预测,如工农业总产值和国民收入增长率等的预测;微观经济预测是指对企业范围内的各项经济指标及所涉及的国内外市场形势的预测,如企业销售额,产品需求量和市场占有率等的预测。

2）科学技术预测。可分为科学预测和技术预测。科学预测是指对科学发展趋势、科学发展可能出现的成果,科学与社会发展的关系等问题的预测;技术预测是指对技术发展趋势、技术发展、新工艺、新材料可能应用的范围,性能及作用等问题的预测。

3）社会预测。是指对社会发展的有关问题的预测。如人口增长、社会购买心理和就业问题等的预测。

4）军事预测。是指对战争军事问题的预测。

（3）按预测的方法划分

1）定性预测。是指利用直观材料,依靠个人的经验和判断分析能力,对事物未来的发展进行预测,也称为直观预测,如市场调查法,德尔菲法和历史类比法等。

2）定量预测。是指根据历史数据和资料,应用数理统计方法来预测事物的未来,或利用事物发展的因果关系来预测事物的未来。凡利用历史数据来推算事物发展趋势的,称为外推法,如时间序列法。凡利用事物发展的因果关系,来推测事物发展趋势的,如回归分析法,计量经济分析法、投入产出法等。

3）综合预测。是指综合利用两种以上不同预测方法综合进行预测。任何一种预测方法都有一定的适用范围,都有一定的局限性和近似性。为了克服这一缺点,提高预测的精度和可靠性,往往采用多种预测方法,互相加以验证,然后再进行综合预测。综合预测可以是定性方法和定量方法综合,也可以是定量方法和定量方法综合,而更多的是定性方法和定量方法综合。

8.1.3 预测的基本原则和步骤

（1）预测的基本原则

1）惯性原则

可以说,没有一种事物的发展会与其过去的行为没有关系,过去的行为不仅会影响到现在,还会影响到未来。这表明,任何事物的发展都有一定的延续性,这种持续性被称为"惯性"。惯性越大表示过去对未来的影响越大,则研究过去所得到的信息对研究未来越有帮助;惯性越小则表示过去对未来的影响越小。

2）类推原则

许多事物相互之间在发展变化上常有类似的地方,利用某事物与其他事物的发展变化在时间上有前后不同,但在表现形式上有相似之处,有可能把先出现的事物的表现过程类推到后出现的事物上去,从而对后出现的事物做出预测。

利用类推原则进行预测,首要的条件是两事物之间的发展变化具有类似性,否则就不能进行类推。类似并不等于相同,再加上时间、地点、范围以及其他许多条件的不同,常常会使两事物的发展变化产生较大的差距,因此,在类推时要十分注意那些不同的因素。当由局部去类推整体时,应注意这个局部的特征能否反映整体的特征,是否具有代表性,决不能用那些不具有代表性的局部去类推整体。

3)相关原则

任何事物的发展变化都是与其他某些事物的发展变化相互联系、相互影响、相互制约的,于是我们就可以通过这种相关性,对某事物进行预测。

相关性有多种表现形式,其中最常用的是因果关系。任何一个事物的发展变化都是有原因的,是原因作用的结果。因果关系是事物之间普遍联系和相互作用的形式之一。它的特点是,原因在前,结果在后。并且原因和结果之间常常具有类似函数关系的密切联系,这就为利用因果关系建立模型进行预测提供了方便。

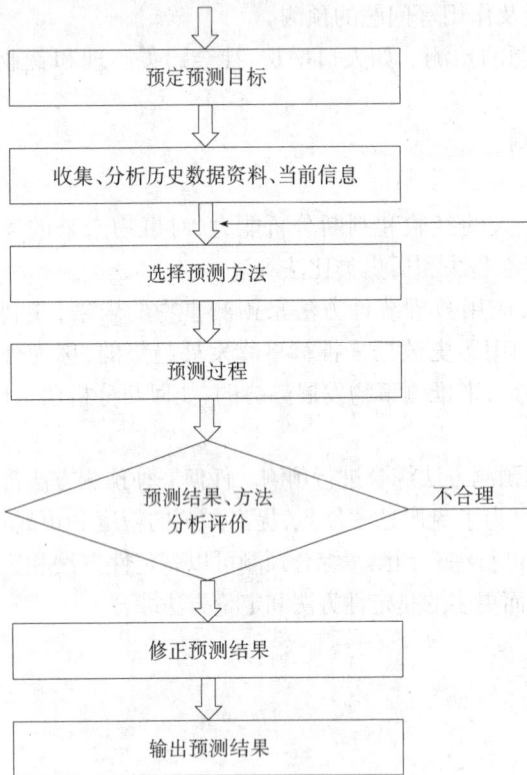

4)概率推断原则

由于各种因素的干扰,常常使一些预测对象呈现随机变化的形式,随机变化的不确定性,给预测工作带来很大的困难,然而为了给决策工作提供依据,需要预测工作者对具有不确定性结果的预测对象提出比较可靠的结论,这就需要应用概率推断原则。所谓概率推断原则,就是当推断预测结果能以比较大的概率出现时,就认为这一结果是成立的,是可用的。在实际应用中,概率应伴随预测结果同时给出。在定量预测中的置信区间的置信度,表示的就是事物出现的数量落在该区间的概率。在进行定性和定量预测时,一般要对多种可能的结果分别给出其发生的概率。

(2)预测程序

预测过程可以看成一个输入、处理、输出的系统,因此,预测要按一定程序进行。一般情况下,预测可分成七个主要步骤和一个反馈过程,预测程序如图 8.1 所示。

图 8.1 所示预测程序中每个步骤的内容如下:

1)确定预测目标:预测目标是指预测课题所需要达到的目的,主要是指预测结果、预测的时间限制及数量单位。

2)收集和分析原始资料和数据:根据已确定的目标,应尽可能全面的收集与预测目标有关的各项因素的原始数据、资料,并对收集到的数据、资料进行分析、整理、选择。可靠、全面的资料是做出正确预测的基础。

3)选择预测方法、建立预测模型:根据预测目标和原始数据资料,应选择相适应的预测方

图 8.1 预测程序

法,选择预测方法时,还要考虑到自己的预测条件等因素。对定性预测应建立设想的逻辑思维模型,对定量预测可以建立相应的数学模型。

4)应用选择的预测方法和建立的预测模型进行预测:对比较复杂的定量预测需要借助电子计算机来完成。

5)对于预测结果、方法进行分析评价:对选择的预测方法和所建立的预测模型,要利用统计检验进行一系列检验与分析,还要利用经济理论检验准则进行检验与分析。通过对资料数据的反复处理和选择判断,并多次进行检验分析评价后,即可找出预测与实际间可能产生的误差,分析出误差的大小和产生的原因。

6)修正预测结果:对于用定量方法进行的预测,常常因为有一些因素由于数据不足或无法定量表示或因为忽略了一些必要因素而影响了预测的精度,因此,需要用定性的方法考虑这些因素,并修正定量预测的结果。而对于定性预测的结果也常常可用定量的方法进行补充、修正,以使结果更接近于实际。定量预测与定性预测的方法的有机结合、补充修正,可以提高预测准确性。

7)输出预测结果:经修正的预测方法往往给出不同的预测结果,且不同的预测方法也会得出不同的预测结果,分析和综合这些预测,输出最后的预测结果作为预测问题的结论。

8.1.4 预测方法的选择

预测方法很多,目前大约有三百多种,在实际预测中,根据预测对象及其特点,考虑一定的有关因素选择适当的预测方法是预测是否成功的关键。一般情况下,选择预测方法要考虑如下六个因素:

(1)预测的时间范围

不同的预测方法适用于不同的预测期限,所收集的历史数据的样本点个数也会决定预测的期限的长短。一般情况下,时间序列分析法中的移动平均和指数平滑仅适于作近期预测;回归分析法,计量经济多适用于中短期预测,投入产出法多适用于中、长期预测;定性预测法一般多用于长期预测,样本点个数多表示数据时间长,则可以预测较长的期限,否则,只能预测较短期限。

(2)数据的趋势规律

数据的趋势规律是选择预测方法的重要依据,而数据趋势规律多数可以从收集数据所绘制的散布图上观察出数据的波动状态,然后进行合理分解与分析,正确选择合适的预测方法。一般情况下,随机波动状态的数据可以采用移动平均法;长期趋势波动状态的数据可以采用回归分析法、生命增长曲线法、计量经济法和灰色系统法;周期性循环波动的数据可采用季节性波动分析法、时间序列分解法等等。

(3)预测精确度

预测方法在特定条件下的价值,决定它在进行预测时的精确程度。评价预测精确度的方法也有多种,最简单的是把历史数据分成两部分,一部分作为确定预测方法的参数,另一部分用来检验其精确度。但是,这种方法的适用性不强,对精确度的评价比较粗糙。

(4)预测费用

预测费用包括:研制费用和运算费用。由于大多数定量预测方法都需要使用计算机,因此计算机的储存和运算费用是预测的主要费用。预测工作的组织、数据的收集和调研等所需的费用为研制费用。预测费用主要取决于对预测精度的要求,要求的预测精度愈高,就需要采用高级预测方法,所需要费用愈多;如果预测费用少,就只能采用较低级方法,其结果造成预测精度低,因预测精度低而造成决策失误会带来较大的损失。因此,应该在保证一定的前提下,选用费用最低的预测方法。

表8.1 预测方法适用法

因素与条件	定性方法			定量方法					
				时间序列法			因果分析		
	市场调查	德尔菲法(函询调查)	历史类比法	移动平均法	指数平滑法	趋势外推法	回归模型	经济计量模型	投入产出模型
方法内容简单介绍	运用科学方法,有目的、有计划地去系统收集用户、市场情况,包括产品调查、销售调查、竞争调查等	专家座谈会的发展,对受聘专家小组进行匿名调查,多轮反馈综合整理,对结果进行统计分析处理	运用事物发展的相似性原理,对相互类似的一些新产品的出现和发展过程进行对比性分析	为清除季节性和不规律性的影响,从序列中连续几个数值的平均值(算术平均或加权平均)	与移动平均法相似,考虑历史数据中远近期的作用不同,给予递减的权值,要求数据量少,包括有多重指数滑动模型	运用一个数学模型拟合一条趋势线,然后用这个模型外推未来事物的发展	运用事物发展的内部因素因果关系建立回归模型,包括一元回归、多元回归和非线型回归等	运用事物内部因素发展的复杂关系(包括因素间相关关系),建立模型,确定参数,应用模型进行预测	对经济系统各部之间产品和劳务流动情况进行分析的一种方法,说明为取得一事实上的产出,应需多少投入建立投入产出模型
适用的时间范围及用途	长期预测,新产品预测	长期预测,科技预测	长期预测,科技预测,新产品预测	即期或短期经济预测	近期或者短期经济预测	中、长期经济与科技预测	短、中、长期经济预测	短、中、长期经济预测	中、长期经济部门结构与发展
需要的数据资料	市场的历史发展资料和信息	专家的意见综合、分析与处理	产品或科学技术发展的多年历史资料	数据越多越好,至少三年以上,数据最低要求5~10个	同种数据最低要求大于2个	至少五年的数据	定性分析资料需要几年的数据	定性分析资料需要几年的数据	10~15年的历史数据
精确度	短期极好,长期较好	较好	尚好	尚好	较好	短期很好,中、长期较好	很好	中、短期很好,长期很好	短期不适用,中长期很好
预测所用时间	3个月以上	2个月以上	1个月以上	短期(1~2天)	短期(1~2天)	短期(1~2天)	取决于分析能力	2个月以上	6个月以上

(5)模型的优选

不同的预测方法对预测结果的精确度、预测费用和预测期限均有所不同,因此,优选预测模型是预测工作的重要内容。模型的优选一般可采用验证法、统计法和经济检验法来确定。常用的预测方法及适用范围,预测精度如表8.1所示。该表为选择适用的预测模型提供了方便。

(6) 适用性

预测方法的适用性是指应用这一方法的难易程度和用这种预测方法进行预测所需时间的长短。如果预测方法不能被预测人员所掌握或该预测方法所需时间周期过长,影响决策的时间性,不能满足所需要的完成预测的时间要求,则这种预测方法显然是不可取的。

8.1.5 预测组织的建构

前面我们说明了技术经济预测的基本原则和步骤,预测人员、管理人员在考虑这些问题时还应该遵循图8.2所示的程序,以便建立预测组织,完成预测任务。

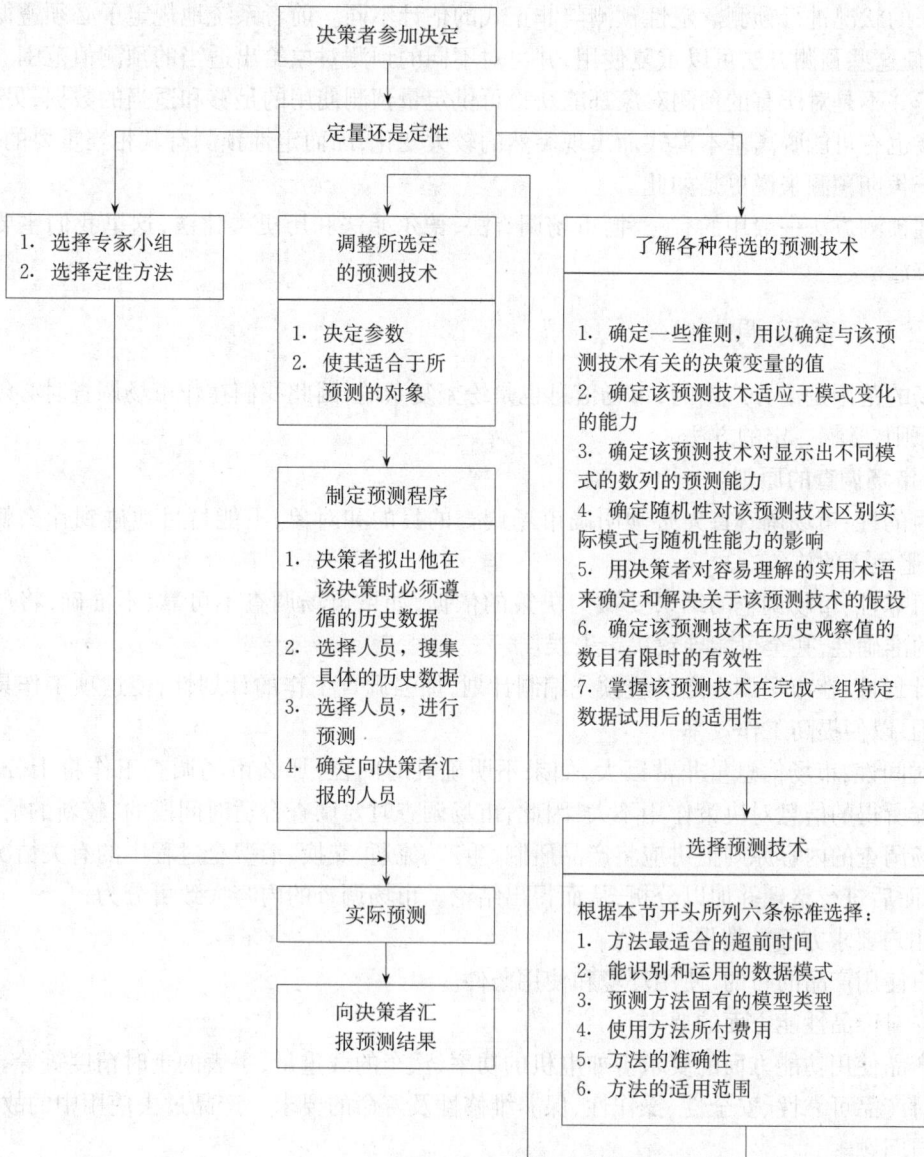

图 8.2 建立预测系统的程序

8.2 定性预测方法

对于事物未来状况的预测,凡是能够进行定量预测的,当然都应该力争做到,问题是常常遇到困难。首先,各种定量预测方法都要以历史上的客观数据为依据,然而我们可能对某些事物过去的情况了解甚少,或者无从了解,例如某项新技术的发展趋势,难以用数学模型来表达。在这样的情况下,就需要进行定性预测。

定性预测主要依靠人们的经验、专业知识和分析能力,参照已有的资料,通过主观判断对事物未来的状况进行预测。定性预测与非正式的估计不同。前者系统地规定了必须遵循的步骤,以便使这些预测方法可以重复使用,并可对不同的预测对象给出适当的预测值范围。

由于并不是对所有的预测对象都能获得可供定量预测使用的足够和适当的数据,另外,数据的发展也有可能脱离基本模式而出现突然的较大变化,因而定性预测有其相当重要的作用,特别对于长期预测来说更是如此。

定性预测方法一般用的有三种:市场调查法、德尔菲法和历史类比法,这里我们主要介绍前两种方法。

8.2.1 市场调查法

市场的范围是十分广阔的,市场信息也是纷繁复杂的,因此我们在作市场调查时必须遵循一定的原则,掌握一定的方法。

(1)市场调查的原则

1)目的性:市场调查首先必须明确市场调查的目的和对象,不能盲目地碰到什么就调查什么,要避免无的放矢。

2)可靠性:市场调查的结果要做为决策的依据,如果市场调查不可靠、不准确,将严重影响决策的准确性,甚至可能导致决策失误。

3)计划性:在市场调查之前应预先编制计划,加强调查工作的计划性,使这项工作具有确定的范围,以便提高工作效率。

4)时间性:市场信息量非常巨大,如果不明确其时间性,那么市场调查工作将十分困难,而且调查所得的信息对决策作用不大,因此,市场调查时要调查合适时间段的、较新的情况。

市场调查的内容原则上讲应将产品研制、生产、流通、交换、消费全过程中的有关情况都搜集起来,而后进行整理并加以分析,从而得出结论。市场调查的内容大致可分为:

1)用户要求方面的情报

用户使用产品的目的,使用环境和使用条件。

用户对产品性能方面的要求:

①产品使用功能方面的要求。如电机的功率,汽车的载重量,手表的走时精度等等。

②对产品可靠性、安全性、操作性、保养维修性及寿命的要求。产品过去使用中的故障、事故情况与问题。

③对产品外观方面的要求。如造型、体积、色彩等等。

2)销售方面的情报

产品产销售量的演变,目前产销情况与市场需求量的调查。

产品竞争的情况。目前有那些竞争的厂家和竞争的产品,其产量、质量、销售、成本、利润情况。同类企业和同类产品的发展计划,拟增加的投资额、重新布点、扩建改建或合并调整的情况。

3)科学技术方面的情报

现产品的研制设计历史和演变。

本企业产品和国内外同类产品的有关技术资料,如图纸、说明书、技术标准、质量调查等等。有关新结构、新工艺、新材料、新技术、标准化和三废处理方面的科技资料。

4)制造和供应方面的情报

产品加工方面的情报。生产批量、生产能力、加工方法、工艺装备、生产节拍、检验方法、废次品率、厂内运输方式、包装方法等情况。

原材料及外协件,外购件种类、质量、数量、价格材料利用率等情况。

供应与协作单位的布局、生产经营情况、技术水平与成本、利润、价格等情况。

厂外运输方式及运输经营情况。

5)成本方面的情报

按产品、零部件的定额成本、工时定额、材料消耗定额、各种费用定额、材料、配件、自制半成品、厂内劳务的厂内计划价格等等。

6)政府和社会有关部门法规、条例等方面的情报。

(2)市场调查的方法和步骤

1)确定市场调查的目的、对象和时间及范围。

2)制定市场调查的实施性计划。

3)按市场调查的内容分类调查市场信息。

4)分析和整理市场调查得来的信息。

5)根据对市场调查信息的分析,作出综合评价。

8.2.2 德尔菲法

Delphi 是古希腊传说中可以预卜未来的圣地,这种预测方法就是借用此名的。德尔菲法的实质是通过搜集和整理分析专家意见作出预测。

对于情况比较复杂而对其又了解不多的预测对象,只靠个人判断比较容易带有片面性,应该由专家小组来预测。这里所说的专家,是指对预测对象所涉及的领域有丰富的专门知识和实践经验的人。依靠专家小组预测,固然可以采取如开专家会议的形式,但德尔菲法的创立者认为集体讨论容易被个别人或大多数人的意见所左右,常有正确的意见不能充分发表的弊病。因而他们建议通过一个中间机构分别向有关专家函询,专家匿名发表意见,经过多次反复,使专家意见逐渐趋于一致以取得预测结果。

(1)专家的选择

这是运用德菲尔法预测的关键一步。因为预测的结果来自对专家意见的综合,参与预测的专家的选择恰当与否,直接影响预测结果的质量。选择的原则应视预测的任务而定。如果预测对象是只涉及本部门的问题,只需选择对本部门的历史和现状了解比较深入的专家;如果预测的对象具有综合性,则应在较为广泛的范围选择专家。既应包括知名的和有代表性的专家,更应包括最掌握该特定领域的知识与技能的专家。

（2）制定意见征询表

意见征询表是运用德尔菲法预测的重要手段，是信息的主要来源。

在意见征询表中，有些问题要求作出定量的回答，例如，要求回答在未来某个时间某种材料的使用占同类材料的百分比的估计。而有些问题则只要求作出一定的说明，例如，在几种技术措施中选择本人认为最有效的措施，并陈述其理由。

（3）函询调查多次反馈

中间机构把意见征询表集中后，经过综合整理，把结果反馈给有关专家，同时发出下一份根据需要内容有所变动的意见征询表，如此多次反复，使意见渐趋一致。

下面引用的是用德尔菲法进行某种专业劳动需求量预测的五轮意见征询表的实际制订过程。

在第一轮意见表中，向专家小组提供预测对象的说明和需求劳动力的公司的简要介绍。要求小组每个成员提出为进行预测需要哪些专门的信息以及将如何利用这些信息。为每个成员制定单独的信息表，其中只包括该成员专门要求的信息。这些信息表作为第二轮意见征询表的一部分发还给他们。

在第二轮意见征询表中，要求每个成员根据他所收到的信息尽可能地做出最好的估计，并说明他是如何综合这些信息得出他的估计的。还要请各个成员提出为了能够改善他的估计需要补充那些信息。然后为每个成员再一次制定单独的信息表，表中包括该成员在第二轮意见征询意见表中索取的信息。这些信息表连同中间机构对意见征询得出的劳动力需求量估计整理结果，作为第三轮意见征询表的一部分反馈给各个成员。

在第三轮意见征询表中，要求每个成员根据他所占有的全部信息做出一个估计，并且说明他如何在收到补充信息后更加肯定原来的估计，或者需要修正原来的估计。

在第四轮意见征询表中，编制了一个所有成员在前面各轮中索取过的所有信息的汇总表，连同上一轮意见征询的整理结果分析发给每个成员。再一次要求他们做出估计，并且说明补充信息如何使他们坚持原来的估计，或者需要修正原来的估计。

第五轮意见征询表只传递一个信息，即上一轮意见征询的整理结果。要求每个成员根据他所掌握的全部信息，做出最后的估计，并且说明估计是如何做出的。

8.3　定量预测方法

定量预测的基本思想是根据过去和现在的有关客观历史数据，从中鉴别出它们发展的基本模式（Pattern），并假定其不变，由此建立数学模型，用以预测事物未来的状况或发展趋势。

定量预测方法本身又大体可分成两类。一类是利用因果关系分析方法进行预测的方法。它包括回归法、投入产出法和经济计量法。这种方法适用于在有足够的历史数据可资利用，且能够找出预测对象与有关的影响因素的相关关系时，通过表达它们之间的因果关系的数学模型，对事物的未来状况进行预测。另一类是利用时间序列分析进行预测的方法。它包括移动平均法、指数平滑法和趋势外推法。这种方法认为，仅从过去按时间顺序排列的客观数据中，即可找出预测对象随时间推移而发展变化的基本规律，并用此来预测事物的未来状况。

定量预测适用于近期、短期或中期（一般认为两年以内）的预测。在这两类定量预测方法中，较常用的有方法回归法、移动平均法和指数平滑法。

8.3.1 回归预测技术

回归分析是处理变量之间相关关系的一种数理统计方法。

在自然界和人类社会活动中存在着很多变量,其中某些变量之间有一定的依赖关系,这些依赖关系可以分为两类:函数关系和相关关系。变量之间关系可以用函数来表达的,叫做函数关系(确定性关系)。变量之间存在一定的关系,但又不能由一个或几个变量的值精确地确定另一变量的值的,叫做相关关系(非确定性关系)。一个变量时称为一元回归,多个变量时称为多元回归。根据因变量和自变量之间函数形式的不同,又可分为线性回归和非线性回归。非线性回归方程一般可以通过对对数运算化为线性回归方程进行处理。

回归分析主要解决预测中的以下问题:

(1)分析一组统计数据,确定几个特定变量之间的数学关系式,即确定因变量与自变量的内在联系;

(2)对变量关系式中的参数进行估计和统计检验,确定主要影响因素、次要影响因素及其对因变量的相关程度;

(3)根据未来自变量值,通过回归模型预测因变量的未来值;

(4)分析研究预测结果的精度及误差范围。

应当指出,虽然回归分析主要用于因果关系形式的预测,但也可用于时间序列的数据预测,此时,时间为自变量,但不能刻画预测对象与相关因素的内在联系。

(1)一元线性回归预测法

一元线性回归预测适用于预测对象主要受一个相关变量影响且两者间呈线性关系的预测问题。一元线性回归的步骤如下:

1)建立一元回归模型

设有一组反映预测对象 y_i 与某相关因素 x_i 之间因果关系的样本数据:

$$x_1, x_2, \cdots, x_n$$
$$y_1, y_2, \cdots, y_n$$

根据经验判断或作散点图观察分析,两者之间具有明显的线性相关系数。因此,可以建立如下一元回归方程:

$$y = a + bx \tag{8.1}$$

2)计算回归系数

由最小二乘法原理,求出回归系 a 和 b,其计算公式为:

$$b = \frac{n \sum x_i y_i - \sum x_i \sum y_i}{n \sum x_i^2 - (\sum x_i)^2} \tag{8.2}$$

$$a = \frac{\sum y_i - b \sum x_i}{n} \tag{8.3}$$

式中:n——样本点数目,最好不少于20;

x_i——第 i 个样本点的自变量;

y_i——第 i 个样本点的因变量值;

$\sum$—— 表示 $\sum\limits_{i=1}^{n}$。

样本数据应经过分析和筛选,去掉不可靠和不正常的数据。

3)计算相关系数并进行相关检验

相关系数反映了 x 和 y 相关程度,其计算公式为:

$$r = \frac{n\sum x_i y_i - \sum x_i \sum y_i}{\sqrt{[n\sum x_i^2 - (\sum x_i)^2][n\sum y_i^2 - (\sum y_i)^2]}} = \frac{\sum (x_i - \bar{x})(y_i - \bar{y})}{\sqrt{\sum (x_i - \bar{x})^2 \cdot \sum (y_i - \bar{y})^2}} \tag{8.4}$$

式中, $\bar{y} = \frac{1}{n}\sum y_i$, $\bar{x} = \frac{1}{n}\sum x_i$ 分别为因变量和自变量的算术平均值。

表 8.2　临界相关系数 r_c 值

$n-2$ \ α	0.05	0.01	$n-2$ \ α	0.05	0.01
1	0.997	1.000	19	0.433	0.549
2	0.950	0.990	20	0.423	0.537
3	0.878	0.959	21	0.413	0.526
4	0.811	0.917	22	0.404	0.515
5	0.754	0.874	23	0.396	0.505
6	0.707	0.834	24	0.388	0.496
7	0.666	0.798	25	0.381	0.487
8	0.632	0.765	26	0.374	0.478
9	0.602	0.735	27	0.367	0.470
10	0.576	0.708	28	0.361	0.463
11	0.553	0.684	29	0.355	0.456
12	0.534	0.661	30	0.349	0.449
13	0.514	0.641	35	0.325	0.418
14	0.497	0.623	40	0.304	0.393
15	0.482	0.606	45	0.288	0.372
16	0.468	0.590	50	0.273	0.354
17	0.456	0.575	60	0.250	0.325
18	0.444	0.561	70	0.232	0.302

r 的绝对值在 0~1 之间, $|r|$ 越接近 1,说明 x 和 y 的相关性越强,预测结果的可信程度越高。一般可用计算出的相关系数 r 与相关系数临界值 r_c 作比较,只有当 $|r| > r_c$ 时,所得回归预测模型在统计上才具有显著性,用回归方程描述 y 和 x 的关系才有意义。

r_c 是由样本数 n 和置信度 $(1-\alpha)$ 两个参数决定的,实际工作中, r_c 值可由表 8.2 直接查出。

4)t 检验

t 检验的目的是检验回归系数估计值是否具有统计意义,即检验自变量对因变量是否有显著影响。对于一元回归,主要是 b 的检验。

$$t = \frac{b \cdot \sqrt{\sum x_i^2 - n \overline{x}^2}}{\sqrt{\frac{1}{n} \sum (y_i - \hat{y}_i)^2}} \tag{8.5}$$

式中,y_i 为因变量的预测值。

当计算出的 t 值大于 t 分布表(一般取显著水平 $a = 0.05$)中临界值 t_c 时,即认为自变量对因变量的影响是显著的;否则,为不显著,需重新选择自变量。

5)求置信区间

由于回归方程中自变量 x 与因变量 y 之间的关系并不是确定性的,所以对于任意的未来值 $x = x_0$,无法确切地知道 y_0 值,只能通过求置信区间,确定在给定概率下实际值 y_0 的取值范围。

在样本数为 n,置信度为 $1 - \alpha$ 的条件下,y_0 的置信区间为:

$$\hat{y}_0 \pm t(\alpha/2, n-2) \cdot s(y) \tag{8.6}$$

式中:$\hat{y}_0$——与 x_0 相对应的根据回归方程计算的 y_0 预测值;

$t(\alpha/2, n-2)$——自由度为 $n-2$,置信度为 $1 - \alpha$ 时 t 分布的临界值,可查 t 分布表;

$S(y)$——经过修正的因变量 Y 的标准差:

$$s(y) = \hat{\sigma} \cdot \sqrt{1 + \frac{1}{n} + \frac{(x_0 - \overline{x})^2}{\sum (x_i - \overline{x})^2}} \tag{8.7}$$

$$\sigma = \sqrt{\frac{\sum (y_i - \hat{y}_i)^2}{n-2}} \tag{8.8}$$

在实际预测工作中,当 n 足够大时,式(8.6)中的根式近似地等于1,而式(8.7)就是回归方程标准离差 σ。当置信度 $1 - \alpha = 0.95$ 时,$t(\alpha/2, n-2)$ 约等于2,则 Y_0 的置信区间近似等于 $\hat{Y}_0 \pm 2\sigma$,这意味着 y_0 的实际值发生在 $(\hat{y}_0 - 2\sigma, \hat{y}_0 + 2\sigma)$ 区间的概率为95%。当置信度取 $1 - \alpha = 0.99$ 时,$t(\alpha/2, n-2)$ 约等于3,y_0 的置信区近似为 $y_0 \pm 3\sigma$。

对于每一个 x_0,有相应的 $S(y)$ 值,因而可以求出其相应的置信区间,于是可得到回归直线上预测值的置信区间。由式(8.6)可知,当 $x_0 = \overline{x}$ 时,置信区间最窄;x_0 离 $\overline{x}$ 越远,置信区间越宽。

例8.1 有一组经过筛选的数据见表8.3,试建立一元线性回归预测模型。

回归方程为:
$$y = a + bx$$

回归系数为:

$$b = \frac{n \sum x_i y_i - \sum x_i \sum y_i}{n \sum x_i^2 - (\sum x_i)^2} = 0.686$$

$$a = \frac{\sum y_i - b \sum x_i}{n} = -3.622\,3$$

由此可得：
$$y = -3.6223 + 0.0686$$
相关系数为：

$$r = \frac{n\sum x_i y_i - \sum x_i y_i}{\sqrt{\left(n\sum x_i^2 - (\sum x_i)^2\right) \cdot \left(n\sum y_i^2 - (\sum y_i)^2\right)}} = 0.8033$$

已知 $n-2 = 17$，取 $\alpha = 0.05$，由表 8.2 查得相关数临界值 $r_c = 0.456$，$r > r_c$，说明回归模型具有显著性，可用于预测。

表 8.3

x	y	x	y
939.4	46.6	1 073.9	71.2
928.9	61.3	1 209.3	111.4
1 012.2	46.3	1 440.0	59.5
1 971.2	53.4	2 164.0	105.8
1 849.4	79.9	2 055.2	146.5
2 272.2	102.9	2 215.2	222.1
2 285.3	141.1	2 178.0	202.4
936.9	109.5	2 880.0	242.0
537.6	49.2	3 377.3	227.8
706.2	51.4		

求置信区间：

$$\hat{\sigma} = \sqrt{\sum (y_i - \hat{y}_i)^2 / n - 2} = 40.9645,\text{对于给定的 } x = x_0，有$$

$$s(y) = \hat{\sigma} \cdot \sqrt{1 + \frac{1}{n} + \frac{(x_0 - \bar{x})^2}{\sum (x_i - \bar{x})^2}} =$$

$$40.9645 \times \sqrt{1 + \frac{1}{19} + \frac{(x_0 - 1\,687.3263)^2}{11\,031\,139.8}}$$

置信度 $1-\alpha$ 取为 0.95，则 y_0 的置信区间近似为 $y_0 \pm 2S(y)$。

假如未来自变量的某一值为 $x_0 = 7\,500$，则 $\hat{y}_0 = -3.4223 + 0.0686 \times 7\,500 = 510.88$

$$S(y) = 40.9645 \times 2.03 = 83.1$$

置信区间为：　　　　　　　　$\hat{y}_0 \pm 2S(y) = 510.88 \pm 166.2$

这意味着，当 $x = x_0 = 7\,500$ 时，y_0 的预测值为 510.88 ± 166.2 的可能性是 95%。

本例中，$t(\alpha, n-2)$ 当 $\alpha = 0.05$ 时的值为 2.110。

(2) 一元非线性回归预测法

在实际问题中，有的预测对象与相关因素的关系并非线性的，应根据散点图的分布状况来选择合适类型的曲线，建立非线性回归预测模型。对非线性回归预测模型，可通过变量代换，将一元非线性回归模型转换为一元线性回归模型。

常用的一元非线性回归模型有：

1）幂函数曲线

幂函数曲线的图形见图8.3,其方程为：

$$y = ax^b \tag{8.9}$$

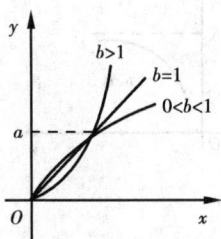

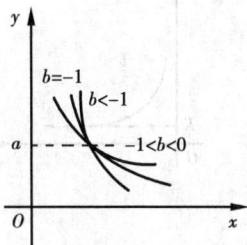

图 8.3　幂函数图形

将式(8.9)两边取对数,有　　　　　　　　$\lg y = \lg a + b\lg x$

令 $y' = \lg y$, $x' = \lg x$, $a' = \lg a$, 则有

$$y' = a' + bx'$$

2）双曲线

双曲线的图形见图8.4,其方程为：

$$1/y = a + b/x \tag{8.10}$$

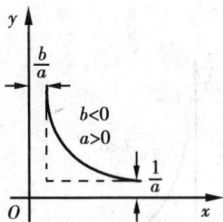

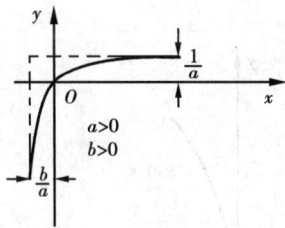

图 8.4　双曲线图形

令 $y' = 1/y$, $x' = 1/x$, 则有 $y' = ae^{bx}$

3）指数函数

指数函数图形见图8.5,其方程为：

$$y = ke^{bx} \tag{8.11}$$

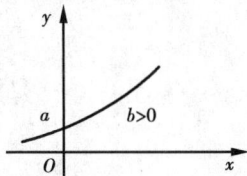

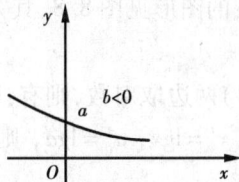

图 8.5　指数函数图形

将式(8.11)两边取对数,则有

$$\ln y = \ln k + bx \qquad 令\ y' = \ln y,\ a = \ln k,$$

则：
$$y' = a + bx$$

4)指数函数

这是另一种指数函数,见图8.6,其方程为:

$$y = ke^{b/x} \tag{8.12}$$

图8.6 指数函数图形

将式(8.12)两边取对数,则: $\qquad$ $\ln y = \ln k + b/x$

令 $y' = \ln y$, $x' = 1/x$, $a = \ln k$, 则有:

$$y' = a + bx'$$

还有一种指数函数,其方程为: $y = kb^x$, 令 $y' = \lg y$, $a' = \lg k$, $b' = \lg b$,
则有: $\qquad$ $y' = a' + b'x$

5)对数函数

对数函数的图形见图8.7,其方程为:

$$y = a + b\lg x \tag{8.13}$$

图8.7 对数函数图形

令 $x' = \lg x$, 则有:

$$y = a + bx'$$

6)立方抛物线

立方抛物线的图形见图8.8,其方程为:

$$y = ax^3 \tag{8.14}$$

将式(8.14)两边取对数,则有: $\lg y = \lg a + 3\lg x$

令 $y' = \lg y$, $x' = \lg x$, $a' = \lg a$, 则有: $y' = a' + 3x$

7)皮尔曲线

皮尔曲线的图形见图8.9,其方程为:

$$y = 1/(a + be^{-x}) \tag{8.15}$$

把式(8.15)变换为: $1/y = a + be^{-x}$

令 $y' = 1/y$, $x' = e^{-x}$, 则有: $y' = a + bx'$

通过变量代换,将非线性方程变为线性方程后,便可按一元线性回归模型的步骤进行计算。

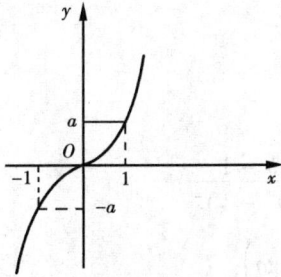

图 8.8　立方抛物线图形

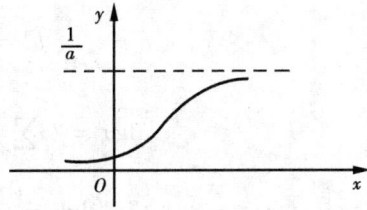

图 8.9　皮尔曲线图形

许多事物的发展规律类似于生物的自然增殖过程,可以用一条近乎 S 型的曲线来描述:发展初期增长速度较慢,一段时间后,增长速度会逐渐加快,到接近于某一增长极限时,增长速度又会放慢,见图 8.9。有多种 S 型增长曲线模型,常用作预测的有戈伯兹曲线和逻辑曲线,它们也属于一元非线性回归预测法。

1)戈伯兹曲线预测模型

戈伯兹曲线的数学模型为(见图 8.10):

$$y = ka^{b^t} \tag{8.16}$$

式中:y——预测函数值;

　　　t——时间变量;

　　　k——渐近线值;

　　　a、b'——模型参数。

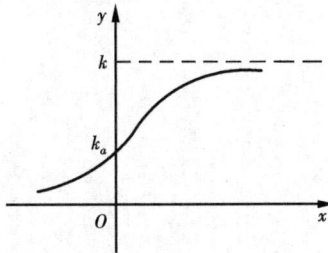

图 8.10　戈伯兹曲线图形

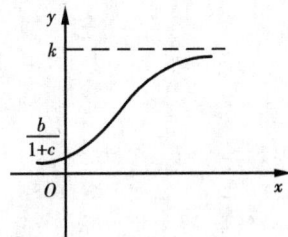

图 8.11　逻辑曲线图形

如果通过对时间序列数据的观察分析,认为可以用戈伯兹曲线拟合,可按如下步骤计算 k、a、b 等三个待求参数:

①进行时间编序,第一年 $t=0$,第二年 $t=1$,依次类推;

②将时间序列数据分为三段,每段 n 年,计算各时间段内实际数据之对数和:

$$\begin{cases} \sum_1 \lg y = \sum_{t=0}^{n-1} \lg y_t \\ \sum_2 \lg y = \sum_{t=n}^{2n-1} \lg y_t \\ \sum_3 \lg y = \sum_{t=2n}^{3n-1} \lg y_t \end{cases} \tag{8.17}$$

式中：y_t 为第 t 年的实际数据。

③计算 k、a、b

$$b^n = \frac{\sum_3 \lg y - \sum_2 \lg y}{\sum_2 \lg y - \sum_1 \lg y} \tag{8.18}$$

$$\lg a = \left(\sum_2 \lg y - \sum_1 \lg y \right) \cdot \frac{b-1}{(b^n - 1)^2} \tag{8.19}$$

$$\lg k = \frac{1}{n} \sum_1 \left(\lg y - \frac{b^n - 1}{b - 1} \lg a \right) \tag{8.20}$$

由 bn、$\lg a$、$\lg k$ 求得参数 b、a、k，再代入式(8.16)，即可得戈伯兹曲线预测模型。

2) 逻辑曲线预测模型

逻辑曲线的数学模型为(见图 8.11)：

$$y^i = k/(1 - be^{-at}) \tag{8.21}$$

式中：y——预测函数；

t——时间变量；

k——渐近线值；

a、b——模型参数；

e——自然对数的底。

待定参数 k、a、b 的计算方法如下：

①将时间编序，第 1 年 $t=1$，第 2 年 $t=2$，依次类推；

②将时间序列数据分为 3 段每段 n 年，计算各时间段内实际数据的倒数之和，分别记作 $S1$、$S2$、$S3$：

$$\begin{cases} S_i = \sum_{t=1}^{n} \dfrac{1}{y} \\[3mm] S_2 = \sum_{t=n+1}^{2n} \dfrac{1}{y_t} \\[3mm] S_3 = \sum_{t=n+1}^{3n} \dfrac{1}{y_t} \end{cases} \tag{8.22}$$

设：

$$\begin{aligned} D_1 &= S_1 - S_2 \\ D_2 &= S_2 - S_3 \end{aligned} \tag{8.23}$$

③计算 k、a、b

$$k = \frac{n}{S_1 - \dfrac{D_2}{D_1 - D_2}} \tag{8.24}$$

$$a = \frac{1}{n}(\ln D_1 - \ln D_2) \tag{8.25}$$

$$b = \frac{k \cdot D_1}{C(D_1 - D_2)} \tag{8.26}$$

式中：

$$c = \frac{e^{-a}(1 - e^{-na})}{1 - e^{-a}} \tag{8.27}$$

将求得的 k、a、b 代入式(8.21)中,即可得逻辑曲线。

例 8.2 某地近 12 年产值数据见表 8.4,经分析认为其发展过程可用戈伯兹曲线描述,试建立戈伯兹曲线预测模型。

表 8.4

时间段	年序 t	产值 y_t	$\lg y_t$	$\sum i \lg y_t$
1	0	152	2.181 84	$\sum 1 \lg y_t = 9.264\ 82$
	1	183	2.262 45	
	2	245	2.389 17	
	3	270	2.431 36	
2	4	510	2.707 57	$\sum 2 \lg y_t = 11.306\ 01$
	5	615	2.788 80	
	6	750	2.875 06	
	7	860	2.934 50	
3	8	980	2.991 23	$\sum 3 \lg y_t = 12.099\ 31$
	9	1 060	3.025 31	
	10	1 095	3.039 41	
	11	1 105	3.043 36	

解 将时间序列数据分为 3 段,每段 4 年(即 $n=4$),分别计算各时间段内实际数据的对数和,计算结果见表 8.4。

各待定参数计算如下:

$$b^4 = (\sum 3 \lg y_t - \sum 2 \lg y_t)/(\sum 2 \lg y_t - \sum 1 \lg y_t) =$$
$$(12.099\ 31 - 11.306\ 01)/(11.306\ 01 - 9.264\ 82) = 0.388\ 65$$

$$\lg a = (\sum_2 \lg y_t - \sum_1 \lg y_t) \cdot \{(b-1)/[(b^n-1)2]\} =$$
$$(11.306\ 01 - 9.264\ 82) \times (0.789\ 57 - 1)/\{[(0.388\ 65 - 1)2]\} =$$
$$-1.149\ 25$$

$$a = 0.070\ 92$$

$$\lg k = (1/n)(\{\sum_1 \lg y_t - [(b^n-1)/(b-1)]\lg a\} =$$
$$(1/4) \times [9.264\ 82 - (0.388\ 65 - 1)/(0.789\ 57 - 1) \times (-1.149\ 25)] =$$
$$3.150\ 91$$

$$k = 1\ 415.5$$

戈伯兹曲线预测模型为: $y = 1\ 415.5 \times 0.070\ 92^{0.789\ 57t}$

(3)多元线性回归预测法

在许多实际问题中,影响因变量的因素往往不只是一个而常常是多个,称此类回归问题为多元回归。当因变量与多个自变量存在线性关系时,则为多元线性回归。多元线性回归的一般步骤如下：

1）建立多元线性回归方程

设因变量为 y，与因变量有关的 m 个自变量为 $x_1, x_2, \cdots, x_m$，若存在线性关系，则可建立回归预测方程：

$$y = a + b_1 x_1 + b_2 x_2 + \cdots + b_m x_m \tag{8.28}$$

式中：$a, b_1, b_2, \cdots, b_m$ 为回归系数。

2）计算回归系数

回归系数由下列方程组计算得到：

$$\begin{cases} l_{11} b_1 + l_{12} b_2 + \cdots + l_{1m} b_m = l_{1y} \\ l_{21} b_1 + l_{22} b_2 + \cdots + l_{2m} b_m = l_{2y} \\ \cdots \\ l_{m1} b_1 + l_{m2} b_2 + \cdots + l_{mm} b_m = l_{my} \\ a = \bar{y} - (b_1 \bar{x}_1 + b_2 \bar{x}_2 + \cdots + b_m \bar{x}_m) \end{cases} \tag{8.29}$$

式中：

$$\bar{y} = \frac{1}{n} \sum y_i \tag{8.30}$$

$$\bar{y}_i = \frac{1}{n} \sum_{ij} (j = 1, 2, \cdots, m) \tag{8.31}$$

符号 $\sum$ 表示 $\sum_{i=1}^{n}$，n 为数据组数。

$$\begin{cases} l_{11} = \sum x_{i1}^2 - n\bar{x}_1^2 \\ l_{22} = \sum x_{i2}^2 - n\bar{x}_2^2 \\ \cdots \\ l_{mm} = \sum x_{im}^2 - n\bar{x}_m^2 \end{cases} \tag{8.32}$$

$$\begin{cases} l_{12} = l_{21} = \sum x_{i1} x_{i2} - n\bar{x}_1 \bar{x}_2 \\ l_{13} = l_{31} = \sum x_{i1} x_{i3} - n\bar{x}_1 \bar{x}_3 \\ \cdots \\ l_{1m} = l_{m1} = \sum x_{i1} x_{im} - n\bar{x}_1 \bar{x}_m \end{cases} \tag{8.33}$$

$$\begin{cases} l_{1y} = \sum x_{i1} y_i - n\bar{x}_1 \bar{y} \\ l_{2y} = \sum x_{i2} y_i - n\bar{x}_2 \bar{y} \\ \cdots \\ l_{my} = \sum x_{im} y_i - n\bar{x}_m \bar{y} \end{cases} \tag{8.34}$$

3）相关检验

多元线性回归模型的相关检验可通过计算复相关系数进行，计算公式为：

$$R = \sqrt{1 - \frac{\sum (y_i - \hat{y}_i)^2}{\sum (y_i - \hat{y})^2}} \tag{8.35}$$

R 值越接近于 1，回归模型的预测效果越好。一般要求计算出的 R 值大于临界复相关系

数 R_c 值(查有关数表),否则回归模型不能成立。

4)F 检验

F 检验的目的是判别全部自变量 $x_1,x_2,\cdots,x_m$ 作为一个整体与因变量 y 的线性统计关系是否显著。

$$F = \sqrt{\frac{\sum(\hat{y}_i - \bar{y})^2/(m-1)}{\sum(y_i - \bar{y})^2/(n-m)}} \tag{8.36}$$

它服从第一自由度为 $m-1$,第二自由度为 $n-m$ 的 F 分布,因此,对于给定的置信水平 a,查 F 分布表可得临界值 $F_0(m-1,n-m)$。

若 $F>F_0(m-1,n-m)$,则认为一组自变量 $x_1,x_2,\cdots,x_m$ 与 y 的线性统计关系显著;否则,则说明其线性统计关系不显著。

5)t 检验

t 检验的目的是检验每个自变量对 y 的影响程度,从而决定 $x_1,x_2,\cdots,x_m$ 中哪些是主要自变量。第 j 个自变量的 t_j 值的计算公式为:

$$t_j = \frac{b_j \cdot \sqrt{\sum x_{ij}^2 - n\,\overline{x_j^2}}}{\sqrt{\frac{1}{n}\sum(y_i - \hat{y}_i)^2}} \tag{8.37}$$

当 $|t_j| > t(a/2,n-m)$ 时,说明自变量 x_j 对 y 有显著影响;否则说明没有显著影响。

6)求置信区间

在取置信度 $1-\alpha=0.95$ 的情况下,对于任意的 $x_{j0}(j=1,2,\cdots,m)$,相应的 y_0 的置信区近似为 $\hat{y}_0 \pm 2S$。S 由下式给出:

$$s = \sqrt{\frac{\sum(y_i - \hat{y}_i)^2}{n - (m+1)}} \tag{8.38}$$

在多元线性回归分析中,二元回归具有极其重要的地位。

表 8.5

序　号	年　　份	y	x_1	x_2
1	1974	0.06	510	156
2	1976	0.23	570	131
3	1981	0.77	546	115
4	1986	1.40	557	123
5	1987	1.58	556	122
6	1989	2.07	592	123
7	1990	2.39	642	175
8	1991	3.13	743	183
9	1992	3.52	739	233
10	1993	6.84	760	312

例 8.3 已知 y, x_1, x_2 的统计值见表 8.5。初步分析知 y 是 x_1 和 x_2 的线性函数,试建立回归方程。

解 利用多元线性回归的计算公式进行计算,得到二元线性回归方程如下:

$$\hat{y} = -6.164 + 0.008\,7x_1 + 0.017\,67x_2$$
$$R = 0.926$$
$$S = 0.854\,6$$

置信度 $1 - \alpha = 0.95$ 时,对于任意给出的 x_{10} 和 x_{20},预测值 y_0 的置信区间近似为:

$$\hat{y}_0 \pm 2s = \hat{y}_0 \pm 1.709\,2$$

8.3.2 移动平均法

移动平均法是通过时间序列分析进行预测的一种简便方法。按时间顺序排列起来的历史数据,叫做时间序列,例如某个地区历史上按年度排列的某种材料的需求量。时间序列由于受各种因素的影响起伏不定,发展趋势往往不容易看得清楚。时间序列分析就是用一定的分析方法,将影响预测对象的各种偶然因素排除,从而使预测对象的总趋势显现出来。时间序列分析的基本假设是过去发展趋势将延续到未来。

我们对历史数据进行统计时,常常采用算术平均法。这种简单平均的方法,由于对不同时期的数据没有区别对待,反映不出数据的演变过程的发展趋势。移动平均法是在算术平均法基础上发展起来的。这种方法以近期实际数据为依据,每次将最近的 N 个周期的数据进行算术平均,逐期向前移动,每移动一次,增加一个最新周期的数据,同时舍去原来一个最旧周期的数据,再进行算术平均,并以最新的算术平均值作为下一个周期的预测值,因此,被称为移动平均法。

(1)一次移动平均

1)一次移动平均值的计算及其在预测中的应用

时间序列的发展变化,常见的有水平模式、线性模式及二次曲线模式,如图 8.12 所示。若历史数据的变化呈水平模式,可以利用一次移动平均值预测。

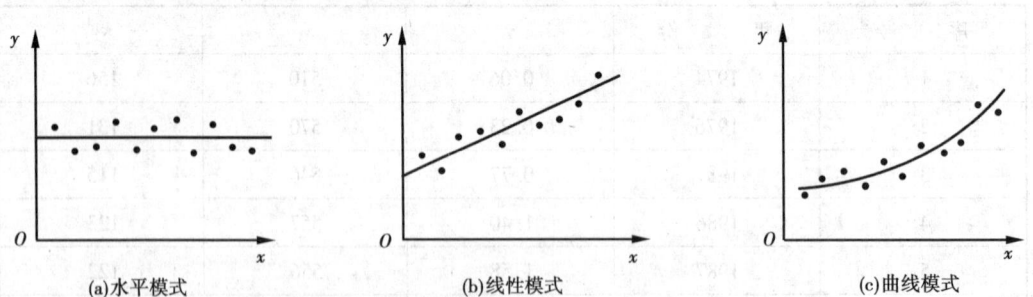

图 8.12 基本的数据模式

一次移动平均又称简单移动平均。

设已知各周期的实测数据为 $y_1, y_2, y_3, \cdots$,则第 t 周期的一次移动平均值是

$$M_t^{[1]} = \frac{y_t + y_{t-1} + y_{t-2} + \cdots + y_{t-N+1}}{N} \tag{8.39}$$

式中:$M_t^{[1]}$——第 t 周期的一次移动平均值;

N——计算移动平均的周期数。

为了计算的方便,(8.39)式可以作如下的变换:

$$M_t^{[1]} = \frac{y_t + y_{t-1} + y_{t-2} + \cdots + y_{t-N+1} + y_{t-N} - y_{t-N}}{N} =$$

$$\frac{y_{t-1} + y_{t-2} + \cdots + y_{t-N}}{N} + \frac{y_t - y_{t-N}}{N}$$

即:

$$M_T^{[1]} = M_{T-1}^{[1]} + \frac{y_t - y_{t-N}}{N} \tag{8.40}$$

下面以表 8.6 中的数据为例,说明一次移动平均值的计算,并把计算结果列于该表中。

表 8.6　一次移动平均值的计算

周期号 t	实测数据 y_1	$M_t^{[1]}\ N=5$	$M_t^{[1]}\ N=10$
1	50	–	–
2	45	–	–
3	60	–	–
4	52	–	–
5	45	50.4	–
6	51	50.6	–
7	60	53.6	–
8	43	50.2	–
9	57	51.2	–
10	40	50.2	50.3
11	56	51.2	50.9
12	87	56.6	55.1
13	59	57.8	54.0
14	43	55.0	53.1
15	52	57.4	53.8
16	85	63.2	57.2
17	98	65.4	61.0
18	90	73.6	65.7
19	97	84.4	69.7
20	86	91.2	74.3
21	91	92.4	77.8
22	83	89.4	77.4
23	97	90.8	82.2
24	96	88.6	86.5
25	89	89.2	90.2

如果取 $N=5$,则

$$M_5^{[1]} = \frac{45 + 52 + 60 + 45 + 50}{5} = 50.4$$

$$M_6^{[1]} = \frac{51 + 45 + 52 + 60 + 45}{5} = 50.6$$

可见,一次移动平均是按数据的顺序逐点推移,把近期的 N 个周期的实测数据进行算术平均,每当向前推移一个周期计算移动平均值时,将新的一个周期的实测数据包括在内,而把

这一数据点的 N 个周期之前的数据抛弃掉。

结果取 $N=10$，计算方法完全一样。

我们把计算所得的各个移动平均值绘于图8.13中，并把它们连接起来，得到两条代表数据演变过程和发展趋势的分析线。

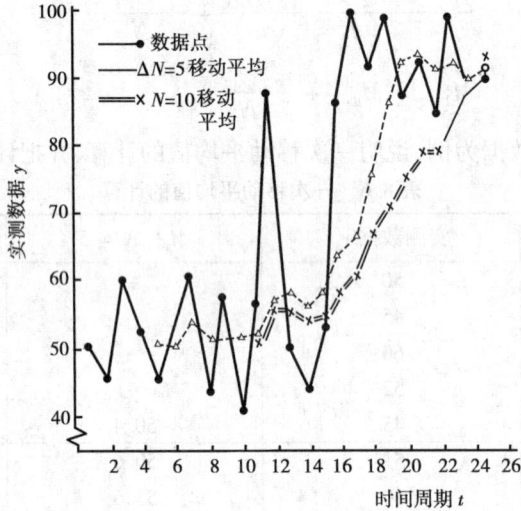

图8.13　一次移动平均值形成的分析线

利用一次移动平均值预测，就是以目前这个周期的移动平均值作为下一个周期的预测值。比如，把第6周期的一次移动平均值50.6作为第7周期的预测值，在取得了第7个周期的实际数据以后，预测值的绝对误差便是 $60.0-50.6=9.4$。这样的预测方法适用于实际数据大体在一个水平上下波动，然后到达一个新的水平的情况。

2) 计算移动平均值的周期数大小对预测的影响

如上所述，一次移动平均值 $M_t^{[1]}$ 取决于实测数据和 N 的取值大小。实测数据是已知的，因此，N 的取值不同，$M_t^{[1]}$ 的值不同，因而预测值也就不同。通过图8.13中 $N=5$ 和 $N=10$ 的两条分析线的比较，可以清楚地看出以下两点：

①从第1周期到第15周期，实际数据大体是在一个水平上下波动的。但是，其中的第12周期出现一个特别高的数据（$y_{12}=87$）我们称之为"干扰"。它是某些特殊影响因素造成的。由于 y_{12} 的存在，使取 $N=5$ 的移动平均值在第13周期增加到57.8，而取 $N=10$ 的移动平均值在第12周期增加到55.1。这就说明，当 N 的取值较小时，移动平均值对于干扰的反应灵敏度比较高，而当 N 取值较大时，对干扰的反应的灵敏度比较低。

②实际数据从第16周期开始出现了一个新的水平，取 $N=5$ 的移动平均值从第16周期起连续4个周期滞后于实测数据，到第20周期调整到了新的水平。取 $N=10$ 的移动平均值则从第16周期起连续8个周期滞后于实测数据，而到第24周期才适应了新的水平。

因此，N 的取值大小，首先要视已经掌握的实际数据的数量而定。已有的实际数据多，N 值就可以取得大一点；已有的实际数据少，则 N 值就要取得小一点，否则所得的移动平均值的数量就比较少。其次，如果希望当实际数据出现一个新的高水平时，移动平均值能够较快的适应它，N 的取值应该小一些，当然这样又会使移动平均值对干扰的反应灵敏度高一些。如果希望移动平均值对干扰的反应灵敏度低一些,N 的取值应该大一些,但这样就会在实际数据真正出现一个新的水平时,使移动平均值调整到新的水平的时间比较长。总之,N 的取值大小,应该根据不同情况和不同要求来确定。

（2）二次移动平均

若历史数据的变化呈线性模式,则要同时利用一次移动平均值和二次移动平均值,建立移动平均线性模型来预测。

二次移动平均是把一次移动平均值再一次进行移动平均,故又称双重移动平均。

二次移动平均值的计算公式为

$$M_t^{[2]} = \frac{M_t^{[1]} + M_{t-1}^{[1]} + M_{t-2}^{[1]} + \cdots + M_{t-N+1}^{[1]}}{N} \tag{8.41}$$

式中:$M_t^{[2]}$——第 t 周期的二次移动平均值。

或者,从(8.40)式易知:

$$M_t^{[2]} = \frac{M_t^{[1]} - M_{t-N}^{[1]}}{N} \tag{8.42}$$

在利用一次移动平均值作为预测值的讨论中,我们已经看到,当实际数据具有线性上升趋势时,预测值对于实际值来说总是连续存在滞后偏差。因此,在这种情况下就不宜采用一次移动平均值作为预测值,而是利用滞后偏差的规律,把一次移动平均值和二次移动平均值结合起来,建立移动平均线性模型来预测。

1）滞后偏差的大小

为了建立移动平均线性预测模型,首先要知道当时间序列具有线性趋势时,$M_t^{[1]}$ 与 y_t、$M_t^{[2]}$ 与 $M_t^{[1]}$ 之间的滞后偏差的大小。

假定时间序列没有随机变化而完全呈直线上升趋势,且直线的斜率为 b_t,则由于

$$M_t^{[1]} = \frac{y_t + y_{t-1} + y_{t-2} + \cdots + y_{t-N+1}}{N} =$$

$$\frac{y_t - (y_t - b_t) + (y_t - 2b_t) + \cdots + [y_t - (N-1)b_t]}{N} =$$

$$y_t - \frac{N-1}{2}b_t$$

所以,$M_t^{[1]}$ 与 y_t 之间的滞后偏差为:

$$y_t - M_t^{[1]} = \frac{N-1}{2}b_t \tag{8.43}$$

由于 $M_t^{[2]}$ 与 $M_t^{[1]}$ 的关系类似于 $M_t^{[1]}$ 与 y_t 的关系,同理可得 $M_t^{[2]}$ 与 $M_t^{[1]}$ 之间的滞后偏差为:

$$M_t^{[1]} - M_t^{[2]} = \frac{N-1}{2}b_t \tag{8.44}$$

2）建立移动平均线性预测模型

假定移动平均线性预测模型为

$$y_{t+r} = a_t + b_t T \tag{8.45}$$

式中:t——本周期数;

T——所要预测的周期数与本周期数之差。

a_t 与 b_t 的确定过程如下：

以目前周期的实际数据 y_t 作为 a_t，即 $a_t = b_t$，由(8.43)和(8.44)式可知

$$y_t - M_t^{[1]} = M_t^{[1]} - M_t^{[2]}$$

所以

$$y_t = 2M_t^{[1]} - M_t^{[2]}$$

因而

$$a_t = 2M_t^{[1]} - M_t^{[2]} \qquad (8.46)$$

由(8.44)式可得

$$b_t = \frac{2}{N-1}(M_t^{[1]} - M_t^{[2]}) \qquad (8.47)$$

这样，a_t 与 b_t 就完全可以根据 $M_t^{[1]}$ 和 $M_t^{[2]}$ 来确定。

应该说明，时间序列实际上不可能没有随机变化，也就是不会呈完全的线性趋势，因而采用移动平均线性模型进行预测，其预测结果如同其他预测方法一样，也有近似性。

例 8.4 某建筑公司15个年份完成的年产值如表8.7所列，呈线性趋势。取 $N = 5$，计算全部一次移动平均值和二次移动平均值。若目前为第15个年份末，试建立移动平均线性预测模型，并预测此后第3年的年产值。

表 8.7　移动平均值的计算

年　份	产值 y_t/万元	$M_t^{[1]}$ $N = 5$	$M_t^{[2]}$ $N = 10$
1	980	–	–
2	1 140	–	–
3	880	–	–
4	860	–	–
5	780	928	–
6	940	920	–
7	820	856	–
8	1 130	906	–
9	1 160	966	915.2
10	1 050	1 020	933.6
11	1 480	1 128	975.2
12	1 120	1 180	1 041.6
13	1 280	1 218	1 104.0
14	1 760	1 338	1 178.4
15	2 300	1 588	1 292.0

解　(1)一次移动平均值和二次移动平均值的计算结果列于表8.7中。

(2)假设移动平均线性预测模型为：$y_{15+r} = a_{15} + b_{15}T$

由(8.46)式有：

$$a_{15} = 2M_{15}^{[1]} - M_{15}^{[2]} = 2 \times 1\,588 - 1\,292 = 1\,884$$

再由(8.46)式有：

$$b_{15} = \left(\frac{2}{N-1}\right)(M_t^{[1]} - M_t^{[2]}) = \left(\frac{2}{5-1}\right)(1\,588 - 1\,292 = 148)$$

所以，移动线性预测模型为：

$$y_{15+T} = 1\,884 + 148T$$

(3)所求预测值

利用移动平均法预测,虽然比较粗糙,但却简便易行。这种方法重视近期的实际数据,是比较合理的。但是,它又假设过去的趋势延续到未来,这就必然与实际情况有出入。另外,它不能像回归分析那样,对预测值确定一个置信区间。

8.3.3　指数平滑法

移动平均法对新近数据的重视,体现在给最近的若干预测值以同样的权重 $1/N$,而给其余观测值的权重为零。实际上,一般说来越靠近现在的预测值,所含有关于预测对象未来状况的信息越大。能不能寻求一种预测方法,它给最新的预测值以最大的权重,而给其他预测以递减的权重呢?下面介绍的指数平滑法正是适应这一要求而产生的。

从原理上看,指数平滑法与移动平均法相类似。"平滑"(smoothing)是指使历史预测值的高低起伏变得平滑一些,减少某些随机影响,从而更为接近某些基本模式。

指数平滑法确定预测值的数学模型是从移动平均法的数学模型演变而来,在此忽略不提。一次指数平滑的计算公式为:

$$S_t^{[1]} = ay_t + (1-a)S_{t-1}^{[1]} \tag{8.48}$$

式中: $S_t^{[1]}$ ——第 t 周期一次平滑值,作为第 $t+1$ 周期的预测值;

a ——平滑系数,其值在 0 与 1 之间;

y_t ——第 t 周期的预测值;

$S_{t-1}^{[1]}$ ——第 $t-1$ 周期的一次平滑值。

因为　　　$S_{t-1}^{[1]} = ay_{t-1} + (1-a)S_{t-2}^{[1]}$

代入(8.48)式得:　　　$S_t^{[1]} = ay_t + (1-a)\left[ay_{t-1} + (1-a)S_{t-2}^{[1]} \right]$

如果这个迭代过程继续下去,则可得到普遍的关系式:

$$S_t^{[1]} = ay_t + a(1-a)y_{t-1} + a(1-a)^2 y_{t-2} + \cdots +$$
$$a(1-a)^{t-1}y_1 + (1-a)^t S_0^{[1]} \tag{8.49}$$

由(8.49)式可以看出,对所有历史预测值都给予了权重,由于 a 是 0 与 1 之间的一个数,$(1-a)$ 也是 0 与 1 之间的一个数,因而 $a,a(1-a),a(1-a)^2,\cdots$ 呈指数递减的形式。这就是这种方法取名为"指数平滑"的由来。

从上述讨论可知,y_t 代表最近数据,而 S_{t-1} 则反映了全部历史数据。a 的作用是在新旧数据之间确定加权比值。如果 a 值取得大一些,则 y_t 的权重大一些,而 S_{t-1} 的权重小一些;如果 a 值取得小一些,则相反。增大 a 值,是对新数据重视程度的增加,其作用与在移动平均法中把 N 值减少的作用相似。

(1)二次及三次指数平滑

1)二次指数平滑与指数平滑线性预测模型

与移动平均法相类似,当时间序列呈线性趋势时,可以同时利用一次指数平滑值和二次指数平滑值建立线性预测模型。

二次指数平滑是指一次指数平滑值再一次进行指数平滑。

二次指数平滑值的计算公式为

$$S_t^{[2]} = aS_t^{[1]} + (1-a)S_{t-1}^{[2]} \tag{8.50}$$

式中:$S_t^{[2]}$——第 t 周期的二次指数平滑值;

$S_{t-1}^{[2]}$——第 $t-1$ 周期的二次指数平滑值。

由于(8.49)式可以改写为:

$$S_t^{[1]} = a\sum_{k=0}^{t-1}(1-a)^k y_{t-k} + (1-a)^t S_0^{[1]} \tag{8.51}$$

如果假设时间序列完全呈直线上升趋势,其方程为 $y = a + bT$,则由(8.51)式可知

$$S_t^{[1]} = a\sum_{k=0}^{t-1}(1-a)^k[a + b(t-k)] + (1-a)^t S_0^{[1]}$$

若 $t\to\infty$,则 $(1-a)^t\to 0$,故有

$$S_t^{[1]} = (a + bt)a\sum_{k=0}^{\infty}(1-a)^k - ba\sum_{k=0}^{\infty}(1-a)^k$$

因为

$$\sum_{k=0}^{\infty}(1-a)^k = \frac{1}{a}; \qquad \sum_{k=0}^{\infty}k(1-a)^k = \frac{1-a}{a^2}$$

所以

$$S_t^{[1]} = (a + bt) - \frac{1-a}{a}b = y_t - \frac{1-a}{a}b$$

$$y_t - S_t^{[1]} = \frac{1-a}{a}b \tag{8.52}$$

从(8.52)式可知,$S_t^{[1]}$ 比 y_t 滞后 $(1-a)b/a$。同理可得

$$S_t^{[1]} - S_t^{[2]} = \frac{1-a}{a}b \tag{8.53}$$

$$b = \frac{a}{1-a}(S_t^{[1]} - S_t^{[2]}) \tag{8.54}$$

将(8.54)式代入(8.52)式,得

$$y_t = 2S_t^{[1]} - S_t^{[2]} \tag{8.55}$$

如果我们从第 t 周期出发建立线性预测模型,假定该模型为

$$y_{t+r} = a_t + b_t T \tag{8.56}$$

式中:t——本周期数;

T——所要预测的周期数与本周期数之差。

并以 y_t 作为 a_t。

根据以上讨论,a_t 与 b_t 可以确定如下:

$$a_t = 2S_t^{[1]} - SS_t^{[2]} \tag{8.57}$$

$$b_t = a/(1-a)(S_t^{[1]} - S_t^{[2]}) \tag{8.58}$$

2)三次指数平滑与指数平滑曲线预测模型

当时间序列发展趋势近似二次曲线时,可同时利用一次、二次、三次指数平滑值建立二次曲线预测模型。

三次指数平滑值的计算公式为

$$S_t^{[3]} = aS_t^{[2]} + (1-a)S_{t-1}^{[3]} \tag{8.59}$$

式中:$S_t^{[3]}$——第 t 周期的三次指数平滑值;

$S_{t-1}^{[3]}$——第 $t-1$ 周期的三次指数平滑值。

假设二次曲线预测模型为:

$$y_{t+T} = a_t + b_t T + c_t T^2 \qquad (8.60)$$

式中：t——本周期数；

T——所要预测的周期数与本周期数之差。

则 $a_t b_t c_t$ 可确定如下：

$$a_t = 3S_t^{[1]} - 3S_t^{[2]} + S_t^{[3]} \qquad (8.61)$$

$$b_t = \frac{a}{2(1-a)^2}\Big[(6-5a)S_t^{[1]} - 2(5-4a)_t^{[2]} + (4-3a)S_t^{[3]}\Big] \qquad (8.62)$$

$$c_t = \frac{a^2}{2(1-a)^2}(S_t^{[1]} - 2S_t^{[2]} + S_t^{[3]}) \qquad (8.63)$$

推导从略。

3）指数平滑法中的初始估计量

用指数平滑法进行预测时，$S_0^{[1]}$、$S_0^{[2]}$、$S_0^{[3]}$ 的值必须进行估计。如果掌握数据点较多，比如 50 组以上，由于加权后初始估计量对预测结果影响很小，故可以近似地用最早的几个数据的算术平均值作为初始估计量 $S_0^{[1]}$、$S_0^{[2]}$、$S_0^{[3]}$ 的值。如果掌握的数据较少，比如 15 组以下，则较为精确的初始估计量确定方法是：首先，经过反复试算得出一个与历史数据拟合得相当好的方程 $y = a_{est} + b_{est}T$ 或 $y = a_{est} + b_{est}T + c_{est}T^2$（下标 est 表示估计量）。然后，对于线性模型和二次曲线模型分别按照式(8.64)、(8.65)和(8.66)、(8.67)、(8.68)式确定 $S_0^{[1]}$、$S_0^{[2]}$、$S_0^{[3]}$。

$$S_0^{[1]} = a_{est} - \big[(1-a)/a\big]b_{est} \qquad (8.64)$$

$$S_0^{[2]} = a_{est} - \big\{[2(1-2)]/a\big\}b_{est} \qquad (8.65)$$

$$S_0^{[1]} = a_{est} - \big[(1-a)/a\big]b_{est} + \big\{[(1-a)(2-a)]/a^2\big\}c_{est} \qquad (8.66)$$

$$S_0^{[2]} = a_{est} - \big\{[2(1-a)]/a\big\}b_{est} + \big\{[2(1-a)(3-2a)]/a^2\big\}c_{est} \qquad (8.67)$$

$$S_0^{[3]} = a_{est} - \big\{[3(1-a)]/a\big\}b_{est} + \big\{[3(1-a)(4-3a)]/a^2\big\}c_{est} \qquad (8.68)$$

移动平均法和指数平滑法分别存在如何较为合理而又简便地确定 N 和 a 值的问题。一般可以通过计算、比较后，采用能使分析线与数据演变过程最为吻合的值。显然，这种取值方法不是最理想的。为此，我们对这个问题简要地作进一步的讨论。

上面已经说过，移动平均法给若干新近预测值以相同的权重，而给其余历史预测值的权重为零；指数平滑法对所有历史预测值给予递减的权重。N 和 a 的取值不同，由预测结果不同。但无论是移动平均法还是指数平滑法，其基本思想都是预测值等于过去观测值经加权后之和，其普遍形式为：

$$S_t = \omega_1 y_t + \omega_2 y_t + \omega_3 y_t$$

式中：$\omega_1, \omega_2, \omega_3, \cdots$ 表示不同权重。

我们可以先设定 $\omega_1, \omega_2, \omega_3, \cdots$ 为某些值，用以确定预测值，然后将预测值与相应的实际值作比较计算出误差，接着调整各个权重以减少上述误差，并不断重复进行。若能找到某种调整权重的合理方法，使误差可减到某一最低水平，即可用该计算式来预测。自适应过滤法就是具备这种特点的预测方法，在此不做介绍。

练 习 题

1. 什么叫预测？如何对项目进行预测？

2. 预测有哪些基本原则？

3. 假设某建筑公司在过去20个年份里房屋建筑施工竣工面积和钢筋混凝土构件的需求量的数据如下表所列,试建立可供预测钢筋混凝土构件需求量之用的回归方程。

年份 I	1	2	3	4	5	6	7	8	9	10	11	12	13	14	15	16	17	18	19	20
y_{ai}	23	24	25	28	29	33	34	36	37	38	40	43	44	47	48	49	54	51	57	60
x_I	40	42	45	46	51	54	56	60	64	66	69	71	74	77	80	83	85	90	96	111

4. 某建筑公司从1983年至1989年每年完成的工作量如下表所示,试利用回归分析预测1990年的工作量。

年 份	1983	1984	1985	1986	1987	1988	1989
工作量/万元	33.90	42.06	48.50	56.07	63.59	86.78	87.36

5. 假设有两个变量 x 和 y 存在某种相关关系,它们的各组相互对应的实际数据如图所列。y_0 表示预测因素的预测值,x 表示与预测因素有关的影响因素的实测值。试建立与实际数据拟合较好的回归方程。

数据点 i	1	2	3	4	5	6	7	8	9	10	11	12	13	14	15	16	17	18	19	20
y_{ai}	0.049	0.066	0.077	0.081	0.085	0.090	0.096	0.101	0.098	0.105	0.102	0.108	0.110	0.106	0.109	0.114	0.116	0.113	0.115	0.123
x_i	1.65	2.24	2.78	3.60	4.22	5.06	5.76	6.53	7.00	7.75	8.26	8.75	9.14	10.23	11.82	12.45	13.72	1436	16.20	18.11

第9章　房地产综合开发项目
的经济效果分析

9.1　房地产综合开发概述

9.1.1　房地产综合开发

"开发"原意是指以荒地、矿山、水利等自然资源为劳动对象,通过人力的改造而为人类所利用的一种生产活动,这种活动既具有使用价值,也具有价值。引伸到房地产开发上来,"房地产综合开发"就是对城市的新建和重建地区,经人力改造,创造建设条件,然后按"统一规划、统一设计、统一配套、统一施工和统一管理"的要求进行各项工程建设的综合性开发活动。

城市房地产综合开发的实践表明,由于依据总体规划对建设项目进行了全面考虑,统筹安排建设项目,分期施工,协调发展,因而取得良好的经济效益、社会效益和环境效益。

城市房地产综合开发是一项系统工程,内容十分复杂。从横的方向看,要对新开发和再开发地区的工业、交通、住宅、科学、教育、文化、卫生、商业服务、市政、公用事业、园林绿化、行政机关以及其他建设工程,根据需要与可能,区分轻重缓急,统筹安排,配套建设,以满足人们生产和生活的需要。从纵的方向看,要使建设的全过程即从规划设计、征地拆迁、土地平整、组织施工、工程验收、交付使用,直至房屋及设施的管理等,做到环节之间紧密衔接,互相配合,以求缩短建设周期,取得良好的经济效益。

9.1.2　房地产综合开发的基本程序

开发商自有投资意向开始至项目建设完毕,出售或出租并实施全寿命周期的物业管理,大都遵循一个合乎逻辑和开发规律的程序。一般说来,这个程序包括八个步骤,即投资机会寻找、投资机会筛选、可行性研究、获取土地使用权、规划设计与方案报批、签署有关合作协议、施工建设与竣工验收、市场营销与物业管理。这八个步骤又可以划分为四个阶段,即投资机会选择与决策分析、前期工作、建设阶段和租售阶段。当然,房地产开发的阶段划分并不是一成不变的,某些情况下各阶段的工作可能要交替进行。

如果开发工作是遵循一个理论的程序,即项目建设完毕后才去找买家或租客时,开发的程序才按上述的顺序进行。但如果开发项目在建设前或建设中就预售或预租给置业投资者或使用者的话,则第四阶段就会在第二、第三阶段之前进行。但无论顺序怎样变化,这些阶段能基本上概括大多数居住物业、商业物业及工业物业开发项目的主要实施步骤。

(1)投资机会选择与决策分析

投资机会选择与决策分析,是整个开发过程中最为重要的一个环节,类似于我们通常所说的项目可行性研究。有关这方面的内容,我们将在本章第四节中详细介绍。

所谓投资机会选择,主要包括投资机会寻找和筛选两个步骤。在机会寻找过程中,开发商往往根据自己对某地房地产市场供求关系的认识,寻找投资的可能性,亦即我们通常所说的"看地"。此时,开发商面对的可能有几十种投资可能性,对每一种可能性都要根据自己的经验和投资能力,快速地在头脑中判断其可行性,在紧接的机会筛选过程中,开发商就将其投资设想落实到一个具体的地块上,进一步分析其客观条件是否具备,通过与土地当前的拥有者或使用者、潜在的租客或买家、自己的合作伙伴以及专业人士接触,提出一个初步的方案,如认为可行,就可以草签购买土地使用权或有关合作的意向书。

投资决策分析主要包括市场分析和项目的财务评估(评价)两部分工作。前者主要分析市场的供求关系和价格水平,后者则是根据市场分析的结果,就项目的经营收入与费用进行比较分析。这项工作要在尚未签署任何协议之前进行。这样,开发商可有充分的时间和自由度来考虑有关问题。从我国房地产开发企业的工作实践来看,对房地产开发项目进行财务评估的方法已经比较成熟,但人们对至关重要的市场分析却很少予以充分的重视。应当注意到,市场研究对于选择投资方向、初步确定开发目标与方案起着举足轻重的作用,它往往关系到一个项目的成败。

(2)前期工作

当通过投资决策研究确定了具体的开发地点与项目之后,在购买土地使用权和开发项目建设过程开始以前还有许多工作要做,这主要涉及与开发全过程有关的各种合同、条件的谈判与签约。通过初步投资分析,开发商可以找出一系列必须在事先估计的因素,在购买土地使用权和签订建设合同之前,必须设法将这些因素尽可能精确地量化。这样做的结果,可能会使得初步投资决策分析报告被修改,或者在项目的收益水平不能接受时被迫放弃这个开发计划。

在初步投资决策分析的主要部分没有被彻底检验之前,开发商应尽量推迟具体的实施步骤,比如购买土地使用权。当然,在所有影响因素彻底弄清楚以后再购买土地是最理想不过了,如果在激烈的市场竞争条件下,为抓住有利时机很难做到这一点时,开发商也应对其可能承担的风险进行分析与评估。

前期工作的内容主要包括以下几个方面:

1)分析拟开发项目用地的特性与四至范围、用途及获益能力的大小。

2)获取土地的使用权。

3)征地、拆迁、安置、补偿。

4)规划设计及建设方案的制定。

5)与城市规划管理部门协商、获得规划许可。

6)施工现场的水、电、路通和场地平整。

7)市政设施接驳的谈判与协议。

8)安排短期和长期信贷。

9)对拟建中的项目寻找预租(售)的客户。

10)对市场状况进行进一步的分析,初步确定租金或售价水平。

11)对开发成本和可能的工程量进行更详细的估算。

12)对承包商的选择提出建议,如有可能,也可与部分承包商进行初步洽商。

13)开发项目保险事宜洽谈。

上述工作完成后,对项目应再进行一次财务评估。因为前期工作需要花费一定时间,而决定开发项目成败的经济特性可能已经发生了变化。所以,明智的开发商一般在其初始投资分析没有得到验证,或修订后的投资分析报告还没有形成一个可行的开发方案之前,通常不会轻举妄动。

当然,通过市场机制以招标、拍卖或协议方式获取土地使用权时,土地的规划使用条件已在有关"公告"、"文件"中列明(如容积率、覆盖率、用途、限高等),但有关的具体设计方案,仍有待规划部门审批。另外,项目开始建设前一般要具备"七通一平"的条件,这在有些城市实现起来不容易,有关主管部门的审批时间也比较长,这一点要引起开发商的足够注意。

作为一条一般的原则,开发商必须时刻抑制自己过高的乐观态度,并且保持一种"健康的怀疑"态度来对待其所获得的专业咨询意见,使自己既不期望过高的租金、售价水平,也不期望过低的开发成本。同时,开发商还必须考虑到某些意外事件可能导致的损失。如果开发商这样做了,即使他可能会失去一些投资机会,但也会避免由于盲目决策带来的投资失误。

获取土地使用权后的最后准备工作就是进行详细设计、编制工程量清单、与承包商谈判并签订建设工程施工承包合同。进行这些工作往往要花费很时间,在准备项目可行性研究(财务评估)报告时必须考虑这个时间因素。

最后,在开发方案具体实施以前,还必须制定项目开发过程的监控策略,以确保开发项目工期、成本、质量和利润目标的实现。这里要做的主要工作包括:

1)安排有关现场办公会、项目协调会的会议计划。

2)编制项目开发时间进度表,预估现金流。

3)对所有工程图纸是否准备就绪进行检查,如不完备,需要在议定的时间内完成。

以上各项工作内容落实之后,就可以开始进入建设阶段。

(3)建设阶段

建设阶段是将开发过程中所涉及的所有原材料聚集在一个空间和时间点上的过程即开发项目建筑工程的施工过程。项目建设阶段一开始,就意味着在选定的开发地点,以在一个特定的时间段上分布的特定成本,来开发建设一栋特定的建筑物。此时,对有些问题的处理就不像前面两个阶段那样具有弹性。尤其对许多小项目而言,一旦签署了承包合同,就几乎不再有变动的机会了。

开发商在此阶段的主要任务转为如何使建筑工程成本支出不突破预算。同时,开发商还要出面处理工程变更问题,解决施工中出现的争议,签付工程进度款,确保工程按预先进度计划实施。由于在建设阶段存在着追加成本或工期拖延的可能性,因此开发商必须密切注意项目建设过程的进展,定期视察现场,定期与派驻工地的监理工程师会晤,以了解整个建设过程的全貌。

(4)租售阶段

当项目建设完毕后,开发商除了要办理竣工验收和政府批准入住的手续外,往往要看预计的开发成本是否被突破,实际工期较计划工期是否有拖延。但开发商此时更为关注的是:在原先预测的期间内能否以预计的租金或价格水平为项目找到买家或使用者。在很多情况下,开发商为了分散投资风险,减轻供贷的压力,在项目建设前或建设过程中就通过预租或预售的形式落实了买家或使用者,但在有些情况下,开发商也有可能在项目完工或接近完工时才开始市场营销工作。

对出租或出售两种处置方式而言,一般要根据市场状况、开发商对回收资金的迫切程度和开发项目的类型来选择。对于居住物业,通常以出售为主,而且多为按套出售;对写字楼、酒店、商业用房和工业厂房常有出租、出售并举,以出租为主。

虽然租售阶段常常处于开发过程的最后阶段,但租售战略是初始可行性研究的一个重要组成部分。且市场销售人员一开始就作为开发队伍当中的一部分来进行工作,不管其是开发商自己的职员还是在社会上聘请的物业代理。

如果建成的物业用于出租,开发商还必须决定是永久出租还是出租一段时间后将其卖掉。因为这将涉及财务安排上的问题,开发商必须按有关贷款合约在租售阶段全部还清项目贷款。如果开发商将建成的物业用于长期出租,则其角色转变为物业所有者或投资者,在这种情况下,开发商要进行有效的物业管理,以保持物业对租客的吸引力、延长其经济寿命,进而达到理想的租金回报和使物业保值、增值的目的。出租物业作为开发商的固定资产,往往还要与其另外的投资或资产相联系,以使其价值或效用得到更充分的发挥。

应该进一步指出的是,上述开发过程主要程序中的每一阶段,都对其后续阶段产生重要的影响。例如,准备工作中的方案设计与建筑设计,既是投资机会选择与决策分析阶段影响的结果,又对建设过程中的施工难易、成本高低有影响,更对租售阶段使用者对建筑物功能的满足程度、物业日常维修管理费用的高低、物业经济寿命的长短等有举足轻重的影响。所以,开发商在整个开发过程中每一阶段的决策或工作,既要"瞻前",更须"顾后",这是开发商成功与否的关键所在。

9.2 地租与地价理论

9.2.1 我国城市土地使用制度的改革

1982 年底,全国五届人大第五次会议修改的新宪法明确宣布"城市土地属于国家所有"。我国城市土地的完全国有化,消除了凭借土地所有权进行剥削的私有制,为合理配置和提高土地利用率提供了最大的可能性与现实保证,也为国家拥有土地收益,实现社会财富公平分配创造了条件。

但是,为了真正实现土地资源的合理配置和最优化利用,在土地使用与收益方面正确体现各经济实体之间的经济利益关系,合理分配社会财富,仅有土地公有制作为基础是不够的,必须有与之相适应的土地使用与管理制度来具体实现。

长期以来,我国实行的是"由国家以指令性计划划拨、企事业单位无偿无限期地使用"的城市土地使用制度。这种土地使用制度完全排斥地租规律、价值规律和市场机制的作用。从80 年代初期开始酝酿的城市土地使用制度改革,目的在于引入市场机制,有步骤、有目标地建立和开放土地市场,运用地租、地价规律和价值规律,把"无偿、无限期、无流动"使用改为"有偿、有限期、有流动"使用,使土地作为生产要素真正纳入社会主义市场经济轨道。1988 年 7月全国七届人大一次会议对我国宪法作出修改,删去了不得"出租"土地的规定,增加了"土地的使用权可以依照法律的规定转让"一款,在法律上肯定了土地使用权可以有偿转让。我国城市土地的使用制度从此由"无偿无限期使用并不得出租、转让",改为"有偿有限期使用并且可以依法转让",建立了城市土地有偿使用制度。

城市土地有偿使用制度的建立,不仅影响到社会经济生活的各个方面,也对城市房地产综合开发产生了深远的影响。因为没有土地,任何开发计划或开发项目的实施都只能是空谈,获取土地使用权的费用也是构成房地产开发投资的重要因素,虽然获取土地使用权的方式不同,土地使用权费用的构成,表现形式有所差异,但决定城市土地使用权费用的最基础的因素是地租及其所表现出来的地价。下面,按照马克思城市地租地价理论,结合我国城市土地制度的特点和实际情况,分析一下我国城市地租、地价存在的形态和确定的原则。

9.2.2　地租理论

地租意指报酬或收益。就各种社会经济形态下地租的最一般特征来讲,地租是直接生产者在农业(或其他产业),中所创造的生产物被土地所有者占有的部分,是土地所有权借以实现的经济形式。马克思指出不论地租有什么独特的形式,它的一切类型有一个共同点:地租的占有是土地所有权借以实现的经济形式。

马克思从土地所有制入手对地租进行分析,论证了无论地租的性质、内容和形式有所不同,都是土地所有权在经济上的实现;并且严格区分了地租和租金这两个范畴,指出了"真正的地租是为了使用土地本身而支付的";并进一步对地租产生的原因和条件进行了分析和研究。根据地租产生的原因和条件,马克思把地租区分级差地租、绝对地租和垄断地租三种基本形式。

(1)级差地租

级差地租的实质是占有较优土地经过经营而获得的超额利润。按其形成条件的不同,马克思把级差地租分为两种形式:级差地租第一形态(级差地租Ⅰ)是与土地肥沃程度和位置优劣有关的级差地租,即向相同面积的不同地块投入等量资本,由于土地的肥沃程度和位置的不同而产生的大小不等的超额利润转化成的地租。级差地租第二形态(级差地租Ⅱ)是与在同一块土地上连续追加投资所引起不同的劳动生产率有关的级差地租,即在同一块土地上连续投入同量资本,由于各次投资相应的生产率不同而产生的大小不等的超额利润转化成的地租。级差地租Ⅱ以提高土地效率为前提体现了集约经营的方式。具体到我国城市土地级差地租,依然可以分为以下两种形态。

1)级差地租Ⅰ

对于城市土地,级差地租Ⅰ形成的主要因素是地理位置,土地肥沃程度不起作用,这是城市土地特性所决定的。

城市位置对级差地租Ⅰ的影响包括两个方面。第一方面是城市所处的社会经济位置的影响。就全国范围看,目前我国开放的十四个沿海城市与内地城市特别是西部地区相比,就有着巨大的经济位置优势;就一个城市内部看,生产要素与人口的集聚程度与规模,距城市行政、金融、商业、服务业集中的功能中心的远近,交通运输、信息通讯等条件,决定了地段的社会经济位置。处于有利地段,就有利于产生较高的收益。第二方面是城市所处的自然地理位置的影响。就全国范围看,东部沿海地区与内地城市相比,有天然的江海湖泊等便利的运输条件,较能吸引外资,有利于参加国际市场的竞争,产生级差收益。从一个城市内部看,土地自然性质也在一定程度上决定土地优劣。例如,地质条例特别是地基承载能力和地下水位的高低,对建筑工程中土地开发的单位面积成本就有很大影响。

2)级差地租Ⅱ

对于城市土地,追加投资提高了土地的集约化利用强度,由此产生的超额利润不是土地的直接贡献而是资金的贡献。在任何社会里,只要投资者与土地所有者分离,就必然要求将一部分或全部由投资产生的超额利润在下一个租期内转化为新的地租。

在我国城市,对土地的投资可分为两部分。一是企业投资。在租期内,投资产生的土级差收益应归企业所有;租期期满后,这部分收益全部或部分转化为级差地租Ⅱ,转化程度取决于国家的经济政策。二是国家投资。兴建和改善城市基础设施和公共事业,从城市社会经济发展的角度综合考虑,为企业提供更好的投资场所,企业可能由此产生超额利润,这部分超额利润在租期内应由国家获得。

总之,我国城市的级差地租主要受位置和土地追加投资的影响,来源于企业的超额利润。所以,在确定级差地租量时,必须从分析企业的超额利润入手。

(2) 绝对地租

绝对地租是由于土地所有权的垄断以及土地所有权与使用权分离所产生的、租用任何土地都必须交纳的地租。在我国,城市土地绝对地租产生的前提依然存在。它是国家对土地所有权在经济上得到实现的要求,其来源也是企业的超额利润。

由于城市的级差地租和绝对地租都来源于企业的超额利润,所以在评定地租量时,很难把它们区别开来,单独计算绝对地租量在实际上是不可行的。但是,由于城市绝对地租可以理解为使用最劣等土地所支付的地租,因而可以根据我国的实际情况确定其变化范围:城市绝对地租量的下限应大于在等面积的同等地块上支付的农业地租量,这是因为城市土地就城市功能而言,其郊区与农业用地接壤的地段是最劣等段,不产生级差地租;城市绝对地租量的上限应小于企业平均留利水平。根据我国目前情况,各城市的征地补偿费标准在一定程度上反映了绝对地租的水平。

(3) 垄断地租

垄断地租也是以土地所有权的垄断为前提的。它的来源是,因为地块的特殊性,由其产品的垄断价格带来的垄断利润。而垄断价格是由购买者的需要和支付能力决定的。

带来垄断地租的地块的实际总地租就是在级差地租和绝对地租之外加上垄断地租。城市由于经济的发展和人口聚集程度提高,对建筑地段的需求急剧增长,供求矛盾增大,使土地能以垄断价格出租,且垄断地租在总地租中所占的比重将呈提高趋势。

在我国,国家可以利用垄断地租作为杠杆调节用地结构,例如,用垄断高价限制某一行业的发展,用垄断低价鼓励新兴产业的兴起,通过自觉运用垄断地租平衡城市经济发展和人民生活的综合需要,这与资本主义国家土地私有,土地所有者因占有特殊意义的地段而哄抬地价,获取高额垄断地租有本质的区别。

以上分析了我国城市地租存在形态,这些形态并不是孤立存在的,而是交叉在一起的。因此,在实际计算地租量时,不可能采用分别计算然后加和的方法实现。采用任何一种方法计算的地租量都反映地租的总量而不是某一特定形态的地租。

9.2.3　地价理论

(1) 地价概念

土地价格实际上是土地经济价值的反映,是为购买获取土地预期收益的权利而支付的代价,即地租的资本化。换言之,土地价格的高低取决于可以获取的预期土地收益(地租)高低。对于土地来讲,购买土地实际上是购买土地的权利,不同的土地权利为购买者带来的收益不同,因此其价格也不同,如在实际中可以表现为所有权价格、使用权价格、抵押权价格等价格形式。

目前,我国实行土地公有制,土地价格是以土地使用权出让、转让为前提,是指一次性支付的多年地租的现值总和,是土地所有权在经济上的一种实现形式,因此,我国土地价格的含义不同于一般土地私有制国家:它是取得多年土地使用权时支付的一种代价,而不是土地所有权的价格。

(2) 地价的特点

由于土地具有不同于一般商品的特殊性,因此,土地价格与一般物价相比,有其自身的特性:

1) 表示方式不同

一般商品以价格表示;而土地除以价格表示外,还可以用租金表示,即地产有租赁市场存在。土地价格与租金的关系,犹如资本与利息的关系,只要确定了还原利率,两者就能相互推出。

2) 价格基础不同

一般商品具有移动性。价格来源是商品本身的价值;土地不具移动性,其可转移的并非土地本身,而是该土地的权利和收益。因此,土地价格是土地权利和收益的购买价格。

3) 形成时间不同

一般商品可以标准化,易与比较;而且它有比较完整的市场,价格形成时间短且容易;而土地个别差异性大,又缺乏完整的市场,价格是在过去至将来的长期影响下形成的,价格形成时间长且相对比较困难,估价时必须根据宗地自身的特点和市场状况,进行具体分析。

4) 土地价格不是土地价值的货币表现,价格高低不由生产成本决定

土地是一种自然物,不是人类劳动的产物,所以没有价值,因而也无所谓生产成本。土地价格反映的主要是作为土地资源和资产的经济价值,产生的直接原因应该说是由于土地的所有或使用权的垄断性。

现实中土地的开发是有成本的,在土地价格中应该得到体现。但是这部分开发价格主要是土地的投资与回收及其应得投资收益,实质是地价的附加。

5) 地价主要由地产需求决定

在一般市场中,商品价格受其本身供给与需求的双向影响。但是,土地的供给总的来说是一定的,人类可利用的土地是十分有限的,土地经济供给的弹性也很小,但对土地的需求则随着经济发展而呈现较大的变化,所以,一定条件下,需求是影响地价的主要方面。

6) 地价具有明显的地区性和个别性

由于土地位置的固定性,在地区性市场之间,地价很难形成统一的市场价格,具有明显的地区性特征;另外,在同一地区(城市)内,土地的位置差别决定了土地,难以标准化,个别性明显,因而不同等级或同等级内的不同地块,价格千差万别。

7) 地价呈明显上升趋势,地价上升的速度高于一般商品价格的上升速度

主要是由两方面的原因造成的。首先,由于土地的稀缺性,其供给弹性很小;而同时,由于社会经济的发展和人口不断增加,对土地的需求总是持续增加的,因而地价呈不断上涨趋势;其次,由于整个社会的资本有机构成的提高,使得社会平均利润率下降,导致利润有下降的趋势,从而使地价呈上升势态。

8）市场结构不同

一般商品有比较完整的市场,形成的物价比较客观;但土地市场是不完全的市场,需求对地价影响很大,形成的土地价格受主观因素影响也很大。

9）折旧现象不同

一般商品有折旧现象,其价值随使用年限增长而降低;但土地不仅没有折旧现象,而且还有增值现象,其价格常随社会经济发展而自然升高。但是,由于我国土地市场中转移的是土地使用权,对土地使用者而言,随着使用者可使用年期的减少和初始土地使用权价格的摊销,其土地使用价格也会减低。

（3）地价的分类

从不同目的出发,可以将地价分成不同种类,各地价种类之间会有所交叉,同一块土地之上可能会有多种价格。

1）按土地权利分类。土地是一种能带来恒久收益的资产,其价格的本质是收益价格,而这种价格是和土地的权利相互联系的。土地权利是多个权利的集合,包括土地的所有权及使用权、租赁、抵押权等。相应地,土地价格可以划分为所有权价格、使用权价格、租赁权价格、抵押权价格等。土地所有权价格,是一种土地所有权转移价格,或说为卖断价格。土地使用权价格,是在一定期限中拥有土地的使用权、收益权所形成的一种价格。同样,租赁和抵押权会形成租赁权价格和抵押权价格。

2）按土地价格形成的方式可以分为交易价格和评估价格。交易价格是通过市场交易形成的土地成交价格。评估价格是由专门的机构和人员,按照一事实上的程序和方法评定的土地价格,包括：①交易底价;在土地交易之前参与土地交易的各方,政府、购买者、租赁者、抵押者等都要对土地进行评估形成各自底价。②基准地价;是政府为管理土地市场,由专业部门、专业人员评定的土地等级和区域的平均价格。③课税价格;是政府为征收有关土地税收而评定的土地价格。

3）按政府管理手段,地价可以分为：①申报地价;由土地所有人或使用人向有关机关申报的地价。②公告（示）地价;是政府定期公布的地价。它一般是征收土地增值税和征用土地补偿的依据。

4）按土地价格表示方法,地价可分为：土地总价格、单位面积地价、楼面地价等。

（4）影响地价的因素

影响土地价格的因素,可按照因素与土地的关系及影响范围分为一般因素、区域因素和个别因素。

1）一般因素

一般因素是指影响土地价格的一般、普通、共同的因素。这些因素对土地价格总体水平产生影响,是决定各个地块土地价格的基础,主要包括行政因素、人口因素、社会因素、国际因素和经济因素。

2）区域因素

区域因素是指土地所在地区的自然条件与社会、经济条件。这些条件相互结合所产生的地区特性,对地区内的地产价格水平有决定性的影响。主要包括的内容有地区的繁华程度、交通条件、基础和公用设施条件、环境质量、城市规划限制等。区域因素对地价的影响程度与城镇内不同的功能分区性质和功能用地性质直接相关,如住宅区特别注重环境优美;商业区特别注重营业环境和收益状况;工业区特别注重交通运输和水、电等条件。

　　3)个别因素

　　个别因素是指宗地本身的条件和特征,因而又称宗地因素。个别因素是决定同一均质地域内地块差异性的重要因素,是同一区域内地价差异的重要原因。个别因素主要包括土地的面积、宽深度、形状、地形、地势、宗地基础设施条件、宗地临街状况、城市规划限制和土地出让年限等。

9.3　房地产开发项目投资估算

　　一个房地产开发项目从可行性研究到竣工投入使用,需要投入大量的资金,为了对项目进行经济效益评价并作出投资决策,必须对项目的投资进行准确的估算。

9.3.1　房地产开发项目投资的构成

　　房地产项目总投资包括开发建设投资和经营资金两部分,其构成见图9.1。

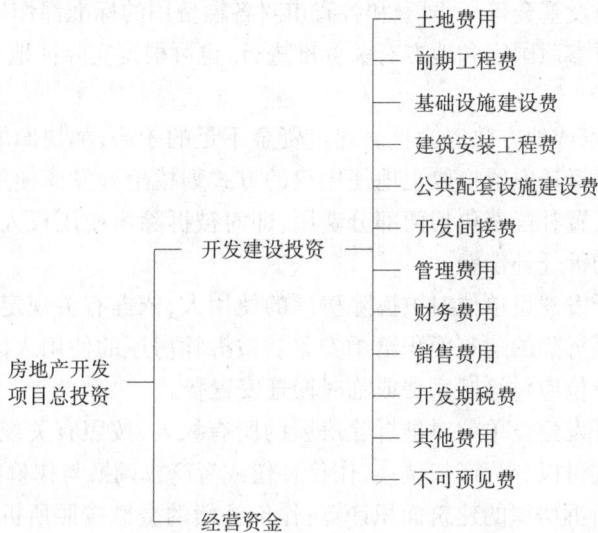

图9.1　房地产开发项目总投资构成

　　开发建设投资是指在开发期内完成房地产产品开发建设所需投入的各项费用,主要包括:土地费用、前期工程费用、基础设施建设费用、建筑安装工程费用、公共配套设施建设费用、开发间接费用、财务费用、管理费用、销售费用、开发期税费、其他费用以及不可预见费用等。开发建设投资在开发建设过程中形成以出售和出租为目的的开发产品成本和以自营自用为目的的固定资产及其他资产,应注意开发建设投资在开发产品成本与固定资产和其他资产之间的合理分摊划转。

　　经营资金是指开发企业用于日常经营的周转资金。

　　经营成本是指房地产产品出售、出租时,将开发产品成本按照国家有关财务和会计制度结转的成本,主要包括:土地转让成本、出租土地经营成本、房地产销售成本、出租经营成本。对于分期收款的房地产项目,房地产销售成本和出租经营成本可按其当期收入占全部销售收入和租金收入的比率,计算本期应结转的经营成本。

房地产项目开发建设完成后,可能形成一定比例的开发企业资产,主要包括固定资产、无形资产和递延资产。固定资产包括开发企业办公用房、开发企业机器设备和运输设备,以及自营的商业和服务业用房等;无形资产主要包括土地使用权等;递延资产主要包括开发企业的开办费和租入固定资产的改良支出等。

9.3.2 各项投资费用的估算方法

(1)土地取得费用

土地取得费用是指为取得开发项目用地使用权而发生的费用。目前商品房开发的用地取得途径有行政划拨、有偿出让和二、三级市场有偿转让多种。在行政划拨中又有两种情况,一种是通过征用农地取得,另一种是在城市中进行房屋拆迁取得。

1)土地征用费

根据《中华人民共和国土地管理法》之规定,国家建设征用农村土地发生的费用主要有土地补偿费、安置补助费、地上附着物和青苗补偿费、征地管理费、耕地占用税、征用城郊菜地的还应缴纳新菜地开发建设基金等。国家和各省市对各项费用的标准都作出了具体的规定,因此土地征用费的估算可参照国家和地方有关标准进行,也可根据实际征地费标准比较确定。

2)拆迁安置补偿费

在旧城改造中,国家或地方政府为克服建设资金不足的矛盾,加快旧城改造步伐,可将旧城区土地以开发商负责拆迁安置换取土地使用权的方式划拨给开发商使用,开发商负责拆迁安置补偿费用。拆迁安置补偿费包括两部分费用,即对被拆除房使用权人的拆迁安置费和对被拆除房屋所有权人的拆迁补偿费。

拆迁安置费是指开发建设单位对被拆除房屋的使用人,依据有关规定给予安置所需的费用。一般情况下应按照拆除的建筑面积给予安置。被拆除房屋的使用人因拆迁而迁出时,做为拆迁人的开发建筑单位应付给搬家费或临时搬迁安置费。

拆迁补偿费是指开发建设单位对被拆除房屋的所有权人,按照有关规定给予补偿所需的费用。拆迁补偿的形式可以分为产权调换、作价补偿或者产权调换与作价补偿相结合的形式。产权调换的面积按照所拆房屋的建筑面积计算;作价补偿的金额按照所拆除建筑面积的重置价格结合成新率计算。

3)土地出让金

国家以土地所有者身份将土地使用权在一定年限内有偿出让给土地使用者,并由土地使用者向国家支付土地使用权出让金。土地出让金的估算一般可参照政府近期出让的类似地块的出让金数额并进行出让年限、建筑容积率、区域因素和个别因素修正得到;也可以依据城市人民政府颁布的城市基准地价,根据项目用地所处的地段等级,对基准地价进行修正得到;还可以用其他地价评估方法估算。

4)土地转让金

通过二、三级市场有偿转让取得土地的购买价,称为土地转让金。土地转让金的估算类似于土地出让金,但要注意土地的转让年限仅为土地剩余使用年限。

（2）前期工程费

前期工程费包括前期规划、可行性研究、勘察、设计及施工的"三通一平"等工程前期所发生的费用。

项目的规划、设计、可行性研究所需的费用支出一股可按项目总投资的一个百分比估算，一般情况下，规划设计费为建安工程费的 3% 左右，可行性研究费占总投资的 1%～3%。水文、地质勘探所需的费用可根据所需工作量结合有关收费标准估算，一般为设计概算的 0.5% 左右。

"三通一平"等土地开发费用，主要包括地上原有建筑物、构筑物拆除费用，场地平整费用和通水、电、路的费用。这些费用的估算可根据实际工作量，参照有关计费标准估算。

（3）基础设施建设费

基础设施建设是指建筑物 2 米以外和项目用地规划红线以内的各种管线和道路工程，其费用包括建造小区内的道路、供水、供电、排污、排水、照明、通讯、绿化、路灯、环境卫生等的建设费用，以及各项设施与市政设施干线、干管、干道的接口费用。

基础设施建设费的估算可根据各建设项目的工程量结合各专业概、预算定额（指标）进行估算，也可根据类似开发项目基础设施建设投资标准粗估。

（4）建安工程费

建安工程费是指建造商品房及附属工程所发生的建筑工程费（含装修）、安装工程费和设备购置费。

建安工程费的估算可以采用单元估算法，单位指标估算法、工程量近似框算法、建安工程概算指标、类似工程预算指标进行估算，设备购置费可按项目设备清单依据设备预算价格或市场价格进行估算。具体估算方法的选择应视资料的可取性和费用支出的情况而定。

（5）公共配套设施建设费

公共配套设施建设费是指建造小区内为居民服务配套建设的各种非营业性的公共配套设施的建设费用，主要包括：居委会、派出所、托儿所、幼儿园、公共厕所、停车场等。其估算方法类同于建安工程费的估算方法。

（6）开发间接费

开发间接费用是指房地产开发企业所属独立核算单位在开发现场组织管理所发生的各项费用。主要包括：工资、福利费、折旧费、修理费、办公费、水电费、劳动保护费、周转房摊销和其他费用等。

当开发企业不设立现场机构，由开发企业定期或不定期派人到开发现场组织开发建设活动时，所发生的费用可直接计入开发企业的管理费用。

（7）管理费

管理费是指开发企业为管理和组织经营活动而发生的各种费用，包括公司经费、工会经费、职工教育培训经费、劳动保险费、待业保险费、董事会费、咨询费、审计费、诉讼费、排污费、房地产税、土地使用税、开办摊销、业务招待费、坏账损失、报废损失及其他管理费用。管理费可按项目投资或前述五项开发直接费用的一定百分比计算，这个百分数一般为 3%～5%。

（8）财务费用

财务费用是指房地产开发企业为筹集资金而发生的各项费用，主要为借款或债券的利息，还包括金融机构手续费、融资代理费、承诺费、外汇汇兑净损失及企业筹资发生的其他财务费用。利息的计算可参照金融市场利率和资金分期投入的情况按复利计算,利息以外的其他融资费用一般占利息的10%左右。

(9)销售费用

销售费用是指开发建设项目在销售产品过程中发生的各项费用以及专设销售机构或委托销售代理的各项费用。包括销售人员工资、奖金、福利费、差旅费,销售机构的折旧费、修理费、物资消耗费、广告宣传费、代理费、销售服务费及销售许可证申领费等。销售费用的估算可按类似项目指标或按开发直接费的一定比例计算。

(10)税　费

开发建设项目投资估算中应考虑项目所负担的各种税金和地方政府或有关部门征收的费用。在一些大中城市,这部分税费已经成为开发建设项目投资费用中占很大比重的费用。各项税费应根据当地有关法规标准估算。这些税费的内容主要包括固定资产调节税、供电贴费、市政公用设施费、绿化建设费、人防工程费等。

(11)其他费用

其他费用主要包括临时用地费和临时建设费、施工图预算和标底编制费、总承包管理费、合同公证费、施工执照费、工程质量监督费、工程监理费、竣工图编制费、保险费等杂项费用。这些费用一般按当地有关部门规定的费率估算。

(12)不可预见费

不可预见费根据项目的复杂程度和前述各项费用估算的准确程度,以上述各项费用的3%~7%估算。

9.4　房地产开发项目经济效果评价

房地产开发项目经济效果评价,就是在对开发项目进行市场研究、开发方案策划和方案各项开发费用估算的基础上,分析该项目采用某方案后的财务效果和社会效果,作为房地产开发投资决策的依据。房地产开发项目经济效果评价的重点是财务评价,评价指标主要包括考察项目财务盈利能力、清偿能力以及外汇平衡能力三方面的指标。

9.4.1　评价的主要程序与内容

房地产开发项目经济效果评价的程序和内容如下。

1)搜集被评项目的有关资料

资料主要包括:综合开发项目的总体规划、住宅的结构类型和体系,公建设施配套以及小区内市政工程建设、园林绿化建设等有关资料。

2)估算工程投资

3)拟定投资安排计划和资金筹措计划

4)估算销售成本

5)拟定销售价格和销售收入计划

6)编制各种财务评价报表

房地产开发项目财务评价的基本报表包括投资计划与资金报表、营业成本测算表、营业利润测算表、资金来源与运用表、资产负债表、贷款还本付息估算表、现金流量表(全部投资)、现金流量表(自有资金)以及外汇平衡表。各种报表见本章附表9.1至表9.22。

7)依据财务评价基本报价,计算财务评价指标。

房地产开发项目的财务评价指标主要有反映项目财务盈利能力的成本利润率、投资益率、静态投资回收期、财务净现值和财务内部收益率;反映项目清偿能力的投资借款偿还期、资产负债率、流动比率和速动比率;反映项目外汇平衡能力的财务外汇净现值。

8)进行不确定性分析

房地产投资开发是一个动态的过程,它具有开发周期长、资金投入量大等特点,因此很难在一开始就对整个开发过程中的有关费用和建成后的收益情况作出精确估计,在财务评价时必须对影响评价指标的一系列可变因素进行不确定性分析,涉及到的变动因素有:地价、土地开发成本、房屋建造成本、开发周期、租金或售价、出售或出租率、投资收益率等。

9)分析房地产开发项目的社会效果

10)编制经济评价报告

评价报告要全面、系统地阐述开发项目的财务经济效果和社会效果。

9.4.2 项目评价指标计算示例

例9.1 某房地产开发商以5 000万元的价格获得了一宗占地面积为4 000平方米的土地50年的使用权,建筑容积率为5.5,建筑覆盖率为60%,楼高14层,1至4层建筑面积均相等,5至14层为塔楼(均为标准层),建造成本为3 500元/平方米,专业人员费用为建造成本预算的8%,用电权费和电贴费等其他费用为460万元,管理费为土地成本、建设成本、专业人员费用和其他费用之和的3.5%,市场推广费、销售代理费和销售税费分别为销售收入的0.5%、3.0%和6.5%,预计项目建成后每平方米建筑面积的售价为12 000元。项目开发周期为3年,建设周期为2年,地价于开始一次投入,建造成本、专业人员费用、其他费用和管理费在建设期内均匀投入;年贷款利率为12%,按季度计息,融资费用为贷款利息的10%。问项目总建筑面积、标准层每层建筑面积和开发商成本利润率分别是多少?

解

(1)项目总开发价值

1)项目建设面积:4 000×5.5 平方米 = 22 000 平方米

2)标准层每层建筑面积:(22 000 – 4 000×60%×4)/10 平方米 = 1 240 平方米

3)项目总销售收入:22 000×12 000 万元 = 26 400 万元

4)销售税费:26 400×6.5% 万元 = 1 716 万元

5)项目总开发价值:(26 400 – 1 716) 万元 = 24 684 万元

(2)项目总开发成本

1)土地成本:5 000 万元

2)建造成本:22 000×2 300 万元 = 7 700 万元

3)专业人员费用(建筑师、结构/造价/机电/监理工程师等费用):7 700×8% = 616 万元

4)其他费用:460 万元

5)管理费:(5 000 + 7 700 + 616 + 460)×3.5% 万元 = 482.16 万元

6)财务费用

①土地费用利息:$5\ 000 \times [(1 + 12\%/4)^{3 \times 4} - 1]$ 万元 = 2 128.80 万元

②建造费用/专业人员费用/其他费用/管理费用利息：

$(7\ 700+616+460+466.06) \times [(1+12\%/4)^{(2/2) \times 4} -1]$ 万元 $=1\ 159.96$ 万元

③融资费用：$(2\ 128.80+1\ 159.96) \times 10\%$ 万元 $=328.88$ 万元

④财务费用总计：$(218.80+1\ 159.96+328.88)$ 万元 $=3\ 617.64$ 万元

⑤市场推广及销售代理费用：$26\ 400 \times (0.5\%+3.0\%)$ 万元 $=924$ 万元

⑥项目开发成本总计：$(5\ 000+7\ 700+616+460+482.16+3\ 617.64+924)$ 万元 $=18\ 339.8$ 万元

⑦开发商利润：$(24\ 684-18\ 339.8)$ 万元 $=6\ 344.2$ 万元

⑧开发商成本利润率为：$6\ 344.2/18\ 339.8 \times 100\%=34.59\%$

上列中项目建成后出售或在建筑过程中就开始预售，这只是在房地产市场上投资和使用需求旺盛时的情况；在市场较为平稳的条件下，开发商常常将开发建设完毕后的项目出租经营，这时项目就变为开发商的长期投资。在这种情况下通过计算开发商成本利润率对项目进行初步财务评价时，总开发价值和总开发成本的计算就有一些变化出现。例9.2就反映了这些变化。

例9.2 某开发商在一个中等城市以425万元的价格购买了一块写字楼用地50年的使用权。该地块规划允许建筑面积为4 500平方米。开发商通过市场研究了解到当前该地区中档写字楼可出租面积的年净租金收为450元/平方米，银行同意提供的贷款利率为15%的基础利率上浮2个百分点，融资费用为贷款利息的10%。开发商的造价工程师估算的中档写字楼的建造成本为1 000元/平方米，专业人员费用为建造成本的12.5%，用电权费和电贴费等其他费用之和的3.0%，市场推广及出租代理费为正常经营后第一年净租金收入的20%，当前房地产投资的收益率9.5%。项目开发周期为18个月，建设期为12个月，可出租面积系数为0.85。试通过计算开发商成本利润率对该项目进行初步评估。

解

(1)项目总开发价值

1)项目可出租建筑面积：$4\ 500 \times 0.85$ 平方米 $=3\ 825$ 平方米

2)项目每年净租金收入：$3\ 825 \times 450$ 万元 $=172.125$ 万元

3)项目总开发价值：$P=172.125 \times (P/A,9.5\%,48.5)$ 万元 $=1\ 789.63$ 万元

(2)项目总开发成本

1)土地成本：425万元

2)建造成本：$4\ 500 \times 1\ 000$ 万元 $=450$ 万元

3)专业人员费用(建筑师、结构/造价/机电/监理工程师等费用)：

$450 \times 12.5\%$ 万元 $=56.25$ 万元

4)电贴、用电权等其他费用：60万元

5)管理费：$(425+450+56.25+60) \times 3.0\%$ 万元 $=29.74$ 万元

6)财务费用

①土地费用利息：$425 \times [(1+17\%/4)^{1.5 \times 4} -1]$ 万元 $=120.56$ 万元

②建造费用/专业人员费用/其他费用/管理费用利息：

$(450+56.25+60+29.74) \times [(1+17\%/4)^{0.5 \times 4} -1]$ 万元 $=51.74$ 万元

③融资费用：$(120.56+51.74) \times 10\%$ 万元 $=17.23$ 万元

④财务费用总计:(120.56 + 51.74 + 17.23)万元 = 189.53 万元

⑤市场推广及出租代理费:172.125 × 20% 万元 = 34.43 万元

⑥项目开发成本总计:(425 + 450 + 52.65 + 60 + 29.74 + 189.53 + 34.43)万元 = 1 241.35 万元

⑦开发商利润:(1 789.63 − 1 241.35)万元 = 548.28 万元

⑧开发商成本利润率为:548.28/1 241.35 × 100% = 44.17%

应当指出的是,当项目建成后用于出租经营时,由于经营期限很长,计算开发商成本利润率就显得意义不大,因为开发商成本率中没有考虑经营期限的因素。此时可通过计算项目投资或成本收益率指标,来评价项目的经济可行性。本例中,成本收益率 = 年净租金收入/总开发成本 $= \dfrac{172.125}{1\ 241.35} \times 100\% = 13.87\%$。

上例中所示的评价过程没有考虑缴纳土地增值税的情况,如果考虑缴纳土地增值税,则评价过程就变得比较复杂了。我们再用一个例子来说明考虑土地增值税后开发商利润的变化情况。

例 9.3 某房地产开发企业拟在某特大城市中心区甲级地段建设一集办公、商住、购物、餐饮娱乐等为一体的综合性商业中心。该项目规划建设用地面积为 40 000 平方米,总建筑面积 297 000 平方米,总容积率为 7.425,其中地上建筑面积约 247 000 平方米(含写字楼 104 900 平方米,商住楼 60 100 平方米,商场 81 000 平方米,管理服务用房 1 000 平方米),地上容积率为 6.175;地下建筑面积 50 000 平方米(含商场 11 000 平方米,停车库 25 000 平方米,仓库 5 000 平方米,技术设备用房 7 000 平方米,管理用房 2 000 平方米)。

项目开发建设进度安排是:于 1995 年 4 月初至 6 月底购买土地使用权并进行拆迁安置工作,1995 年 7 月初至 1996 年 2 月底完成基础工程并开始预售楼面。地上建筑分两期建设,一期工程于 1996 年 3 月初开始,建设写字楼主楼 A 和副楼 B,于 1996 年 11 月底结构封顶,1997 年 5 月底完成装修工程;第二期建设商住楼 C 和写字楼副楼 D,于 1996 年 12 月初开始结构工程,1998 年 1 月底完成装修工程。整个项目将于 1998 年 3 月底全部竣工投入使用。

假设土地费用在项目开始的第一年内均匀支付,建造成本和管理费用等在项目建设期内均匀投入。有关项目的土地费用、开发成本、贷款利率和销售价格情况,可参考项目所在地的实际情况。试就缴纳和不缴纳土地增值税的情况对该项目进行初步财务评价。

解

(1)项目总开发价值(净销售收入)

1)销售计划。本项目的销售面积为地上写字楼、商场、餐饮娱乐用房的面积共 245 000 平方米和地下 11 000 平方米的商场、5 000 平方米的仓库和 660 个停车位。开发商制定的销售计划中,销售面积的具体分配情况如下表所示。

项目出售、出租建筑面积分配表

单位:平方米

销售状况	面积类型	写字楼主楼 A	写字楼副楼 B、D	商住楼 C	商场	停车库	仓库	其他	合计
一期	出售	60 100	22 400		45 500	12 500	2 500		143 000
一期	其他							5 500	5 500
二期	出售		22 400	60 100	45 500	12 500	2 500		143 000
二期	其他							5 500	5 500
总　计		60 100	44 800	60 100	91 000	25 000	5 000	11 000	297 000

2)销售收入

单位:万美元

年份	1995	1996	1997	1998	1999	合计
销售收入	0	3 014	26 642	45 280	14 143	86 066

注:写字楼主楼、副楼和商住楼、商场、地下商场、地下停车库、仓库的售价分别为 3 000、2 800、3 510、720 和 1 000 美元/平方米。

(2)项目开发成本及费用情况分析

项目开发成本及费用汇总表

序　号	项目或费用名称	投资金额/万美元	单方造价/(美元·平方米$^{-1}$)
(1)	土地费用		
1)	土地出让金	5 610	
2)	城市建设配套费	2 300	
3)	拆迁安置补偿费	6 370	
4)	购买土地使用权手续费及税金	120	
小计		14 400	484.8
(2)	开发成本		
1)	前期工程费	10 400	
	①规划设计	650	
	②项目可行性研究	210	
	③地质勘探测绘	60	
	④施工现场"三通一平"	120	
2)	建筑安装工程费	16 770	
	①结构工程	5 650	
	②装修工程	5 870	
	③机电设备及安装工程	5 250	
3)	基础设施费	1 130	
	①附属工程费	630	

序　号	项目或费用名称	投资金额 /万美元	单方造价 /(美元·平方米$^{-1}$)
	含室外道路广场、煤气调压站 热力站、变电室和锅炉房等		
	②室外工程费	500	
	含自来水、雨水、污水、煤气 热力、供电、电讯、道路、照明 绿化、环卫工程等		
4)	公共配套设施费	1 590	
	①代建市政道路	26	
	②代市政绿化	4	
	③人行天桥及地下通道	210	
	④电贴费、用电权费	1 350	
5)	政府行政性收费	420	
	含质量监督、招标管理 预算费、施工执照费、开发 管理费、竣工图费、保险费等		
6)	开发间接费[1)~5)]×4%	838	
小计		21 788	733.6
(3)	开发费用		
1)	开发商筹建管理费((1)+(2))×3%	1 086	
2)	销售费用	3 012	
	①广告宣传及市场推广费 （销售收入×0.5%）	430	
3)	②销售代理费(销售收入×2%)	1 721	
	③销售手续费(销售收入×1%)	861	
	财务费用(利率为15%)	12 054	
	①土地费用利息(2.5年)	6 203	
	②开发成本利息(1.357年)	4 755	
	③融资费用(贷款利息×10%)	1 096	
小计		16 152	543.8
(4)	与转让房地产有关的税金		
1)	营业税(销售收入×5%)	4 303	
2)	城市维护建设税(销售收入×0.35%)	300	
3)	教育费附加(销售收入×0.15%)	129	
4)	印花税(销售收入×0.03%)	26	
小计		4 758	160.2
(5)	项目开发成本及费用总计	57 098	1 922.5

(3)土地增值税计算

1）其他扣除项目：（（1）＋（2））×20％ 万美元＝7 237.6 万美元

2）土地增值税扣除项目金额总计：

（（（1）＋（2））×20％ ＋57 098）万美元＝64 335.6 万美元

3）增值额：（86 066 ‒ 64 335.6）万美元＝21 730.4 万美元

4）增值比例：21 730.4/64 335.6×100％ ＝33.78％

5）适用税率30％

6）应交纳土地增值税：21 730.4×30％ 万美元＝6 519.1 万美元

（4）开发利润计算

1）土地增值税前

①总开发价值：（86 066 ‒ 4 758）万美元＝81 308 万美元

②总开发成本：（57 098 ‒ 4 758）万美元＝52 340 万美元

③开发商利润：（81 308 ‒ 52 340）万美元＝28 968 万美元

④开发商成本利润率：（28 968/52 340）×100％ ＝55.35％

2）土地增值税后

①总开发价值：（86 066 ‒ 4 758）万美元＝81 308 万美元

②总开发成本：（57 098 ‒ 4 758）万美元＝52 340 万美元

③缴纳土地增值税：6 519.1 万美元

④开发商利润：（81 308 ‒ 52 340 ‒ 6 519.1）万美元＝22 448.9 万美元

⑤开发商成本利润率：22 448.9/52 340×100％ ＝42.89％

开发商交纳土地增值税前后的利润率分别为55.35％和42.89％。

应该指出的是，通过这种方法计算出的开发商成本利润率为项目在整个开发期内的成本率。例9.3中所示的项目，开发周期为3年，所以年成本利润率要低于按上述方法计算出的成本利润率。但是，要想通过上述思路计算出项目的年成本利润率就变得比较困难，因为这要考虑每项成本、费用投入以及每笔销售收入发生的具体时间点和持续时间。准确计算年成本利润率的有效方法是采用折现现金流法。由于开发商成本利润率是一个较为粗略的评价指标，所以用这种方法对开发项目进行初步评价时一般也不计算缴纳所得税后的成本利润率情况。

前述三个例题中所使用的评价方法在评价实践中经常采用，但细心的读者可能也发现了它的两个缺点，即成本支出和经营收入的时间分布没有弹性；计算过程主要依靠"最好的估计"这种单一的情况，没有体现开发过程中隐含的许多不确定性因素。

通过采用现金流评价法就可以弥补上述第一个缺点，因为这种方法能使资金流出和流入的时间分布与开发建设过程中实际发生的租售收入和开发费用更加接近。下面我们将例9.1用现金流评价法再进行一次评价。

例9.4 假定例9.1中各项主要开发成本的投入比例分配如下表所示，试用现金流法对该项目进行评价。

时间 费用项目	1995 年				1996 年				1997 年				总计
	一季度	二季度	三季度	四季度	一季度	二季度	三季度	四季度	一季度	二季度	三季度	四季度	
土地成本	50%	16%	16%	18%									100%
建造成本					5%	8%	12%	15%	15%	18%	15%	12%	100%

解 用现金流法进行开发项目评价的过程如下表所示：

结论：

（1）总开发成本 18 619.8 万元；

（2）项目总销售收入 26 400 万元；

（3）销售税费 1 716 万元；

（4）总开发价值 24 684 万元；

（5）开发商利润：(24 684 − 18 619.8) 万元 = 6 064.2 万元；

（6）开发商成本利润率：6 064.2/18 619.8 × 100% = 32.57%

从这个例子可以看出，当建设进行到 1996 年第四季度末时，时间正好是建设期的中点，但建安费用仅投入了 40%。

单位：万元

时间 费用项目	1995 年				1996 年				1997 年				总计
	一季度	二季度	三季度	四季度	一季度	二季度	三季度	四季度	一季度	二季度	三季度	四季度	
土地成本	2 500	800	800	900									5 000
建造成本					385	616	924	1 155	1 155	1 386	1 155	924	7 700
专业人员费用					30.8	49.3	73.9	92.4	92.4	110.9	92.4	73.9	616
其他费用				100								360	460
管理费	40.2	40.2	40.2	40.2	40.2	40.2	40.2	40.2	40.2	40.2	40.2	40.0	482.2
合　计	2 540.2	840.2	840.2	1 040.2	456.0	705.5	1 038.1	1 287.6	1 287.6	1 537.1	1 287.6	1 397.9	14 258.2
季度末累计值(1)	2 540.2	3 456.6	4 400.5	5 572.7	6 195.9	7 087.3	8 338.0	9 875.7	11 459.6	13 340.5	15 028.3	16 877.0	
利息(1)×12%	76.2	103.7	132.0	167.2	185.9	212.6	250.1	296.3	343.8	400.2	450.8	506.3	3 125.1
季度末累计值(2)	2 616.4	3 560.3	4 532.5	5 739.9	6 381.8	7 299.9	8 588.1	10 172.0	11 803.2	13 740.7	15 479.1	17 383.3	
融资费用	120.2				192.3								312.5
销售费用			10	20	20	60	80	90	90	120	204	230	924
开发成本总计	2 736.6	943.9	982.2	1 227.4	854.2	978.1	1 368.2	1 673.9	1 721.4	2 057.3	1 942.2	2 134.2	18 619.8

经过大量的调查研究，人们发现，对于建安成本，在工程开始时其费用的增长是缓慢的。达到合同工期的 60% 时，这种增长达到峰值，工程造价累计曲线类似于"S"型（如图 9.3 所示）。对一个典型的项目来说，40% 的建安成本发生在建设期的中部，而不是过去假设的 50%，和计算开发商成本利润率时假设的，工程进行到一半，建安费用的支出也达到一半，显然有较大差异。

随着一些规模较大的房地产开发和组织的不断出现，以及开发项目的复杂程度不断

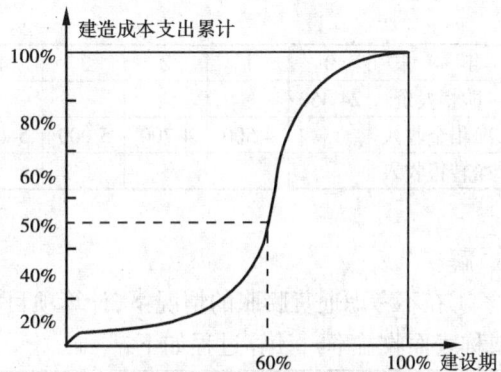

图 9.2　工程造价累计曲线

提高（例如成片开发或大型房地产开发项目中，工程的一部分已经出售而另一部分还未完工），人们往往要考虑使用更为精确完善的现金流法进行评估。

例 9.4 中所使用的现金流法对于下面几种类型的开发项目评价尤其有效：

（1）居住小区综合开发项目。对于居住小区综合开发项目，开发商为保证资金的正常运转，往往先建成一部分出售，然后利用出售所获得的收益，投资于后一部分项目的开发，即所谓滚动开发。这样，当一部分住宅楼建成出售时或出售前，另一部分才开始动工，所以，投入项目后一部分的现金流量收支情况相当复杂。由于现金流评价法是把每期的现金流量分别按其实际数量和发生的时间予以考虑的，因此在评价这类项目时不需作任何假设，就可精确地得出评估结论。

（2）商业区开发项目。随着城市现代化建设的发展，城市商业区的开发项目已不仅仅局限于建筑各种大型商业零售中心了，它还要求这些商业零售中心具有完备的附属设施，如多层停车楼、写字楼、餐饮中心、文化娱乐和休闲场所等。这类项目规模大、形式多样、功能复杂、开发周期长，因此，一个商业区开发项目可能会分阶段开发，某些部分可能在其他部分建成之前投入使用。这类项目现金收支情况也很复杂，适合用现金流评价法评估。

（3）工业开发项目。一些工业开发项目，如经济开发区中的标准厂房、仓库等，也同样存在着部分厂房或仓库先期建成后出租时，另外一些厂房或仓库正处在施工阶段的情况。更复杂的是，一些厂房或仓库不是以出租形式，而是将其出售给使用者，这样就会有较大的现金收支情况出现。同时，开发项目中的另一部分场地，当其基础设施建成后，可能按租约出租，这样就会导致开发项目中的一部分现金流量较少，但比前一部分发生的时间更早一些。这类开发项目的详细评估，只能采用现金流法。

另外，新区开发和旧城改造项目，所需时间长，资金需求量大，而且来源于各种渠道，现金流量收支情况也很复杂，更需要用现金流法评价。

但有一点需要说明的是，现金流评价法的精确性依赖于评价中所涉及的有关数据的准确性。例如，当开发过程中现金流量发生的时间和数量不能完全肯定时，用现金流法评价，就要作某种假定，这可能会使评价结果的准确性降低。

例9.5 某公司购买了一栋写字楼用于出租经营，该项目所需的投资和经营期间的年净收入情况如下表所示。如果当前房地产市场上写字楼物业的投资收益率为18%，试计算该投资项目的财务净现值和财务内部收益率，并判断该投资项目的可行性；如果在10年经营期内年平均通货膨胀率为5%，问公司投入该项目资本的实际收益率是多少？

单位：万元

年 末	0	1	2	3	4	5	6	7	8	9	10
购楼投资	24 450										
净租金收入		4 500	4 700	5 000	5 100	4 900	5 100	5 300	4 900	4 800	4 300
净转售收入											16 000

解

①在不考虑通货膨胀的情况下，计算项目实际现金流量的财务净现值和财务内部收益率（或称表面收益率），计算过程如下：

年末	(1) 净现金流量 /万元	(2) 现值系数 $i_c = 18\%$	(3) 现值/万元 $(1)\times(2)$	(4) 现值系数 $i = 19\%$	(5) 现值/万元 $(1)\times(2)$
0	−24 450	1.000	−24 450.00	1.000	−24 450.00
1	4 500	0.847 5	3 813.56	0.840 3	3 781.51

年末	(1) 净现金流量 /万元	(2) 现值系数 $i_c = 18\%$	(3) 现值/万元 (1)×(2)	(4) 现值系数 $i = 19\%$	(5) 现值/万元 (1)×(2)
2	4 700	0.718 2	3 375.47	0.706 2	3 318.97
3	5 000	0.608 6	3 043.15	0.593 4	2 967.08
4	5 100	0.515 8	2 630.52	0.498 7	2 543.21
5	4 900	0.437 1	2 141.84	0.419 0	2 053.34
6	5 100	0.370 4	1 889.20	0.352 1	1 795.93
7	5 300	0.313 9	1 663.80	0.295 9	1 568.36
8	4 900	0.266 0	1 303.59	0.248 7	1 218.49
9	4 800	0.225 5	1 082.19	0.209 0	1 003.04
10	20 300	0.191 1	3 878.61	0.175 6	3 564.73
财务净现值/万元			371.93		−635.34

从上述表格的计算可以得出,该投资项目的财务净现值为371.93万元,项目的内部收益率或表面收益率的计算可以通过内插法计算得到:

$$表面收益率 = 18\% + 1.0\% \times \left[\frac{371.93}{371.93 - (-635.34)} \right] =$$

$$18.37\% > 18\%$$

由于该项目的财务净现值大于零,财务内部收益率大于写字楼平均收益率水平,因此该项目可行。

②计算项目实际收益率

实际收益率(R_r),表面收益率(R_a)和通货膨胀率(R_d)之间的关系式为:

$$(1 + R_a) = (1 + R_r)(1 + R_d)$$

通过计算已得 $R_a = 18.37\%$,又已知 $R_d = 5\%$,所以 R_r 可以通过下式计算得:

$(1 + 0.183\ 7) = (1 + R_r)(1 + 0.05)$,求解得 $R_r = 0.127\ 3$

因此,该项目投资的实际收益率为12.73%。

练 习 题

1. 什么是房地产综合开发。

2. 简述房地产综合开发的基本程序。

3. 阐述地租、地价理论的基本内容。

4. 房地产开发项目总投资由哪些费用构成? 如何估算?

5. 结合实例,说明房地产开发项目评价的主要程序和内容。

表9.1 全部投资财务现金流量表

基本报表1   单位:万元

序号	项　　目	合计	1	2	3	…	N
1	现金流入						
1.1	销售收入						
1.2	出租收入						
1.3	自营收入						
1.4	净转售收入						
1.5	其他收入						
1.6	回收固定资产余值						
1.7	回收经营资金						
2	现金流出						
2.1	开发建设投资						
2.2	经营资金						
2.3	运营费用						
2.4	修理费用						
2.5	经营税金及附加						
2.6	土地增值税						
2.7	所得税						
3	净现金流量						
4	累计净现金流量						

注:1. 本表适用于独立法人的房地产开发项目(项目公司)。非独立法人的房地产开发项目可参照本表使用,同时应注意开发企业开发建设投资、经营资金、运营费用、所得税和债务等的合理分摊;

2. 开发建设投资中应注意不含财务费用;

3. 在运营费用中应扣除财务费用、折旧费和摊销费。

表9.2 资本金财务现金流量表

基本报表2   单位:万元

序号	项　　目	合计	1	2	3	…	N
1	现金流入						
1.1	销售收入						
1.2	出租收入						
1.3	自营收入						
1.4	净转售收入						
1.5	其他收入						
1.6	长期借款						
1.7	短期借款						
1.8	回收固定资产余值						
1.9	回收经营资金						

序号	项　　目	合计	1	2	3	...	N
2	现金流出						
2.1	开发建设投资						
2.2	经营资金						
2.3	运营费用						
2.4	修理费用						
2.5	经营税金及附加						
2.6	土地增值税						
2.7	所得税						
2.8	借款本金偿还						
2.9	借款利息支付						
3	净现金流量						
4	累计净现金流量						

注:本表适用于独立法人的房地产开发项目(项目公司)。非独立法人的房地产开发项目可参照本表使用,同时应注意开发企业开发建设投资、经营资金、运营费用、所得税和债务等的合理分摊。

表9.3　投资者各方现金流量表

基本报表3 　　　　　　　　　　　　　　　　　　　　　　　　　　　　　　　单位:万元

序号	项　　目	合计	1	2	3	...	N
1	现金流入						
1.1	应得利润						
1.2	资产清理分配						
(1)	回收固定资产余值						
(2)	回收经营资金						
(3)	净转售收入						
(4)	其他收入						
2	现金流出						
2.1	开发建设投资出资额						
2.2	经营资金出资额						
3	净现金流量						
4	累计净现金流量						

表9.4 资本金来源与应用表

基本报表4 单位:万元

序号	项 目	合计	1	2	3	…	N
1	资金来源						
1.1	销售收入						
1.2	出租收入						
1.3	自营收入						
1.4	自有资金						
1.5	长期借款						
1.6	短期借款						
1.7	回收固定资产余值						
1.8	回收经营资金						
1.9	净转售收入						
2	资金运用						
2.1	开发建设投资						
2.2	经营资金						
2.3	运营费用						
2.4	修理费用						
2.5	经营税金及附加						
2.6	土地增值税						
2.7	所得税						
2.8	应付利润						
2.9	借款本金偿还						
2.10	借款利息支付						
3	盈余资金						
4	累计盈余资金						

注:本表适用于独立法人的房地产开发项目(项目公司)。非独立法人的房地产开发项目可参照本表使用,同时应注意
    开发企业开发建设投资、经营资金、运营费用、所得税和债务等的合理分摊。

表9.5 损 益 表

单位:万元

序号	项 目	合计	1	2	3	...	N
1	经营收入						
1.1	销售收入						
1.2	出租收入						
1.3	自营收入						
2	经营成本						
2.1	商品房经营成本						
2.2	出租房经营成本						
3	运营费用						
4	修理费用						
5	经营税金及附加						
6	土地增值税						
7	利润总额						
8	所得税						
9	税后利润						
9.1	盈余公积金						
9.2	应付利润						
9.3	未分配利润						

注:本表适用于独立法人的房地产开发项目(项目公司)。非独立法人的房地产开发项目可参照本表使用,同时应注意
   开发企业开发建设投资、经营资金、运营费用、所得税和债务等的合理分解。

表 9.6　资产负债表

基本报表6　　　　　　　　　　　　　　　　　　　　　　　　　　　　　　　单位:万元

序号	项　　目	合计	1	2	3	…	N
1	资产						
1.1	流动资产						
1.1.1	应收账款						
1.1.2	存货						
1.1.3	现金						
1.1.4	累计盈余资金						
1.2	在建工程						
1.3	固定资产净值						
1.4	无形及递延资产净值						
2	负债及所有者权益						
2.1	流动负债总额						
2.1.1	应付账款						
2.1.2	短期借款						
2.2	借款						
2.2.1	经营资金借款						
2.2.2	固定资产投资借款						
2.2.3	开发产品投资借款						
	负债小计						
2.3	所有者权益						
2.3.1	资本金						
2.3.2	资本公积金						
2.3.3	盈余公积金						
2.3.4	累计未分配利润						

计算指标:1.资产负债率(%)
　　　　　2.流动比率(%)
　　　　　3.速动比率(%)

表 9.7 综合评价现金流量表

基本报表 7   单位:万元

序号	项　　　目	合计	1	2	3	…	N
1	现金流入						
1.1	国有土地使用权出让收益						
1.2	土地使用权转让收益						
1.3	工商企业税费收入						
1.4	基础设施增容费、使用费收入						
1.5	基础设施销售收入						
1.6	回收固定资产余值						
1.7	回收经营资金						
1.8	间接效益						
2	现金流出						
2.1	征地费用						
2.2	平整土地投资						
2.3	基础设施投资						
2.4	建筑工程、配套设施投资						
2.5	基础设施经营费用						
2.6	项目管理费用						
2.7	经营资金						
2.8	间接费用						
3	净现金流量						
4	累计净现金流量						

注:根据需要可在现金流入和现金流出栏内增减项目。

表9.8 项目总投资估算表

辅助报表1   单位:万元

序 号	项 目	总 投 资	估 算 说 明
1	开发建设投资		
1.1	土地费用		
1.2	前期工程费		
1.3	基础设施建设费		
1.4	建筑安装工程费		
1.5	公共配套设施建设费		
1.6	开发间接费		
1.7	管理费用		
1.8	财务费用		
1.9	销售费用		
1.10	开发期税费		
1.11	其他费用		
1.12	不可预见费		
2	经营资金		
3	项目总投资		
3.1	开发产品成本		
3.2	固定资产投资		
3.3	经营资金		

注:项目建成开始运营时,固定资产将形成固定资产、无形资产与递延资产。

表9.9 开发建设投资估算表

辅助报表2   单位:万元

序 号	项 目	开发产品成本	固定资产投资	合计
1	土地费用			
2	前期工程费用			
3	基础设施建设费			
4	建筑安装工程费			
5	公共配套设施建设费			
6	开发间接费			
7	管理费用			
8	财务费用			
9	销售费用			
10	开发期税费			
11	其他费用			
12	不可预见费			
合 计				

注:项目建成开始运营时、固定资产投资将形成固定资产、无形资产与递延资产。

表 9.10　经营成本估算表

辅助报表 3　　　　　　　　　　　　　　　　　　　　　　　　　　　　　单位:万元

序号	产品名称	开发产品成本	1		2		···	N	
			结转比例	经营成本	结转比例	经营成本	····	结转比例	经营成本
1									
2									
3									
4									
5									
6									
7									
8									
	经营成本合计								

表 9.11　土地费用估算表

辅助报表 4　　　　　　　　　　　　　　　　　　　　　　　　　　　　　单位:万元

序　号	项　　　　目	金　　额	估算说明
1	土地出让金		
2	征地费		
3	拆迁安置补偿费		
4	土地转让费		
5	土地租用费		
6	土地投资折价		
	合　　计		

表 9.12　前期工程费估算表

辅助报表 5　　　　　　　　　　　　　　　　　　　　　　　　　　　　　单位:万元

序　号	项　　　目	金　　额	估算说明
1	规划、设计、科研费		
2	水文、地质勘察费		
3	道路费		
4	供水费		
5	供电费		
6	土地平整费		
	合　　计		

表 9.13　基础设施建设费估算表

辅助报表 6　　　　　　　　　　　　　　　　　　　　　　　　　　　　单位:万元

序　号	项　　　目	建设费用	接口费用	合　　计
1	供电工程			
2	供水工程			
3	供气工程			
4	排污工程			
5	小区道路工程			
6	路灯工程			
7	小区绿化工程			
8	环卫设施			
	合　　计			

表 9.14　建筑安装工程费用估算表

辅助报表 7　　　　　　　　　　　　　　　　　　　　　　　　　　　　单位:万元

项　　目	建筑面积	建安工程费		装饰工程费		金额合计
		单　价	金　额	单　价	金　额	
单项工程 1						
单项工程 2						
…						
合　计						

表 9.15　公共配套设施建设费估算表

辅助报表 8　　　　　　　　　　　　　　　　　　　　　　　　　　　　单位:万元

序　号	项　　　目	建设费用	估算说明
1	居委会		
2	派出所		
3	托儿所		
4	幼儿园		
5	公共厕所		
6	停车场		
	合　　计		

表 9.16　开发期税费估算表

辅助报表 9 　　　　　　　　　　　　　　　　　　　　　　　　　　　　单位:万元

序　号	项　　　　　　目	金　　额	估算说明
1	固定资产投资方向调节税		
2	土地使用税		
3	市政支管线分摊费		
4	供电贴费		
5	用电权费		
6	分散建设市政公用设施建设费		
7	绿化建设费		
8	电话初装费		
合　　　　计			

表 9.17　其他费用估算表

辅助报表 10 　　　　　　　　　　　　　　　　　　　　　　　　　　　　单位:万元

序　号	项　　　　　　目	金　　额	估算说明
1	临时用地		
2	临建费		
3	施工图预算或标底编制费		
4	工程合同预算或标底审查费		
5	招标管理费		
6	总承包管理费		
7	合同公证费		
8	施工执照费		
9	工程质量监督费		
10	工程监理费		
11	竣工图编制费		
12	工程保险费		
合　　　　计			

表 9.18　销售收入与经营税金及附加估算表

辅助报表 11 　　　　　　　　　　　　　　　　　　　　　　　　　　　　单位:万元

序号	项　　　目	合计	1	2	3	…	N
1	销售收入						
1.1	可销售面积						
1.2	单位售价						
1.3	销售比例						
2	经营税金及附加						
2.1	营业税						
2.2	城市维护建设税						
2.3	教育费附加						
…							

表 9.19　销售收入与经营税金及附加估算表

　　　　　　　　　　　　　　　　　　　　单位:平方米、元/平方米、万元

序号	项　　目	合计	1	2	3	…	N
1	租金收入						
1.1	可出租面积						
1.2	单位租金						
1.3	出租率						
2	经营税金及附加						
2.1	营业税						
2.2	城市维护建设税						
2.3	教育费附加						
…							
3	净转售收入						
3.1	转售价格						
3.2	转售成本						
3.3	转售税金						

注:1. 当房地产开发项目有预租时,在开发期存在租金收入;

　　2. 净转售收入一般在期末实现。

表 9.20　自营收入与经营税金及附加估算表

　　　　　　　　　　　　　　　　　　　　　　　　单位:万元

序号	项　　目	合计	1	2	3	…	N
1	自营收入						
1.1	商业						
1.2	服务业						
1.3	其他						
2	经营税金及附加						
2.1	营业税						
2.2	城市维护建设税						
2.3	教育费附加						
…							

表 9.21　投资计划与资金筹措表

辅助报表 14　　　　　　　　　　　　　　　　　　　　　　　　　　　单位:万元

序号	项　　目	合计	1	2	3	…	N
1	项目总投资						
1.1	开发建设投资						
1.2	经营资金						
2	资金筹措						
2.1	资本金						
2.2	借贷资金						
2.3	预售收入						
2.4	预租收入						
2.5	其他收入						

表 9.22　借款还本付息估算表

辅助报表 15　　　　　　　　　　　　　　　　　　　　　　　　　　　单位:万元

序号	项　　目	合计	1	2	3	…	n
1	借款及还本付息						
1.1	期初借款本息累计						
	本金						
	利息						
1.2	本期借款						
1.3	本期应计利息						
1.4	本期还本						
1.5	本期付息						
2	借款偿还资金来源						
2.1	利润						
2.2	折旧费						
2.3	摊销费						
2.4	其他还款资金						

注:本表适用于独立法人的房地产开发项目(项目公司)。非独立法人的房地产开发项目可参照本表使用,同时应注意
　　开发企业开发建设投资、经营资金、运营费用、所得税、债务等的合理分摊。

（5%）

n	$(F/P,i,n)$	$(P/F,i,n)$	$(F/A,i,n)$	$(A/F,i,n)$	$(A/P,i,n)$	$(P/A,i,n)$
1	1.050	0.952 4	1.000	1.000 0	1.050 00	0.952
2	1.103	0.907 0	2.050	0.487 80	0.537 80	1.859
3	1.158	0.868 8	3.153	0.317 21	0.367 21	2.723
4	1.216	0.822 7	4.310	0.232 01	0.282 01	3.546
5	1.276	0.783 5	5.526	0.180 97	0.230 97	4.329
6	1.340	0.746 2	6.802	0.147 02	0.197 02	5.076
7	1.407	0.710 7	8.142	0.122 82	0.172 82	5.788
8	1.477	0.676 8	9.549	0.104 72	0.154 72	6.463
9	1.551	0.644 6	11.027	0.090 69	0.140 69	7.108
10	1.629	0.613 9	12.578	0.079 50	0.129 50	7.722
11	1.710	0.584 7	14.207	0.070 39	0.120 39	8.306
12	1.796	0.556 8	15.917	0.062 83	0.112 83	8.863
13	1.886	0.530 3	17.713	0.056 46	0.106 46	9.394
14	1.980	0.505 1	19.599	0.051 02	0.101 02	9.899
15	2.079	0.481 0	21.579	0.046 34	0.096 34	10.380
16	2.183	0.458 1	23.657	0.042 27	0.092 27	10.838
17	2.292	0.436 3	25.840	0.038 70	0.088 70	11.274
18	2.407	0.415 5	28.132	0.035 55	0.085 55	11.690
19	2.527	0.395 7	30.539	0.032 75	0.082 75	12.085
20	2.653	0.376 9	33.066 6	0.030 24	0.080 24	12.462
21	2.786	0.359 8	35.719	0.028 00	0.078 00	12.821
22	2.925	0.341 8	38.505	0.025 97	0.075 97	13.163
23	3.072	0.325 6	41.430	0.024 14	0.074 14	13.489
24	3.225	0.310 3	44.502	0.022 47	0.072 47	13.799
25	3.386	0.295 3	47.727	0.020 95	0.070 95	14.094
26	3.556	0.281 2	51.113	0.019 56	0.069 56	14.375
27	3.733	0.267 8	54.669	0.018 29	0.068 29	14.643
28	3.920	0.255 1	58.403	0.017 12	0.067 12	14.898
29	4.116	0.242 9	62.323	0.160 5	0.066 05	15.141
30	4.322	0.231 4	66.439	0.015 05	0.065 05	15.372
35	5.516	0.181 3	90.320	0.011 07	0.061 07	16.374
40	7.040	0.142 0	120.800	0.008 28	0.058 28	17.159
45	8.895	0.111 3	159.700	0.006 26	0.056 26	17.774
50	11.467	0.087 2	209.348	0.004 78	0.054 78	18.256
55	14.636	0.068 3	272.713	0.003 67	0.053 67	18.633
60	18.679	0.053 5	353.584	0.002 83	0.052 83	18.929
65	23.840	0.041 9	456.798	0.002 19	0.052 19	19.161
70	30.426	0.032 9	588.529	0.001 70	0.051 70	19.343
75	38.833	0.025 8	756.654	0.001 32	0.051 32	19.485
80	49.561	0.020 2	971.229	0.001 03	0.051 03	19.506
85	63.254	0.015 8	1 245.087	0.000 80	0.050 80	19.684
90	80.730	0.012 4	1 594.607	0.000 63	0.050 63	19.752
95	103.035	0.009 7	2 040.694	0.000 49	0.050 49	19.806
100	131.501	0.007 6	2 610.025	0.000 38	0.050 38	19.848

n	$(F/P,i,n)$	$(P/F,i,n)$	$(F/A,i,n)$	$(A/F,i,n)$	$(A/P,i,n)$	$(P/A,i,n)$
1	1.060	0.943 4	1.000	1.000 0	1.060 00	0.943
2	1.124	0.890 0	2.060	0.485 44	0.545 44	1.833
3	1.191	0.839 6	3.184	0.314 11	0.374 11	2.673
4	1.262	0.792 1	4.375	0.228 59	0.288 59	3.465
5	1.338	0.747 3	5.637	0.177 40	0.237 40	4.212
6	1.419	0.705 0	6.975	0.143 36	0.203 36	4.917
7	1.504	0.665 1	8.394	0.119 04	0.179 04	5.582
8	1.594	0.627 4	9.897	0.101 04	0.161 04	6.210
9	1.689	0.591 9	11.491	0.087 02	0.147 02	6.802
10	1.791	0.558 4	13.181	0.075 87	0.135 87	7.360
11	1.898	0.526 8	14.972	0.066 79	0.126 79	7.887
12	2.012	0.497 0	16.870	0.059 28	0.119 28	8.384
13	2.133	0.468 8	18.882	0.052 96	0.112 96	8.853
14	2.261	0.442 3	21.015	0.047 58	0.107 58	9.295
15	2.397	0.417 3	23.276	0.042 96	0.102 96	9.712
16	2.540	0.393 6	25.673	0.038 95	0.098 95	10.106
17	2.693	0.371 4	28.213	0.035 44	0.095 44	10.477
18	2.854	0.350 3	30.906	0.032 36	0.092 36	10.828
19	3.026	0.330 5	33.760	0.029 62	0.089 62	11.158
20	3.207	0.311 8	36.786	0.027 18	0.087 18	11.470
21	3.400	0.294 2	39.993	0.025 00	0.085 00	11.764
22	3.604	0.277 5	43.392	0.023 05	0.083 05	12.042
23	3.820	0.261 8	46.996	0.021 28	0.081 28	12.303
24	4.049	0.247 0	50.816	0.019 68	0.079 68	12.550
25	4.292	0.233 0	54.865	0.018 23	0.782 3	12.783
26	4.549	0.219 8	59.156	0.016 90	0.076 90	13.003
27	4.822	0.207 4	63.706	0.015 70	0.075 70	13.211
28	5.112	0.195 6	68.528	0.014 59	0.074 59	13.406
29	5.418	0.184 6	73.640	0.013 58	0.073 58	13.591
30	5.743	0.174 1	79.058	0.012 65	0.072 65	13.765
35	7.686	0.130 1	111.435	0.008 97	0.068 97	14.498
40	10.286	0.097 2	154.762	0.006 46	0.066 46	15.046
45	13.765	0.072 7	212.744	0.004 70	0.064 70	15.456
50	18.420	0.054 3	290.336	0.003 44	0.063 44	15.762
55	24.650	0.040 6	394.172	0.002 54	0.062 54	15.991
60	32.988	0.030 3	533.128	0.001 88	0.061 88	16.161
65	44.145	0.022 7	719.083	0.001 39	0.061 39	16.289
70	59.076	0.016 9	967.932	0.001 03	0.061 03	16.385
75	79.057	0.012 6	1 300.949	0.000 77	0.060 77	16.456
80	105.796	0.009 5	1 746.600	0.000 57	0.060 57	16.509
85	141.579	0.007 1	2 342.982	0.000 43	0.060 43	16.549
90	189.465	0.005 3	3 141.075	0.000 32	0.060 32	16.579
95	253.546	0.003 9	4 290.104	0.000 24	0.060 24	16.601
100	339.302	0.002 9	5 638.368	0.000 18	0.060 18	16.618

n	$(F/P,i,n)$	$(P/F,i,n)$	$(F/A,i,n)$	$(A/F,i,n)$	$(A/P,i,n)$	$(P/A,i,n)$
1	1.070	0.934 6	1.000	1.000 0	1.070 00	0.935
2	1.145	0.873 4	2.070	0.483 09	0.553 09	1.808
3	1.225	0.816 3	3.215	0.311 05	0.381 05	2.624
4	1.311	0.762 9	4.440	0.225 23	0.295 23	3.387
5	1.403	0.713 0	5.751	0.173 89	1.243 89	4.100
6	1.501	0.666 3	7.153	0.139 80	0.209 80	4.767
7	1.606	0.622 7	8.654	0.115 55	0.185 55	5.389
8	1.718	0.582 0	10.260	0.097 47	0.167 47	5.971
9	1.838	0.543 9	11.978	0.083 49	0.153 49	6.515
10	1.967	0.508 3	13.816	0.072 38	0.142 38	7.024
11	2.105	0.475 1	15.784	0.063 36	0.133 36	7.499
12	2.252	0.444 0	17.888	0.055 90	0.125 90	7.943
13	2.410	0.415 0	20.141	0.496 5	0.119 65	8.358
14	2.579	0.387 8	22.550	0.443 4	0.114 34	8.745
15	2.759	0.362 4	25.129	0.039 79	0.109 79	9.108
16	2.952	0.338 7	27.888	0.035 86	0.105 86	9.447
17	3.159	0.316 6	30.840	0.032 43	0.102 43	9.763
18	3.380	0.295 9	33.999	0.029 41	0.099 41	10.059
19	3.617	0.276 5	37.379	0.026 75	0.096 75	10.336
20	3.870	0.258 4	40.995	0.024 39	0.094 39	10.594
21	4.141	0.241 5	44.865	0.022 29	0.092 29	10.868
22	4.430	0.225 7	49.006	0.020 41	0.090 41	11.061
23	4.741	0.210 9	53.436	0.018 71	0.088 71	11.272
24	5.072	0.197 1	58.177	0.017 19	0.087 19	11.469
25	5.427	0.184 2	63.249	0.015 81	0.085 81	11.654
26	5.807	0.172 2	68.676	0.014 56	0.084 56	11.826
27	6.214	0.160 9	74.484	0.013 43	0.083 43	11.987
28	6.649	0.150 4	80.698	0.012 39	0.082 39	12.137
29	7.114	0.140 6	87.347	0.011 45	0.081 45	12.278
30	7.612	0.131 4	94.461	0.010 59	0.080 59	12.409
35	10.677	0.093 7	138.237	0.007 23	0.077 23	12.948
40	14.974	0.066 8	199.635	0.005 01	0.075 01	13.332
45	21.007	0.047 6	285.749	0.003 50	0.073 50	13.606
50	29.457	0.033 9	406.529	0.002 46	0.072 46	13.801
55	41.315	0.024 2	575.929	0.001 74	0.071 74	13.940
60	57.946	0.017 3	813.520	0.001 23	0.071 23	14.039
65	81.273	0.012 3	1 146.755	0.000 87	0.070 87	14.110
70	118.989	0.008 8	1 641.134	0.000 62	0.070 62	14.160
75	159.876	0.006 3	2 269.657	0.000 44	0.070 44	14.196
80	224.234	0.004 5	3 189.063	0.000 31	0.070 31	14.222
85	314.500	0.003 2	4 478.576	0.000 22	0.070 22	14.240
90	441.103	0.002 3	6 287.185	0.000 16	0.070 16	14.253
95	618.670	0.001 6	8 823.854	0.000 11	0.070 11	14.263
100	867.716	0.001 2	12 381.662	0.000 8	0.070 08	14.269

n	$(F/P,i,n)$	$(P/F,i,n)$	$(F/A,i,n)$	$(A/F,i,n)$	$(A/P,i,n)$	$(P/A,i,n)$
1	1.080	0.925 0	1.000	1.000 0	1.080 00	0.926
2	1.100	0.857 3	2.080	0.480 77	0.560 77	1.783
3	1.260	0.793 8	3.246	0.308 03	0.388 03	2.577
4	1.360	0.735 0	4.506	0.221 92	0.301 92	3.312
5	1.469	0.680 6	5.867	0.170 46	0.250 46	3.993
6	1.587	0.630 2	7.336	0.136 32	0.216 32	4.623
7	1.714	0.583 5	8.923	0.112 07	0.190 27	5.206
8	1.851	0.540 3	10.637	0.094 01	0.174 01	5.747
9	1.999	0.500 2	12.488	0.080 08	0.160 08	6.247
10	2.159	0.463 2	14.487	0.069 03	0.149 03	6.710
11	2.332	0.428 9	16.045	0.060 08	0.140 08	7.139
12	2.518	0.397 1	18.977	0.052 70	0.132 70	7.536
13	2.720	0.367 7	21.495	0.046 52	0.126 52	7.904
14	2.937	0.340 5	24.215	0.041 30	0.121 30	8.244
15	3.172	0.315 2	27.152	0.036 83	0.116 83	8.599
16	3.426	0.291 5	30.324	0.032 98	0.112 98	8.851
17	3.700	0.270 3	33.750	0.029 63	0.109 63	9.122
18	3.996	0.250 2	37.450	0.026 70	0.106 70	9.372
19	4.316	0.231 7	41.446	0.024 13	0.104 13	9.604
20	4.661	0.214 5	45.762	0.021 85	0.101 85	9.818
21	5.031	0.198 7	50.423	0.019 83	0.099 83	10.017
22	5.437	0.183 9	55.457	0.018 03	0.098 03	10.207
23	5.871	0.170 3	60.893	0.016 42	0.096 42	10.371
24	6.341	0.157 7	66.765	0.014 98	0.094 98	10.529
25	6.848	0.146 0	73.106	0.013 68	0.093 68	10.675
26	7.396	0.135 2	79.954	0.012 51	0.092 51	10.810
27	7.988	0.125 2	87.351	0.011 45	0.091 45	10.935
28	8.627	0.115 9	95.339	0.010 49	0.090 49	11.051
29	9.317	0.107 3	103.966	0.009 62	0.089 62	11.158
30	10.063	0.099 4	113.283	0.008 83	0.088 83	11.258
35	14.785	0.067 6	172.317	0.005 80	0.085 80	11.655
40	21.725	0.046 0	259.057	0.003 86	0.083 86	11.925
45	31.920	0.031 3	386.506	0.002 59	0.082 59	12.108
50	46.902	0.021 3	573.770	0.001 74	0.081 74	12.233
55	68.914	0.014 5	848.923	0.001 18	0.081 18	12.319
60	101.257	0.009 9	1 253.213	0.000 80	0.080 80	12.377
65	145.780	0.006 7	1 847.248	0.000 54	0.080 54	12.416
70	218.606	0.004 6	2 720.030	0.000 37	0.080 37	12.443
75	321.205	0.003 1	4 002.557	0.000 25	0.080 25	12.461
80	471.955	0.002 1	5 886.935	0.000 17	0.080 17	12.474
85	693.456	0.001 4	8 655.706	0.000 12	0.080 12	12.482
90	1 018.915	0.001 0	12 723.939	0.000 08	0.080 08	12.488
95	1 497.121	0.000 7	18 701.507	0.000 05	0.080 05	12.492
100	2 199.761	0.000 5	27 484.516	0.000 04	0.080 04	12.494

续附表 (10%)

n	(F/P,i,n)	(P/F,i,n)	(F/A,i,n)	(A/F,i,n)	(A/P,i,n)	(P/A,i,n)
1	1.100	0.909 1	1.000	1.000 0	1.100 0	0.909
2	1.210	0.826 4	2.100	0.476 19	0.576 19	1.736
3	1.331	0.751 3	3.310	0.302 11	0.402 11	2.487
4	1.464	0.683 0	4.641	0.215 47	0.315 47	3.170
5	1.611	0.620 9	6.105	0.163 80	0.263 80	3.791
6	1.772	0.564 6	7.716	0.129 61	0.229 61	4.355
7	1.949	0.513 4	9.487	0.105 41	0.205 41	4.868
8	2.144	0.466 5	11.436	0.087 44	0.187 44	5.335
9	2.358	0.424 1	13.579	0.073 64	0.173 64	5.759
10	2.594	0.385 5	15.937	0.062 75	0.162 75	6.144
11	2.853	0.350 5	18.531	0.053 96	0.153 96	6.495
12	3.138	0.318 6	21.384	0.046 76	0.146 76	6.814
13	3.452	0.289 7	24.523	0.040 78	0.140 78	7.103
14	3.797	0.263 3	27.975	0.035 75	0.135 75	7.367
15	4.177	0.239 4	31.772	0.031 47	0.131 47	7.606
16	4.595	0.217 6	35.950	0.027 82	0.127 82	7.824
17	5.054	0.197 8	40.545	0.024 66	0.124 66	8.022
18	5.560	0.179 9	45.599	0.021 93	0.121 93	8.201
19	6.116	0.163 5	51.159	0.019 55	0.119 55	8.365
20	6.727	0.148 6	57.275	0.017 46	0.117 46	8.514
21	7.400	0.135 1	64.002	0.015 62	0.115 62	8.649
22	8.140	0.122 8	71.403	0.014 01	0.114 01	8.772
23	8.954	0.111 7	79.543	0.012 57	0.112 57	0.883
24	9.850	0.101 5	88.497	0.011 30	0.111 30	8.985
25	10.835	0.092 3	98.347	0.010 17	0.110 17	9.077
26	11.918	0.083 9	109.182	0.009 16	0.109 16	9.161
27	13.110	0.076 3	121.100	0.008 26	0.108 26	9.237
28	14.421	0.069 3	134.210	0.007 45	0.107 45	9.307
29	15.863	0.063 0	148.631	0.006 73	0.106 73	9.370
30	17.449	0.057 3	164.494	0.006 08	0.106 08	9.427
35	28.102	0.035 6	271.024	0.003 69	0.103 69	9.644
40	45.259	0.022 1	442.593	0.002 26	0.102 26	9.779
45	72.890	0.013 7	718.905	0.001 39	0.101 39	9.863
50	117.391	0.008 5	1 163.909	0.000 86	0.100 86	9.915
55	189.059	0.005 3	1 880.591	0.000 53	0.100 53	9.947
60	304.482	0.003 3	3 034.816	0.000 33	0.100 33	9.967
65	490.371	0.002 0	4 893.707	0.000 20	0.100 20	9.980
70	789.747	0.001 3	7 887.470	0.000 13	0.100 13	9.987
75	1 271.895	0.000 8	12 708.954	0.000 08	0.100 08	9.952
80	2 048.400	0.000 5	20 474.002	0.000 05	0.100 05	9.995
85	3 298.969	0.000 3	32 979.690	0.000 03	0.100 03	9.997
90	5 313.023	0.000 2	53 120.226	0.000 02	0.100 02	9.998
95	8 556.676	0.000 1	85 556.760	0.000 01	0.100 01	9.999

n	$(F/P,i,n)$	$(P/F,i,n)$	$(F/A,i,n)$	$(A/F,i,n)$	$(A/P,i,n)$	$(P/A,i,n)$
1	1. 120	0. 892 9	1. 000	1. 000 0	1. 120 00	0. 893
2	1. 254	0. 797 2	2. 120	0. 471 70	0. 591 70	1. 690
3	1. 405	0. 711 3	3. 374	0. 296 35	0. 416 35	2. 402
4	1. 574	0. 635 5	4. 779	0. 209 23	0. 329 23	3. 307
5	1. 762	0. 567 4	6. 353	0. 157 41	0. 277 41	3. 605
6	1. 974	0. 506 6	8. 115	0. 123 23	0. 243 23	4. 111
7	2. 211	0. 452 3	10. 089	0. 099 12	0. 219 12	4. 564
8	2. 476	0. 403 9	12. 300	0. 081 30	0. 201 30	4. 968
9	2. 773	0. 360 6	14. 776	0. 067 68	0. 187 68	5. 323
10	3. 106	0. 322 0	17. 549	0. 056 98	0. 176 98	5. 650
11	3. 479	0. 287 5	20. 655	0. 048 42	0. 168 42	5. 933
12	3. 896	0. 256 7	24. 133	0. 041 44	0. 161 44	6. 194
13	4. 363	0. 229 2	28. 029	0. 035 68	0. 155 68	6. 424
14	4. 887	0. 204 6	32. 393	0. 030 87	0. 150 87	6. 628
15	5. 474	0. 182 7	37. 280	0. 026 82	0. 146 82	6. 811
16	6. 130	0. 163 1	42. 753	0. 023 39	0. 143 39	6. 974
17	6. 866	0. 145 6	46. 884	0. 020 46	0. 140 46	7. 120
18	7. 690	0. 130 0	55. 750	0. 017 94	0. 137 94	7. 250
19	8. 613	0. 116 1	63. 440	0. 015 76	0. 135 76	7. 366
20	9. 646	0. 103 7	72. 052	0. 013 88	0. 133 88	7. 469
21	10. 804	0. 092 6	81. 699	0. 012 24	0. 132 24	7. 562
22	12. 100	0. 082 6	92. 503	0. 010 81	0. 130 81	7. 645
23	13. 552	0. 073 8	104. 603	0. 009 56	0. 129 56	7. 718
24	15. 197	0. 065 0	118. 155	0. 008 46	0. 128 46	7. 784
25	17. 000	0. 058 8	133. 334	0. 007 50	0. 127 50	7. 843
26	19. 040	0. 052 5	150. 334	0. 006 65	0. 126 65	7. 896
27	21. 325	0. 046 9	169. 374	0. 005 90	0. 125 90	7. 943
28	23. 884	0. 041 9	190. 699	0. 005 24	0. 125 24	7. 984
29	26. 750	0. 037 4	214. 583	0. 004 66	0. 124 66	8. 002
30	29. 960	0. 033 4	241. 333	0. 004 14	0. 124 14	8. 055
35	52. 800	0. 018 9	431. 663	0. 002 32	0. 122 32	8. 176
40	93. 051	0. 010 7	767. 091	0. 001 30	0. 121 30	8. 244
45	163. 988	0. 006 1	1 358. 230	0. 000 74	0. 120 74	8. 283
50	289. 002	0. 003 5	2 400. 018	0. 000 42	0. 120 42	8. 304
55	509. 321	0. 002 0	4 236. 005	0. 000 24	0. 120 24	8. 317
60	897. 597	0. 001 1	7 471. 641	0. 000 13	0. 120 13	8. 324
65	1 581. 872	0. 000 6	13 173. 937	0. 000 08	0. 120 08	8. 328
70	2 787. 800	0. 000 4	23 223. 332	0. 000 04	0. 120 04	8. 330
75	4 913. 056	0. 000 2	40 933. 799	0. 000 02	0. 120 02	8. 332
80	8 658. 483	0. 000 1	72 145. 692	0. 000 01	0. 120 01	8. 332

n	(F/P,i,n)	(P/F,i,n)	(F/A,i,n)	(A/F,i,n)	(A/P,i,n)	(P/A,i,n)
1	1.150	0.869 6	1.000	1.000 0	1.150 00	0.870
2	1.322	0.756 1	2.150	0.465 12	0.615 12	1.626
3	1.521	0.657 5	3.472	0.287 98	0.437 98	2.283
4	1.749	0.571 8	4.993	0.200 27	0.350 27	2.855
5	2.011	0.497 2	6.742	0.148 32	0.298 32	3.353
6	2.313	0.432 3	8.754	0.114 24	0.264 24	3.784
7	2.660	0.375 9	11.067	0.090 36	0.240 36	4.160
8	3.059	0.326 9	13.727	0.072 85	0.222 85	4.487
9	3.518	0.284 3	16.786	0.059 57	0.209 57	4.772
10	4.046	0.247 2	20.304	0.049 25	0.199 25	5.019
11	4.652	0.214 9	24.349	0.041 07	0.191 07	5.234
12	5.350	0.186 9	29.002	0.034 48	0.184 48	5.421
13	6.153	0.162 5	34.352	0.029 11	0.179 11	5.583
14	7.076	0.141 3	40.505	0.024 69	0.174 69	5.724
15	8.137	0.122 9	47.580	0.021 02	0.171 02	5.847
16	9.358	0.106 9	55.717	0.017 95	0.167 95	5.954
17	10.761	0.092 9	65.075	0.015 37	0.165 37	6.047
18	12.375	0.080 8	75.836	0.013 19	0.163 19	6.128
19	14.232	0.070 3	88.212	0.011 34	0.161 34	6.198
20	16.367	0.061 1	102.444	0.009 76	0.159 76	6.259
21	18.822	0.053 1	118.810	0.008 42	0.158 42	6.312
22	21.645	0.046 2	137.632	0.007 27	0.157 27	6.359
23	24.891	0.040 2	159.276	0.006 28	0.156 28	6.399
24	28.625	0.034 9	184.168	0.005 43	0.155 43	6.434
25	32.919	0.030 4	212.793	0.004 70	0.154 70	6.464
26	37.857	0.026 4	245.712	0.004 07	0.154 07	6.491
27	43.535	0.023 0	283.569	0.003 53	0.153 53	6.514
28	50.066	0.020 0	327.104	0.003 06	0.153 06	6.534
29	57.575	0.017 4	377.170	0.002 65	0.152 65	6.551
30	66.212	0.015 1	434.745	0.002 30	0.152 30	6.566
35	133.176	0.007 5	881.170	0.001 13	0.151 13	6.617
40	267.864	0.003 7	1 779.090	0.000 56	0.150 56	6.642
45	538.769	0.001 9	3 585.128	0.000 28	0.150 28	6.654
50	1 083.657	0.000 9	7 217.716	0.000 14	0.150 14	6.661
55	2 579.622	0.000 5	14 524.148	0.000 07	0.150 07	6.664
60	4 383.999	0.000 2	29 219.992	0.000 03	0.150 03	6.665
65	8 817.787	0.000 1	58 778.583	0.000 02	0.150 02	6.666

n	$(F/P,i,n)$	$(P/F,i,n)$	$(F/A,i,n)$	$(A/F,i,n)$	$(A/P,i,n)$	$(P/A,i,n)$
1	1. 200	0. 833 3	1. 000	1. 000 00	1. 200 00	0. 833
2	1. 449	0. 694 4	2. 200	0. 454 55	0. 654 55	1. 528
3	1. 723	0. 578 7	3. 640	0. 274 73	0. 474 73	2. 106
4	2. 074	0. 482 3	5. 368	0. 186 29	0. 386 29	2. 589
5	2. 488	0. 401 9	7. 442	0. 134 38	0. 334 38	2. 991
6	2. 986	0. 331 9	9. 930	0. 100 71	0. 300 71	3. 326
7	3. 583	0. 279 1	12. 916	0. 077 42	0. 277 42	3. 605
8	4. 300	0. 232 6	16. 499	0. 060 61	0. 260 61	3. 837
9	5. 160	0. 193 8	20. 799	0. 048 08	0. 248 08	4. 031
10	6. 192	0. 161 5	25. 959	0. 038 52	0. 238 52	4. 192
11	7. 430	0. 134 6	32. 150	0. 031 10	0. 231 10	4. 327
12	8. 916	0. 112 2	39. 581	0. 025 28	0. 225 28	4. 439
13	10. 699	0. 093 5	48. 497	0. 020 62	0. 220 62	4. 533
14	12. 839	0. 077 0	59. 196	0. 016 89	0. 216 89	4. 611
15	16. 407	0. 064 9	72. 035	0. 013 88	0. 213 88	4. 675
16	18. 433	0. 054 1	87. 442	0. 011 44	0. 211 44	4. 730
17	22. 168	0. 045 1	105. 931	0. 009 44	0. 209 44	4. 775
18	26. 623	0. 037 6	128. 117	0. 007 81	0. 207 81	4. 812
19	31. 948	0. 031 3	154. 740	0. 006 46	0. 206 46	4. 844
20	38. 338	0. 026 1	186. 688	0. 005 36	0. 205 36	4. 870
21	46. 005	0. 021 7	225. 026	0. 004 44	0. 204 44	4. 891
22	55. 206	0. 018 1	271. 031	0. 003 69	0. 203 69	4. 909
23	66. 247	0. 015 1	326. 237	0. 003 07	0. 203 07	4. 925
24	79. 497	0. 012 6	392. 484	0. 002 55	0. 202 55	4. 937
25	95. 396	0. 010 5	471. 981	0. 002 12	0. 202 12	4. 948
26	114. 475	0. 008 7	567. 377	0. 001 76	0. 201 76	4. 956
27	137. 371	0. 007 3	631. 853	0. 001 47	0. 201 47	4. 964
28	164. 845	0. 006 1	819. 223	0. 001 22	0. 201 22	4. 970
29	197. 814	0. 005 1	984. 068	0. 001 02	0. 201 02	4. 975
30	237. 376	0. 004 2	1 181. 882	0. 000 85	0. 200 85	4. 979
35	590. 668	0. 001 7	2 948. 341	0. 000 34	0. 200 34	4. 992
40	1 469. 772	0. 000 7	7 343. 858	0. 000 14	0. 200 14	4. 997
45	3 657. 262	0. 000 3	18 281. 310	0. 000 05	0. 200 05	4. 999
50	9 100. 438	0. 000 1	45 497. 191	0. 000 02	0. 200 02	4. 999

1	2	3	4	5	6	7
1	1. 250	0. 800 0	1. 000	1. 000 00	1. 250 00	0. 800
2	1. 562	0. 640 0	2. 250	0. 444 44	0. 694 44	1. 440
3	1. 953	0. 512 0	3. 812	0. 262 30	0. 512 30	1. 952
4	2. 441	0. 409 6	5. 766	0. 173 44	0. 423 44	2. 362
5	3. 052	0. 327 7	8. 207	0. 121 85	0. 371 85	2. 689
6	3. 815	0. 262 1	11. 259	0. 088 82	0. 338 82	2. 951
7	4. 768	0. 209 7	15. 073	0. 066 34	0. 316 34	3. 161
8	5. 960	0. 167 8	19. 842	0. 050 40	0. 300 40	3. 329
9	7. 451	0. 134 2	25. 802	0. 038 76	0. 288 76	3. 463
10	9. 313	0. 107 4	33. 253	0. 030 07	0. 280 07	3. 571
11	11. 642	0. 085 9	42. 566	0. 023 49	0. 273 49	3. 656
12	14. 552	0. 068 7	54. 208	0. 018 45	0. 268 45	3. 725
13	18. 190	0. 055 0	68. 760	0. 014 54	0. 264 54	3. 780
14	22. 737	0. 044 0	86. 949	0. 011 50	0. 261 50	3. 824
15	28. 422	0. 035 2	109. 687	0. 009 12	0. 259 12	3. 859
16	35. 527	0. 028 1	138. 109	0. 007 24	0. 257 24	3. 887
17	44. 409	0. 022 5	173. 636	0. 005 76	0. 255 76	3. 910
18	55. 511	0. 018 0	218. 045	0. 004 59	0. 254 59	3. 928
19	69. 389	0. 014 4	273. 556	0. 003 66	0. 253 66	3. 942
20	86. 736	0. 011 5	342. 945	0. 002 92	0. 252 92	3. 954
21	108. 420	0. 009 2	429. 681	0. 002 33	0. 252 33	3. 963
22	135. 525	0. 007 4	538. 101	0. 001 86	0. 251 86	3. 970
23	169. 407	0. 005 9	673. 626	0. 001 48	0. 251 48	3. 976
24	211. 758	0. 004 7	843. 033	0. 001 19	0. 251 19	3. 981
25	264. 698	0. 003 8	1 054. 791	0. 000 95	0. 250 95	3. 985
26	330. 872	0. 003 0	1 319. 489	0. 000 76	0. 250 76	3. 988
27	413. 590	0. 002 4	1 650. 361	0. 000 61	0. 250 61	3. 990
28	516. 988	0. 001 9	2 063. 952	0. 000 48	0. 250 48	3. 992
29	646. 235	0. 001 5	2 580. 939	0. 000 39	0. 250 39	3. 994
30	807. 794	0. 001 2	3 227. 174	0. 000 31	0. 250 31	3. 995
35	2 465. 190	0. 004	9 856. 761	0. 000 10	0. 250 10	3. 998
40	7 523. 164	0. 001	30 088. 655	0. 000 03	0. 250 03	3. 999

n	$(F/P,i,n)$	$(P/F,i,n)$	$(F/A,i,n)$	$(A/F,i,n)$	$(A/P,i,n)$	$(P/A,i,n)$
1	1. 300	0. 769 2	1. 000	1. 000 00	1. 300 00	0. 769
2	1. 690	0. 591 7	2. 300	0. 434 78	0. 734 78	1. 361
3	2. 197	0. 455 2	3. 990	0. 250 63	0. 550 63	1. 816
4	2. 856	0. 350 1	6. 187	0. 161 63	0. 461 63	2. 166
5	3. 713	0. 269 3	9. 043	0. 110 58	0. 410 58	2. 436
6	4. 827	0. 207 2	12. 756	0. 078 39	0. 378 39	2. 643
7	6. 275	0. 159 4	17. 583	0. 056 87	0. 356 87	2. 802
8	8. 157	0. 122 6	23. 858	0. 041 92	0. 341 92	2. 925
9	10. 604	0. 094 3	32. 015	0. 031 24	0. 331 24	3. 019
10	13. 786	0. 072 5	42. 619	0. 023 46	0. 323 46	3. 092
11	17. 922	0. 055 8	56. 405	0. 017 73	0. 317 73	3. 147
12	23. 298	0. 042 9	74. 327	0. 013 45	0. 313 45	3. 190
13	30. 288	0. 033 0	97. 625	0. 010 24	0. 310 24	3. 223
14	39. 374	0. 025 4	127. 913	0. 007 82	0. 307 82	3. 249
15	51. 186	0. 019 5	167. 286	0. 005 98	0. 305 98	3. 268
16	66. 542	0. 015 0	218. 472	0. 004 58	0. 304 58	3. 283
17	86. 504	0. 011 6	285. 014	0. 003 51	0. 303 51	3. 295
18	112. 455	0. 008 9	371. 518	0. 002 69	0. 302 69	3. 304
19	146. 192	0. 006 8	483. 973	0. 002 07	0. 302 07	3. 311
20	190. 050	0. 005 3	630. 165	0. 001 59	0. 301 59	3. 316
21	247. 065	0. 004 0	820. 215	0. 001 22	0. 301 22	3. 320
22	321. 184	0. 003 1	1 067. 280	0. 000 94	0. 300 94	3. 323
23	417. 539	0. 002 4	1 388. 464	0. 000 72	0. 300 72	3. 325
24	542. 801	0. 001 8	1 806. 003	0. 000 55	0. 300 55	3. 327
25	705. 641	0. 001 4	2 348. 803	0. 000 43	0. 300 43	3. 329
26	917. 333	0. 001 1	3 054. 444	0. 000 33	0. 300 33	3. 330
27	1 192. 533	0. 000 8	3 971. 778	0. 000 25	0. 300 25	3. 331
28	1 550. 293	0. 000 6	5 164. 311	0. 000 19	0. 300 19	3. 331
29	2 015. 381	0. 000 5	6 714. 604	0. 000 15	0. 300 15	3. 332
30	2 619. 996	0. 000 4	8 729. 985	0. 000 11	0. 300 11	3. 332
35	9 727. 860	0. 000 1	32 422. 868	0. 000 03	0. 300 03	3. 333

续附表　　　　　　　　　　　（40%）

n	$(F/P,i,n)$	$(P/F,i,n)$	$(F/A,i,n)$	$(A/F,i,n)$	$(A/P,i,n)$	$(P/A,i,n)$
1	1.400	0.714 3	1.000	1.000 00	1.400 00	0.714
2	1.960	0.510 2	2.400	0.416 67	0.816 67	1.224
3	2.744	0.364 4	4.360	0.229 36	0.629 36	1.589
4	3.842	0.260 3	7.104	0.140 77	0.540 07	1.849
5	5.387	0.185 9	10.946	0.091 36	0.491 36	2.035
6	7.530	0.132 8	16.324	0.061 26	0.461 26	2.168
7	10.541	0.094 9	23.853	0.041 92	0.441 92	2.263
8	14.758	0.067 8	34.395	0.029 07	0.429 07	2.331
9	20.661	0.048 4	49.153	0.020 34	0.420 34	2.379
10	28.925	0.034 6	69.814	0.014 32	0.414 32	2.414
11	40.496	0.024 7	98.739	0.010 13	0.410 13	2.448
12	56.694	0.017 6	139.235	0.007 18	0.407 18	2.456
13	79.371	0.012 6	195.929	0.005 10	0.405 10	2.469
14	111.120	0.009 0	275.300	0.003 63	0.403 63	2.478
15	155.568	0.006 4	386.420	0.002 59	0.402 59	2.484
16	217.795	0.004 6	541.988	0.001 85	0.401 85	2.489
17	304.913	0.003 3	759.784	0.001 32	0.401 32	2.492
18	426.879	0.002 3	1 064.697	0.000 94	0.400 94	2.494
19	597.630	0.001 7	1 491.576	0.000 67	0.400 67	2.496
20	836.683	0.001 2	2 089.206	0.000 48	0.400 48	2.497
21	1 171.356	0.000 9	2 925.889	0.000 34	0.400 34	2.498
22	1 639.898	0.000 6	4 097.245	0.000 24	0.400 24	2.498
23	2 295.857	0.000 4	5 737.142	0.000 17	0.400 17	2.499
24	3 214.200	0.000 3	8 032.999	0.000 12	0.400 12	2.499
25	4 499.880	0.000 2	11 247.919	0.000 09	0.400 09	2.499
26	6 269.831	0.000 2	15 747.079	0.000 06	0.400 06	2.500
27	8 819.764	0.000 1	22 046.910	0.000 05	0.400 05	2.500

n	$(F/P,i,n)$	$(P/F,i,n)$	$(F/A,i,n)$	$(A/F,i,n)$	$(A/P,i,n)$	$(P/A,i,n)$
1	1. 500	0. 666 7	1. 000	1. 000 00	1. 500 00	0. 667
2	2. 250	0. 444 4	2. 500	0. 400 00	0. 900 00	1. 111
3	3. 375	0. 296 3	4. 750	0. 210 53	0. 710 53	1. 407
4	5. 062	0. 197 5	8. 125	0. 123 08	0. 623 08	1. 605
5	7. 594	0. 131 7	13. 188	0. 075 83	0. 575 83	1. 737
6	11. 391	0. 087 8	20. 781	0. 048 12	0. 548 12	1. 824
7	17. 086	0. 058 5	32. 172	0. 031 08	0. 531 08	1. 883
8	25. 629	0. 039 0	49. 258	0. 020 30	0. 520 30	1. 922
9	38. 443	0. 026 0	74. 887	0. 013 35	0. 513 35	1. 948
10	57. 665	0. 017 3	113. 330	0. 008 82	0. 508 82	1. 965
11	86. 498	0. 011 6	170. 995	0. 005 85	0. 505 85	1. 977
12	129. 746	0. 007 7	257. 493	0. 003 88	0. 503 88	1. 985
13	194. 620	0. 005 1	387. 239	0. 002 58	0. 502 58	1. 990
14	291. 929	0. 003 4	581. 859	0. 001 72	0. 501 72	1. 993
15	437. 894	0. 002 3	873. 788	0. 001 14	0. 501 14	1. 995
16	656. 841	0. 001 5	1 311. 682	0. 000 76	0. 500 76	1. 997
17	985. 261	0. 001 0	1 968. 523	0. 000 51	0. 500 51	1. 998
18	1 477. 892	0. 000 7	2 953. 784	0. 000 34	0. 500 34	1. 999
19	2 216. 838	0. 000 5	4 431. 676	0. 000 23	0. 500 23	1. 999
20	3 325. 257	0. 000 3	6 648. 513	0. 000 15	0. 500 15	1. 999
21	4 987. 885	0. 000 2	9 973. 770	0. 000 10	0. 500 10	2. 000
22	7 481. 828	0. 000 1	1 4961. 665	0. 000 07	0. 500 07	2. 000

续附表 $(A/G,i,n)$

n	利　率　(i)										
	2%	4%	6%	8%	10%	15%	20%	25%	30%	40%	50%
1	0.00	0.00	0.00	0.00	0.00	0.00	0.00	0.00	0.00	0.00	0.00
2	0.50	0.49	0.49	0.48	0.48	0.47	0.45	0.44	0.43	0.42	0.40
3	0.99	0.97	0.96	0.95	0.94	0.91	0.88	0.85	0.83	0.78	0.74
4	1.48	1.45	1.43	1.40	1.38	1.33	1.27	1.22	1.18	1.09	1.02
5	1.96	1.92	1.88	1.85	1.81	1.72	1.64	1.56	1.49	1.36	1.24
6	2.44	2.39	2.33	2.28	2.22	2.10	1.98	1.87	1.77	1.58	1.42
7	2.92	2.84	2.77	2.69	2.62	2.45	2.29	2.14	2.01	1.77	1.56
8	3.40	3.29	3.20	3.10	3.00	2.78	2.58	2.39	2.22	1.92	1.68
9	3.87	3.74	3.61	3.49	3.37	3.09	2.84	2.60	2.40	2.04	1.76
10	4.34	4.18	4.02	3.87	3.73	3.38	3.07	2.80	2.55	2.14	2.82
11	4.80	4.61	4.42	4.24	4.06	3.65	3.29	2.97	2.68	2.22	1.87
12	5.26	5.03	4.81	4.60	4.39	3.91	3.48	3.11	2.80	2.28	1.91
13	5.72	5.45	5.19	4.94	4.70	4.14	3.66	3.24	2.89	2.33	1.93
14	6.18	6.87	5.56	5.27	5.00	4.36	3.82	3.36	2.97	2.37	1.95
15	6.63	6.27	5.93	5.59	5.28	4.56	3.96	3.45	3.03	2.40	1.97
16	7.08	6.67	6.28	5.90	5.55	4.75	4.09	3.54	3.09	2.43	1.98
17	7.53	7.07	6.62	6.20	5.81	4.93	4.20	3.61	3.13	2.44	1.98
18	7.97	7.45	6.96	6.49	6.05	5.08	4.30	3.67	3.17	2.46	1.99
19	8.41	7.83	7.29	6.77	6.29	5.23	4.39	3.72	3.20	2.47	1.99
20	8.84	8.21	7.61	7.04	6.51	5.37	4.46	3.77	3.23	2.48	1.99
21	9.28	8.58	7.92	7.29	6.72	5.49	4.53	3.80	3.25	2.48	2.00
22	9.71	8.94	8.22	7.54	6.92	5.60	4.59	3.84	3.26	2.49	2.00
23	10.13	9.30	8.51	7.78	7.11	5.70	4.65	3.86	3.28	2.49	
24	10.55	9.65	8.80	8.01	7.29	5.80	4.69	3.89	3.29	2.49	
25	10.97	9.99	9.07	8.23	7.46	5.88	4.74	3.91	3.30	2.49	
26	11.39	10.33	9.34	8.44	7.62	5.96	4.77	3.92	3.30	2.50	
27	11.80	10.66	9.60	8.64	7.77	6.03	4.80	3.93	3.31	2.50	
28	12.21	10.99	9.86	8.83	7.91	6.10	4.83	3.95	3.32		
29	12.62	11.31	10.10	9.01	8.05	6.15	4.85	3.96	3.32		
30	13.02	11.63	10.34	9.19	8.18	6.21	4.87	3.96	3.32		
35	15.00	13.12	11.43	9.96	8.71	6.40	4.94	3.99	3.33		
40	16.89	14.48	12.36	10.57	9.10	6.52	4.97	4.00			
45	18.70	15.70	13.14	11.04	9.37	6.58	4.99				
50	20.44	16.81	13.80	11.41	9.57	6.62	4.99				

主要参考文献

[1]傅家骥、仝允桓主编. 工业技术经济学(第三版). 北京:清华大学出版社,1996

[2]吴添祖主编. 技术经济学概论. 北京:高等教育出版社,1997

[3]宋国防、贾湖主编. 工程经济学. 天津:天津大学出版社,2000

[4]邝守仁、刘洪玉主编. 建筑工程技术经济学. 北京:清华大学出版社,1991

[5]卢有杰主编. 建设系统工程. 北京:清华大学出版社,1995

[6]龚维丽主编. 工程造价的确定与控制. 北京:中国计划出版社,2000

[7]李南主编. 工程经济学. 北京:科学出版社,2000

[8]中华人民共和国建设部发布. 房地产开发项目经济评价方法. 北京:科学出版社,2000